이승훈의 삶과 정치활동

이승휴의 삶과 정치활동

장을병 지음

景仁文化社

서　문

필자는 오래 전부터 이승휴에 대해 관심을 기울이고 있었다. 필자가 이승휴에 대해 관심을 쏟았던 첫째 이유는 그가 나와 같은 삼척을 고향으로 삼고 있기 때문이었다. 필자는 삼척에서 태어나 삼척에서 자란 사람이지만, 이승휴는 삼척에서 태어난 사람도 아니고, 삼척에서 자란 사람도 아니다. 그러나 이승휴는 삼척 사람임이 분명했다. 그는 삼척에 외가가 있으니 반은 삼척 사람이었다. 고려 중기에는 친가와 외가의 구분이 오늘날처럼 뚜렷하지 않았다고 하니, 삼척 사람이라 일컬어도 큰 잘못은 없을 듯싶다.

더욱이 이승휴는 외가이지만 삼척을 고향으로 생각하고 있었음이 분명했다. 29세 때 과거에 급제해서 모친에게 기쁜 소식을 전하기 위해 錦衣還鄉을 한 곳이 삼척이었다. 그때 삼척으로 내려온 다음 몽고군의 5차 침입으로 江都로 돌아갈 길이 막혀서, 그는 12년간을 외가로부터 물려받은 논밭을 근거로 해서 어머니를 모시고 살았다.

그러나 무엇보다도 이승휴가 삼척을 고향으로 생각하고 있었음을 확인할 수 있는 것은 1280년 16년간의 힘든 관직생활을 마치고 여생을 보내기 위해 찾아온 곳이 바로 삼척 두타산 남쪽 자락에 있는 龜洞이었다. 그리고 삼척 구동에 은거해서 저술한 책이 그의 대표작인 『제왕운기』였다. 이러하니 이승휴의 『제왕운기』는 삼척에서 쓰여진 책, 삼척산임이 분명했다.

요컨대 이승휴가 과거에 급제해서 금의환향했던 곳이 삼척이었고 늙어서 환고향한 곳이 삼척이었다면, 그를 '삼척 사람'이라고 일컬어도 어김이 없을 듯싶다. 이렇듯 이승휴가 삼척 사람임이 분명하니, 삼척에서 태어났고 삼척에서 자란 필자로서는 자랑으로 삼고, 받들어 모시고 싶은 생각이 우러났다. 그래서 필자는 삼척 사람들이 중심이 되어 만들어진 '동안 이승휴선생 기념사업회'의 책임을 맡을 수밖에 없었다.

필자가 이승휴를 존경하고 받들고 싶은 또 하나의 이유가 있다. 이승휴는 16년간의 관직에 있으면서도 권력욕이나 물욕을 탐한 적이 없었고, 저질러지는 부정이나 비리에 대해서는 어김없이 상소하고 간쟁했다. 상소와 간쟁을 되풀이하다 보니, 좌천·파직을 되풀이하곤 했다. 1280년에는 드디어 국왕과 관리들의 잘못을 간하다가 파직당하고 말았다. 참으로 올곧고 청렴한 관리였다. 누구나 존경하고 받들 만한 사람이기에, 필자도 따라 존경하고 받들기로 마음 다졌다.

필자는 역사학자가 아니기 때문에 이승휴에 대해서는 고려 중기의 역사서인 『제왕운기』의 저자라는 사실 이외에는 아는 바가 없었다. 그런데 2007년 봄에 강원대학교 삼척 캠퍼스에서 이승휴의 『제왕운기』를 주제로 삼아 심포지엄을 개최했는데 필자는 '『제왕운기』와 중국의 동북공정'에 관한 주제발표를 부탁받았다. 고향에 대한 봉사라는 생각과 이승휴에 대한 존경심에서 거절할 수가 없어 응낙하고 말았다.

그래서 이승휴와 『제왕운기』에 관한 자료를 구해서 열심히 읽어 보았다. 그 결과 필자는 이승휴는 위대한 인물이고 『제왕운기』는 귀중한 저서임을 확인할 수 있었다. 그러나 여러 가지 자료들을 읽어보니, 한문이 많고 표현이 어려워서 학계에 오랫동안 몸담고 있던 필자로서도 이해할 수 없는 안타까움을 느끼지 않을 수 없었다.

그래서 필자는 조금은 풀이해서 이해하기 쉽게 써 보았으면 하는 생각을 갖기에 이르렀다. 바로 이것이 이 책을 엮어내는 이유임을 밝혀두고 싶다. 이 책을 엮어낸 까닭은 새로운 사료를 발견했기 때문에 새로 정리해 보자든가, 아니면 새로운 주장을 펴 보자는 큰 뜻이 있어서가 아니라, 단지 읽기 쉽고, 이해하기 쉽게 엮어 보자는 뜻이 있었음을 밝혀둔다. 역사학을 전공하지 않은 사람이 펴낸 책임을 이해하고 읽어주기를 부탁드리고 싶다.

이 책을 엮어내면서 도움을 받은 성균관대 사학과 조동원 명예교수와 성균관대 중문학과 김철수 명예교수에게 감사를 드리지 않을 수 없다. 조동원 교수로부터는 고려시대의 관직을 현대의 관직으로 풀이하는 도움을 받았고, 김철수 교수로부터는 어려운 한자를 밝히는 데 도움을 받았다. 두 교수님들에게 다시 한번 감사를 드린다. 그리고 이 책을 펴내는 과정에서 편집을 맡아주신 경인문화사 한정희 사장님과 편집장에게도 감사를 드리고 싶다.

2008년 4월
장 을 병

목 차

이승휴의 국가의식 전개과정 ∣ 115

이승휴의 역사관 ∣ 155

13세기 이승휴 시대의 정치상황

Ⅰ. 머리말

어떤 사람의 정치활동은 그가 살아가고 있던 시대의 정치상황과 깊은 관계가 있다. 왜냐하면 어떤 사람의 정치활동은 그가 살아가고 있던 시대의 정치상황으로부터 영향을 받을 수밖에 없기 때문이다. 실상 어떤 사람이든 그가 살아가고 있던 시대의 정치상황으로부터 자유로울 수 없는 것이다.

바로 이 책의 주제인 이승휴의 사상과 활동을 올바로 이해하려면, 무엇보다 그가 살아가고 있던 13세기 고려의 정치상황을 고찰해 볼 필요가 있다. 13세기 고려의 정치상황을 고찰해 보지 않고, 이승휴의 사상이나 정치활동을 고찰하는 것은 수박 겉핥기식 고찰에 지나지 않는다. 그 사람의 사상이나 활동에 심대한 영향을 미치고 있는 환경적인 요인을 무시한 채, 그 사람의 사상이나 활동에 대한 올바른 설명은 가능할 수 없기 때문이다.

무엇보다 이승휴가 살던 시대상황, 말하자면 13세기 고려의 정치상황에 대한 설명 없이 이승휴의 사상이나 정치활동을 제대로 설명할 수 없다고 판단했기 때문에, 다른 설명에 앞서 고려의 정치 상황부터 설명해 보려고 한다. 그 사람이 살던 시대상황을 이해하는 일은 그 사람의 사상이나 활동을 이해하는 지름길이 되리라고 확신하고 있기 때문에, 이 책 머리 부분에 13세기 고려의 정치상황을 설명해 두려고 한다.

이승휴가 태어나서 살았던 13세기의 고려는 근 500년에 걸친 고려왕조의 전 역사 속에서 가장 복잡하고 어지러운 시대였던 것 같다. 고려왕조 내부의 소요, 말하자면 내우만이 아니라 몽고군의 침입이라고 하는 외환도 함께 곁들인 상황이었기 때문이다. 내우든 외환이든 한 편에서만 일어난 문제라면, 그나마 수습하기가 쉬웠을는지 모르지만, 내우와 외환이 함께 몰아닥쳤기 때문에 갈피도 잡기 어려웠고, 수습의 실마리도 찾기 어려웠다. 말하자면 내우·외환이 일시에 몰아닥쳤기 때문에 소란은 더 시끄러웠고, 수습은 더 어려울 수밖에 없었다.

고려 왕조 중기 이후부터 나라의 기강이 허물어지면서 조세·토지 등 민생과 직결되는 문제들이 제기되기 시작하더니, 그러한 비리의 책임을 놓고 정치세력들 사이에 대립과 갈등이 빚어지기에 이르렀다. 이러한 대립과 갈등은 민란을 불러일으켰는가 하면 빈번하게 정변으로 이어졌다. 이러한 정변의 대표적인 예가 무신정권武臣政權의 수립이었다. 그런데 이러한 무신정권도 안정되지 못하고 쿠데타를 통해 빈번한 정권교체를 빚어냈다.

바로 이러한 내우 속에서 몽고군의 침입이라고 하는 외환까지 몰아닥쳤다. 30여 년간 이어진 항몽전쟁抗蒙戰爭에서 조정은 강화도로 천도해서 정권을 유지할 수 있었지만, 백성들은 몽고군의 약탈과 만행으로 지칠 대로 지쳤다. 30여 년에 걸친 긴 전쟁 끝에 굴욕적인 조건의 대몽강화對蒙講和가 성립됨으로써 무신정권이 무너지고 형식적인 왕정복고가 이루어졌지만, 이번에는 원元의 내정간섭으로 고려의 백성들은 이중의 수탈을 감수할 수밖에 없었다. 몽고와의 강화가 이루어졌지만 기존의 내적인 모순들이 해결되지 않은 채, 원 왕실이나 몽고군익 뒷바라지 때문에 고려의 백성들은 이중적인 고통에 시달렸다.

우리가 내적으로 안고 있던 모순들이나 문제점들이 해결되지 않은 채, 원의 간섭을 받으면서 원에 대해 뒷바라지를 해야 했으니 그 모순들이나 문제점들은 증폭될 수밖에 없었다. 몽고와의 전쟁이 끝난 후에도 원의 간섭으로 인해 백성들에게는 부담만 더 안겨 주었으니, 내우(내적

진통)는 진정되기보다는 증폭되어 갔다. 이승휴가 살던 13세기 고려 사회
는 이전보다 더 내우에 시달렸고, 정치의 안정을 기대할 수는 없었다.

II. 13세기 고려 사회가 안고 있던
모순과 정치적 불안정

13세기를 전후한 시기인 고려 후기는 우리네 역사상 어느 시대보다
집권세력의 교체가 빈번했다. 특히, 무신란武臣亂 후에 있었던 숱한 무신
정권들의 성립과 붕괴, 그리고 원의 간섭기에 일어난 숱한 민란과 정치
적 불안 등은 13세기를 하나의 혼란기 아니면 변태기라고 규정지을 수
있을 것 같다. 이렇듯 고려 왕조를 혼란기 아니면 변태기로 몰아넣은 사
단은 한미寒微한 출신의 무인집단이 정권을 장악하면서부터였다.

물론 무신정권의 성립을 가능하게 만든 것은 고려 전기의 문벌귀족
사회의 내부에서 싹튼 심각한 모순들과 그로 인한 갈등 때문이었음은
두말할 나위가 없다. 이러한 지배층 내부의 모순으로는 12세기 전반에
야기된 '한안인韓安仁 사건'과 '이자겸李資謙의 난' 그리고 '묘청妙淸의 난'
을 통해 중앙의 기성 훈척勳戚 세력과 지방에서 성장한 신진사류 간의 대
립, 또는 개경파開京派와 서경파西京派(평양파)의 갈등을 들 수 있겠다.

이와 더불어 예종睿宗조부터 싹터 나온 문文·무반武班의 격심한 차별
대우도 문벌귀족 사회 내부에 배태된 큰 모순의 하나였다. 이렇듯 중앙
정계의 계층 간·출신지역 간의 대립과 갈등은 집권 세력을 끊임없이
교체시켜 나가는 동인이었다(李守健, 『한국중세사회 연구』, 일조각, 1984, 336~337
쪽 참조).

예종은 인주 이씨仁州李氏를 중심으로 한 귀족세력을 견제하기 위해

일종의 왕권파라고 할 수 있는 신진 관료들을 대거 등용했다. 한안인을 중심으로 한 신진 관료들은 대개 문文·이吏를 겸비한 군현郡縣의 토성이족土姓吏族으로서 과거를 통해 진출한 엘리트였다. 그들은 예종의 총애를 받아 내시內侍와 문한文翰 등의 요직에 포진해 있다가 인종仁宗 초 이자겸과 충돌해서 한안인 일파는 끝내 실각했다. 한안인과 이자겸의 충돌은 왕권파인 국왕의 근시세력近侍勢力과 척족세력과의 정권 쟁탈전이었다.

실상 한안인을 중심으로 한 신진사류新進士類는 권문세족의 불법적인 행태에 반발하는 새로운 정치세력으로서 권문세족에 도전하여 개혁을 추구하는 세력으로 이해하고 있다(박수현, 「13세기 정치동향과 신진사류」, 진성규·김경수 편, 『李承休研究論叢』, 삼척군, 1994, 365쪽 참조).

한편 문종 대부터 문벌 귀족 사회가 형성되면서 청주 유씨, 안산 김씨, 경주 김씨, 해주 최씨, 인주 이씨 등 기성 귀족들이 집권하는 동안에 지방교육의 발달로 인해 신진 관료가 지방의 토성이土姓吏에서 많이 배출되었다. 김부식金富軾·한안인·한충韓冲·오연총吳延寵·이영李永·최홍사崔弘嗣·정량鄭湸·정습명鄭襲明·정극영鄭克永·김향金珦·최유崔濡·양원준梁元俊 등이 대표적인 인물들이다.

곧이어 이자겸의 난으로 인해 인주 이씨의 척족정치는 끝났지만, 그것으로 인해 빚어진 여러 가지 모순들은 가시지 않은 채 심각한 상태로 남아 있었다. 이러한 신구 세력들이 개경에서 서로 반목하면서 대립하고 있을 때, 양경(개경·서경) 세력들 간의 충돌이라고 할 수 있는 '묘청妙淸의 난'(1135년)이 벌어졌고, 그 결과로 서경세력은 몰락해 버리고 말았다.

서경세력은 고려 초 이래 개경세력과 대립을 벌이면서 북진정책의 추진으로 보나, 북방의 이민족들과의 관계로 보나, 서경은 매우 중요한 위치에 있었다. 이 묘청의 난은 무신란 직후의 조위총趙位寵의 난과 밀접한 관련이 있으며, 이 양란으로 인하여 서경세력은 몰락하였는데 평양을 황폐화시킨 것은 고려 후기 정치사에서 하나의 오점으로 치부될 수밖에 없다.

의종대毅宗代에 이르러 문벌귀족 사회의 모순들은 절정에 달했으나 문신귀족 집단은 경박한 문사들과 어울려 태평성대를 노래하며 향락에 빠지자, 건실한 문신들은 꼴 보기가 싫어서 관직에서 물러나 있거나 낙향하고 말았다. 이러한 때를 택해서 궐기한 무신들은 방종한 문신과 궁내 관료들을 대량 학살한 후 국왕을 폐위시키고 기존의 문신지배 체제를 뒤엎고 말았다.

한때 문신들이 반격했으나 하나 같이 실패했고, 오히려 문신들에 대한 무신들의 가혹한 숙청이 단행되었을 뿐이었다. 명종 3년 당시 일급 문벌귀족인 김보당金甫當이 무인을 타도하고 의종을 복위시키려고 거병했을 때, 거기에 호응했던 사람들은 김보당의 인척과 소수의 지방 수령들뿐이었다. 결국 계기란癸己亂으로 피해를 입은 사람들은 김보당과 연줄이 있던 문신들과 지방의 문신 수령들이었다.

1170년 정중부鄭仲夫와 이의방李義方 등의 쿠데타로 무신들이 정권을 장악했던 것은 결코 우발적인 일이 아니었다. 무신란은 설사 소수의 무장들에 의해서 발단되었지만, 끝내 무신정권이 수립될 수 있었던 것은 다음과 같은 이유들이 있었기 때문이었다. 첫째는 무신란을 내심으로 동조했거나 관망했던 신진 관료들이 많았다는 사실이며, 둘째는 정중부와 이의방이 문신들을 살육할 때 '졸오봉기卒伍蜂起'라고 했던 것으로 보아 일반 병사들의 호응이 있었다는 사실과, 셋째는 무신란에 지방의 관료들과 백성들의 보이지 않는 협조가 있었다는 사실 등이 무신란이 성공할 수 있는 기반이었다고 하겠다(이수건, 앞의 책, 338쪽 참조).

실상 무신란 이전에 이미 지방의 토성土姓 자제들이 대거 진출해서 관인사회의 포화상태를 이루고 있었다. 따라서 문·무의 대립 못지않게 관료사회 안에서 신구 세력들 간의 대립과 출신 지역들 사이의 반목이 빚어지고 있었다. 말하자면 문신들의 지배체제는 스스로 안고 있는 모순들을 해결하지 못하고 오히려 증폭시킬 따름이었으므로 강력한 반대 세력을 배태하고 있었다는 것이다.

한편 문벌 귀족정권이 만들어낸 모순과 과도한 수탈은 군현의 행정을 도맡고 있던 향리층鄕吏層과 세금과 부역을 책임지고 있던 농민층을 함께 핍박해서 못살게 만들었다. 그 결과 무인들이 두 번(庚·癸)에 걸쳐 문신들을 학살하고 있을 때에도 아무런 저항이 없었고, 의종毅宗이 경주에서 피살될 때에도 주민들은 방관하고 있었던 것이다(위의 책, 338쪽).

그런데 쿠데타로 수립된 무신정권은 수립 직후부터 무인들 상호 간의 권력쟁탈전으로 말미암아 빈번한 권력층의 교체를 초래했다. 그런가 하면 일반 백성들은 무신정권을 계기로 해서 자기네들의 삶이 개선되기를 기대했지만, 오히려 무신집권에서 오는 모순으로 말미암아 농민들의 부담은 더 가중되었다. 다른 한편 자기들과 마찬가지로 미천했던 사람들이 하루아침에 고관요직에 앉으면서 백성들을 업신여기고 나오니, 새로운 신분관계에 대해 회의를 느끼면서, 오히려 천민층과 농민들의 반란이 잇따랐다.

이렇게 되자 무신 집권자들은 지방에서 일어나는 반란을 진압하기 위해 군현을 다스리고 있던 향리층과 손을 잡지 않을 수 없었다. 이의방의 집권 시에는 50여 현에 감무監務가 신설되었고, 정중부가 집권하던 명종 8년에는 990여 명을 낙직시켰다고 하니, 무신집권 초기에만 하더라도 신·구 내지 문·무간의 인적 교체가 얼마나 많이 일어났던가를 짐작하게 만든다.

한편 조위총趙位寵이 삼남지방을 중심으로 기병하여 그 세를 확장해 나가자, 무신정권은 이러한 반란세력을 진압하기 위해서 현지의 토착세력을 회유 내지 등용함으로써 무신집권 기간에도 지방의 향리들이 크게 진출하였다. 말하자면 각 지방에서 잇따라 일어나고 있는 민란을 진압하기 위해 무신집권 세력은 지방의 향리들을 포섭하는 정책을 펴냈던 것이다.

그런데 각 지방의 민란에 이어 고종대에 이르러서는 몽고군의 침입이 계속되자 군현의 토성이민土姓吏民들은 대몽항전에 투입되었다. 그러나 이때 토착세력들은 대몽항전에 참전해서 충忠·역逆 양면의 태도를 취하고 나왔다. 한편에서 몽고군에 투항해서 부원세력附元勢力으로 되었는가 하면, 다른 한편에서는 군민軍民을 이끌고 대몽항전에 나섬으로써 군공軍功을 세워 출세하는 사람들도 많았다. 후자의 경우 토성이민들이 중앙으로 진출하는 계기였음은 두말할 나위 없었다.

경庚·계癸 양란兩亂을 통해서 무인들이 문신정권을 타도하고 무인 일색의 정권을 수립했지만, 무인들이 정권을 독점하는 데는 한계가 있었다. 안으로는 복잡하고 방대한 관료기구를 무신만으로 감당해 나가기도 어려웠지만, 밖으로는 대금對金 관계에서 외교문제들을 무인 단독으로 감당하기도 어려웠다. 정중부 등 무신들이 문신정권을 타도하고 국왕을 그들 마음대로 폐립하면서도 왕위는 끝내 존속시켰고, 비록 국왕을 폐립하면서도, 반드시 금나라의 승인을 받은 다음에야 안심할 수 있었던 것은 그만큼 대금관계가 중요했기 때문이었다(이수건, 앞의 책, 340쪽). 심지어 왕을 폐립시켰던 최충헌마저도 이 문제에 대해서 신경을 쓰지 않을 수 없었다.

무인들이 문신들을 제거하고 내외 관직들을 독점하다시피 하고 나서 보니, 무신들만으로는 관료계를 독점할 수 없었다. 그래서 무신들은 의종에 의해서 소외되었던 문신들을 다시 등용했고, 무인들로부터 지탄을 받고 있지 않은 문벌귀족들을 회유해서 참여시킬 필요가 있었다. 무인 집권세력은 이러한 문벌귀족들을 회유해서 지지 세력으로 끌어들였을 뿐 아니라, 과거를 자주 실시하고 급제자들을 늘림으로써 군현의 토성 자제들이 대거 진출할 수 있도록 만들었다. 가령 명종대에서 고종 46년 까지 90여 년간에 51회의 과거를 실시해서 급제자는 1,975명이나 배출했 다. 이것은 고려시대 252회의 과거 시험에서 6,718명의 급제자를 배출한 것과 비교해 보면 무신집권 기간에 얼마나 많은 과거 급제자를 배출해냈 는가를 확인할 수 있다(위의 책, 34쪽 참조).

역설적인 얘기지만, 무신집권 초기에 낙향했던 문사들에 의해 양성된 지방의 토성 자제들이 최씨 무인집권기부터 진출하기 시작했다는 것이 다. 특히 최우崔瑀(怡)가 집권하면서 '다발한사多拔寒士 이수인망以收人望(가 난한 선비를 많이 발탁하여 인망을 거둠)'이라고 한 데서 알 수 있듯이 종전의 관 인들과는 체질을 달리하는 신진사류를 대거 배출하였다. 이렇듯 무신집 권의 결과로 지방 사족士族이 대두하였고, 군현의 토성 자제들이 대거 상경해서 관직을 맡기에 이르렀다는 것이다. 요컨대 무인집권기에 이르 러 내란의 빈발과 몽고의 침입 등 내우외환이 끊일 사이 없이 계속되자, 지방 토성들이 전공(혹은 무공)으로 무반에 진출하기도 했지만, 그 자제들 이 대거 상경해서 관직에 앉기에 이르렀다는 것이다.

Ⅲ. 몽고의 침입으로 더욱 불안해진 고려의 정치상황

13세기 초에 수립된 몽고제국(혹은 원제국)은 인류 역사상 단일국가로서 는 최대의 영토를 장악했고, 그 세력은 유럽에까지 미칠 정도였다. 바로 이러한 몽고제국과 동아시아 지역에 함께 자리하고 있던 우리나라가 몽고제국으로부터 직접적인 영향을 받았음은 두말할 나위 없었다. 그 영향도 이웃하고 있었으니 혜택이 아니라, 오히려 가혹한 피해였다. 우리는 수많은 외침을 받아온 나라였지만, 13세기 몽고군의 침입만큼 혹독한 고통을 받은 일은 없었다.

1206년에 건국한 뒤에 몽고제국은 점차 세력을 강화하더니 주변 국가들을 정복해 들어갔다. 우선 1227년에는 서하西夏를 정복했고, 1234년에 금金을 정복하더니, 1279년에는 남종南宗까지 정복했다. 이보다 앞서 몽고군에 쫓기던 거란족이 1216년 고려로 밀려들어 왔지만, 1218년 고려와 몽고 그리고 동진東眞의 연합군에 의해 거란족은 소탕되고 말았다.

이렇듯 거란족의 소탕을 계기로 고려와 몽고는 외교관계를 맺기에 이르렀다. 그 후 몽고제국은 육사六事(인질·조군·조선의 상납·다루가치의 주재·호구조사·역첨 설치 혹은 친조)를 중심으로 고려에 대해 과도한 요구를 해 왔다. 그러나 고려 조정은 이를 거절함으로써 1231년부터 양국 사이에는 전쟁이 벌어졌다. 이후 30여 년간 6차에 걸친 몽고군의 침입으로 고려 백성들의 고통은 이루 헤아릴 수 없었고, 고려의 국토는 황폐화될 대로 황폐화되고 말았다.

몽고군의 침입으로 인한 피해는 이루 헤아릴 수 없었다. 1231년(고종 18년), "성중에 돌입하여 그 고을의 관원을 죽이고 백성을 도륙하며, 가옥에 모조리 불 질러 닭과 개까지 죽였다."는 기록이라든지, "예성강에 이르러 가옥에 불을 지르고 인민을 살육한 것이 헤아릴 수 없었다."는 기록은 몽고의 1차 침입 때(1231~1232년)의 일이었다.

고종 23년(1236년), "벼를 베던 농민 20여 명을 사로잡아 모두 죽였다."는 기록과, "지금 백성들은 10명 중 2~3명이 남았고, 만약 몽고병이 물러가지 않으면 백성들은 농사도 전혀 못 짓게 되어 모두 적에게 투항하고 말 것이다."는 기록 등은 당시의 상황을 짐작할 수 있게 한다. 몽고의 4차 침입 시(1247~1248년)의 기록과 고종 41년(1254년)에, "몽고병에 포로가 된 남녀가 무려 20만 6천800명이었고, 살육된 자는 이루 헤아릴 수 없을 정도였으며, 몽고병이 침입한 현군들은 모두 잿더미가 되었으며, 몽고 병란이 있은 뒤로 이보다 더 심한 때는 없었다."는 기록과, 고종 44년(1257년)에는, "부사 최제를 죽이고 그 처자들을 사로 잡아갔으며, 고을 사람 다수가 살해되었다."는 기록은 6차 침입 때(1254~1259년)의 것이다. 이러한 상황이라 일반 백성들은 자신과 향촌사회의 방어를 위해 침략자들과 투쟁하지 않을 수 없었고, 6차에 걸친 몽고침략에 맞서서 적극적인 항몽의 자세를 취할 수밖에 없었다(신안식, '대몽항쟁기 민의 동향', 『14세기 고려의 정치와 사회』, 민음사, 1993, 354~355쪽 참조). 그러나 고려의 무신정권은 강화도로 천도함으로써 스스로의 권력만은 유지할 수 있었다.

그 후 30여 년에 걸친 지루하고 고통스러운 전쟁 끝에, 고려 왕조는 1259년에 태자의 입조와 개경 환도를 조건으로 몽고와 강화를 맺었다. 당시 고려의 무신집권자들은 스스로의 권력을 내놓을 수밖에 없으리라는 사실을 예상하면서도, 어쩔 수 없이 강화에 응했다. 이러한 결정에 반발한 삼별초三別抄의 항쟁이 일어났지만, 1273년에 고려와 원元의 연합군사력에 의해 진압됨으로써 고려사회는 원간섭기로 이행되고 말았다.

이 무렵 몽고제국은 세조 대에 이르러 중국을 통일하고 난 다음, 국호를 원제국으로 바꾸면서 세계 지배의 야망을 펼쳐 나갔다. 이러한 상황에서 맺은 강화조약이었으니 이를 계기로 고려는 원의 영향을 강하게 받을 수밖에 없었다. 말하자면 30여 년에 걸친 몽고와의 전쟁의 강화를 기점으로 고려는 불행하게도 원의 간섭기로 접어들었다는 것이다.

그런데 문제는 고려가 원의 간섭기로 접어들면서 오래 전부터 안고 있던 내적 모순들을 해소한 것이 아니라, 오히려 내적 모순들을 더욱 증폭시켰다는 데 있었다. 원의 노골적인 내정간섭으로 국왕의 책봉과 퇴위, 고려 왕실과 원 왕실 간의 혼인, 정동행성의 설치(이 문제에 관해서 뒤에 자세히 설명하겠음) 등 이전에는 볼 수 없었던 대외적인 모순들을 노출시키고 말았다.

12세기 후반 무인정변으로 인한 정치권의 변동과 뒤이어 전개된 농민항쟁으로 고려사회는 내부적으로도 크게 동요하고 있었다. 중부 지역에서 일어났던 조위총의 봉기(1174~1179년)와 망이亡伊·망소이亡所伊의 봉기로 대표되는 항쟁을 위시해서 뒤이어 남부 지역으로까지 확산하여 근 1세기간에 걸친 전국적인 규모의 항쟁이 잇따랐다.

특히 13세기 초반에는 '신라 부흥운동'이란 기치 아래 경주·청도·밀양·울진·삼척·강릉 등 남동부 지역의 농민군들이 연합전선을 형성함으로써 농민항쟁은 최고조에 달했다. 이후에도 농민항쟁은 1218년과 1237년에 '고구려 부흥운동' 혹은 '백제 부흥운동'과 같은 형태로 꾸준히 일어나고 있었다. 당시 농민항쟁은 12세기 초 이래 나타난 봉건 귀족층의 토지 탈점과 계서적階序的인 군현체제郡縣體制의 모순에서 파생한 과다한 농민수탈 때문이었다.

그러나 13세기 초반 최씨 정권의 강압적인 진압책과 뒤이은 몽고와의 전쟁으로 농민항쟁은 그 세가 현저히 약화되었지만, 전쟁 말기에 농민들이 몽고군에 투항하는 '투몽投蒙'이라는 극단적인 형태로 전개되기까지 했다(신안식, '대몽항쟁기 민의 동향', 윤용혁, 『고려 대몽항쟁사 연구』, 일지사, 1991 ; 박종기, '총론 14세기의 고려사회-원 간섭기의 이해문제', 한국역사연구회 14세기 고려사회성 격연구반, 『14세기 고려의 정치와 사회』, 민음사, 1993, 15쪽).

이러한 사실은 당시 농민들이 고려 왕조에 대한 불만이 도를 넘어서서 '우리의 왕조'라는 의식마저도 흐려지고 있었음을 의미하는 것이었다. 고려 왕조의 내적 모순들이 치유할 수 없는 단계에 이르렀기에, 농민들의 '투몽'이 일어났다고 보는 것이 올바른 해석이라 하겠다.

앞에서 지적했다시피 1259년 고려와 원은 30여 년간 끌어오던 전쟁을 종결 짓는 강화를 맺었다. 이 강화는 몽고군이 철군하는 대신 고려 태자의 입조와 고려 조정의 개경 환도를 조건으로 성립된 것이었다. 그러나 이를 계기로 고려와 원은 그 자체 안에 지배세력의 교체가 있었다. 우선 고려의 경우를 살펴보면, 무신정권이 붕괴해서 형식상으로나마 왕정복고가 이루어졌고, 이에 따라 정치질서가 수립되었다는 것이다.

한편 원과 강화 이후 1260년에 세조世祖가 집권하면서 원 조정 안에 지배세력이 교체되었고, 이 민족에 대한 지배방식도 크게 바뀌었다. 지배세력의 교체를 구체적으로 보면, 유목계遊牧系 본지파本地派를 대신해서 농경계農耕系의 한지파漢地派가 득세하는 계기가 마련되었다. 그런가 하면 원은 고려와의 강화를 계기로 남송南宋 정벌에 전력을 쏟을 수 있었다.

이렇듯 강화를 계기로 해서 양국의 정치상황은 사뭇 달라졌다. 그러나 이러한 변화가 원의 고려 지배질서에 어떤 방식으로 영향을 미쳤는가에 우리의 관심은 집중될 수밖에 없다. 우리에게 영향을 미치지 않는 일들은 제 아무리 큰일이라고 하더라도 관심 밖으로 밀려난다. 우리에게 영향을 미친 원의 정치적 변화를 가려 볼 수밖에 없다는 것이다.

앞서도 지적했듯이 강화 이전 원의 대외정책은 처절한 살육과 무자비한 파괴를 통한 야탈전을 펴는 방식이었는데, 강화 이후에는 종속국가의 왕조를 그들의 지배권 하에 복속시킴으로써 간접적인 지배의 방식으로 전환했다. 이에 따라 종속지의 전통적인 부세체제賦稅體制를 수정해서 몽고인 특유의 공납인 과차科差를 부여하는 방식으로 수취구조를 새롭게 조정했다.

더구나 고려와의 강화를 전후한 시기는 뭉케(憲宗)의 사망과 쿠빌라이

(世祖: 1260~1294년)의 즉위로 승계분쟁이 일어나던 시기였다. 원의 고려 지배방식도 역시 원 내부의 정치상황의 변화에 따라 영향을 받을 수밖에 없었다. 요컨대 1259년 고려와 원의 강화는 각기 자국 내 정치상황의 변화에 영향을 받으면서 이루어진 측면이 있었는가 하면, 양국 지배세력들의 정치적 입지를 보다 강화시켜준 측면도 있었다. 따라서 양국 사이의 강화는 양국 지배세력 상호 간에 일정한 양보와 타협을 전제로 해서 이루어진 측면이 강했다. 이러한 사실은 원의 고려 지배방식에도 일정하게 작용했다. 따라서 원의 고려 지배방식 역시 지금까지 이해하고 있던 것처럼 일방적이고 종속적인 것만은 아니었던 것 같다(박종기, 앞의 글, 18쪽).

크게 보면 원의 고려 지배방식은 세조 쿠빌라이가 천명한 것처럼 "한 나라 법에 따른 것이므로 주변 네 나라는 이러한 풍습을 바꿀 수 없다(以漢法治 四夷 不改土風)."는 원칙에서 이루어졌다. 이러한 지배방식은 천자와 제후는 의례적儀禮的인 관계, 구체적으로는 정삭正朔과 연호의 반포, 정기적 조빙朝聘이라는 종래 중국의 전통적인 화이관華夷觀의 범주에서 크게 벗어난 것은 아니었다. 하지만 이러한 원칙 위에 있다고 하나, 원 조정은 고려왕을 자기네 직접적인 통치권 범위 안에 묶어 두고 왕을 통해 고려를 지배한다는 점에서 전통적인 화이관과는 차이가 있었다. 예를 들면 거듭되는 국왕의 친조親朝(入朝)와 중조重祚(한 사람의 두 차례 등극), 공주와의 혼인, 고려 관제의 개편, 정동행성征東行省의 설치와 그것을 통한 내정간섭기도 등에서 잘 나타나 있다. 이러한 점들을 보면, 원의 고려 지배는 정치·군사 등 상부구조에서는 역대 어느 이민족보다도 예속의 강도가 높았다.

반면에 토지 소유, 노비 개혁 등 하부구조에 대해서는 상대적으로 그 강도가 낮은 편이어서, 원의 고려 지배가 고려의 전사회 구조에 전면적

으로 관철된 것은 아니었다(고병익, 「고려와 원의 관계」, 『동양학』 7, 단국대, 1977 ; 박
종기, 앞의 글, 19쪽). 그러나 고려와 원 사이에 맺어진 강화로 말미암아 고려
는 큰 변화를 겪지 않을 수 없었다. 이러한 변화들 중에 여기서 반드시
지적하고 넘어가야 할 일이 두 가지 있다고 본다. 첫째는 민의 저항이
변질되었다는 사실이고, 다른 또 하나는 권신 측근세력과 신진사류新進
士類 사이에 대립·갈등이 심화되었다는 사실이다.

IV. 민란의 성격 변질

　12세기 초부터 고려 조정 집권층 내부의 극심한 권력다툼과 정치기
강의 문란은 바로 사회·경제적 모순의 표출이었음과 아울러 구질서의
붕괴 조짐이었다. 그런데 이러한 상황에서 무신정권의 출현은 기존의
사회 경제적 모순을 심화시키는 결과를 빚어냈다. 말하자면 무신정권의
출현으로 계급모순은 더욱 심화되었으며, 무인집권자들이 억압과 수탈
을 자행함으로써 사회분위기는 더욱 험악해질 수밖에 없었다는 것이다.

　그래서 12세기 초부터 고려에서는 민의 유망流亡을 불러 일으켰고, 12
세기 후반부터는 농민·천민들의 항쟁을 불러 일으켰다(신안식, '대몽항쟁기
민의 동향', 한국역사연구회 14세기 고려사회성격연구반, 앞의 책, 339쪽 참조). 이렇게 보
면 백성(民)의 저항은 13세기 고려 사회의 특성이 아니라, 12세기 후반
부터 줄곧 이어져 온 현상이었음을 확인할 수 있다.

　이러한 상황인 데다가, 몽고와의 전쟁이 개시되자 전래적인 수탈에다
몽고와의 전쟁이라는 고통까지 안겨짐으로써 민民은 이중의 고통을 겪
기에 이르렀다. 그래서 12세기 후반부터 일어나기 시작한 백성들의 대
정부 항거는 전쟁의 와중에서도 그대로 계속되었다. 그런데 전란의 후

반기에 들어 와서는 항몽抗蒙(몽고와의 싸움)이 아닌 투몽投蒙(몽고군에 투항)이라는 변칙적인 저항의 형태를 띠기까지 했다는 것이다(위의 글, 340쪽 참조).

앞서 지적한 바 있었지만, 12세기 고려 백성들의 항쟁, 즉 민항民抗은 1202년 신종대에 경주를 중심으로 '신라 부흥운동'이 있었는가 하면, 1218년 6월에는 서경을 중심으로 최광수에 의한 '고구려 부흥운동'이 있었고, 1237년에는 담양을 중심으로 이연년 등이 주도한 '백제 부흥운동'도 있었다. 이러한 현상들은 고려의 백성들이 고려 왕조에 대해서 거부감이 있었음을 드러낸 것이었다(위의 글, 340~340쪽 참조).

고려 왕조가 성립될 때 태조 왕건은 신라나 궁예나 발해의 백성들이 자진해서 귀순해올 만큼 선정을 베풀고 덕치주의를 폈는데, 고려 왕조의 후반기에 들어와서는 고려의 백성들이 '신라 부흥운동', '고구려 부흥운동', '백제 부흥운동'을 펼쳤다고 하니, 격세지감을 느끼지 않을 수 없다. 12~13세기에 이르러 고려 왕조가 얼마만큼 수탈을 자행했고, 얼마만큼 정치를 그르쳤던가를 짐작하게 만들어주고 있다.

이렇듯 백성들의 저항(민항)이 잇따르자, 고려 조정은 새로운 전투조직으로서 전국적인 규모의 별초군別抄軍을 조직했다. 이러한 군사조직의 재편은 대내적으로는 대규모의 농민봉기를 막고 대외적으로는 몽고와의 전쟁에도 대처해 보자는 의도에서 이루어진 것이었다. 말하자면 별초군 체제는 효과적인 전쟁수행뿐 아니라, 대내적인 농민항쟁에도 효과적으로 대응하기 위해 재편성했던 것이다.

1231년(고종 18년) 몽고군의 본격적인 침입이 자행되자, 초기에는 몽고군에 대항하기 위해 삼군을 동원하는 한편, 지방의 반정부 세력인 초적草賊들까지 유치해서 각지에서 결사적으로 항전하게 만들기까지 했다. 그러나 그 후 최씨 군부정권은 적극적인 대몽전쟁을 수행하기보다는 오히려 항몽세력抗蒙勢力들을 제거하거나 몽고와의 강화를 추진하는 굴욕적인 자세를 취했다.

　그러다가 최씨 무신정권은 천도의 의견을 개진하면서 적극적으로 항전하자는 의견을 무시해 버렸다. 그러더니 1232년(고종 19년) 6월에는 강화도로 천도를 단행하고 나섰다. 이러한 일련의 조치들은, 최씨 군부집권세력의 대몽항전의 수행의지를 의심하게 만들었다. 최씨 군부정권의 대몽전쟁은 적극적인 의미에서든 소극적인 의미에서든간에 강화도 천도를 기점으로 해서 그 성격이 변했다(위의 글, 344쪽).

　실상 최씨 무신정권은 몽고에 대해서 두려움을 느끼고 있었다. "어찌 적은 것을 가지고 많은 것을 대적하며, 약한 것으로써 강한 것을 대적하겠습니까(『고려사절요』 권15, 고종 8년 9월 ; 위의 글, 346쪽)?"라는 주장을 통해 알 수 있듯이, 몽고에 대해서 애초부터 위압감에 사로잡혀 있었다. 바로 이러한 상황에서 1231년에 몽고의 침입을 받았던 것이다.

　물론 최씨 무신정권이 처음부터 몽고에 대한 확고한 대비책을 세우거나 능동적으로 대처하지 못했던 것은 국내 저항 세력들을 제압하지 못하고 있었기 때문이었다. 내우內憂를 치유하지 못했으니 외환外患을 감당하기 어려움은 두말할 나위 없었다.

　백성들은 대몽투쟁의 초기에는 정부와 협조하면서 진행되었음은 초적들의 대몽참전에서 확인해 볼 수 있다. 원래 초적은 대체로 지배층의 토지탈점과 과중한 수탈에 저항하는 집단이었다. 이러한 초적들이 대몽항전에 참여한 예들을 보면, 1231년(고종 18년) 9월 마산 초적들이 대몽항전에 참여했고, 같은 10월에 광주廣州 관악산 초적들이 대몽항전에 참여했던 데서도 확인할 수 있었다.

　이러한 사실은 12세기 이래 계속된 사회・경제적인 모순에 대항하여 봉기했던 초적들이라 할지라도, 몽고군의 침입이라는 국가적 위기에서는 일단 반정부 투쟁을 유보하고 최씨 무신정권과 함께 대몽항전에 참여했음을 보여주는 실례들이었다. 초적들의 대몽항전 참여는 우리네 민초들의 순수하고 자발적인 애국심을 확인해 볼 수 있는 계기이기도 해서 마음 든든함을 느끼게 만들었다.

1232년(고종 19년) 정월 충주 관노들이 정부군과 협력해서 몽고병을 격퇴한 일은 몽고침입 초기에는 민중들이 항몽투쟁에 적극적으로 참여했음을 알려주는 하나의 실례이다. 다음의 기록은 1253년(고종 40년)에 밝혀졌지만, 우리에게 암시해 주는 바가 많다. "당시 충주성은 몽고군에게 포위당한 지 70여 일이나 되어 군량이 거의 바닥나 있었다. 그때 방호별감防護別監 김윤후金允侯는 군사들을 타일러 격려하기를, '만일 죽음을 다해 싸워준다면, 귀천 없이 모두에게 관직을 제수하겠다.'고 하면서 관노의 부적簿籍을 불태워 믿음을 보이고, 노획한 소와 말을 나누어 주자, 모든 사람들이 죽기를 맹세하고 싸웠다. 몽고군의 공세가 차츰 꺾이어 다시 남쪽으로 내려오지 못했다(『고려사절요』 권 17, 고종 40년 12월 ; 신안식, 앞의 글, 350쪽)."는 내용이었는데, 백성들을 항몽전에 끌어들여 성공한 사례였다고 본다.

그러나 대몽항쟁 초기, 정부군과 협력해서 참전했던 민과 초적들의 대몽항쟁은 오래 지속되지 못했다. 그것은 최씨 무신정권이 민초들의 뜻을 감지해서 사회적·경제적 모순들을 해결해 보려는 노력을 기울이지 않았고, 지난날의 모순을 그대로 지속시켰기에, 민초들은 고려 무신정권에 등을 돌리고 말았던 것이다. 최씨 무신집권 세력은 지난날의 비리나 모순을 시정하기보다는 정권을 유지하기 위한 막대한 자원과 몽고와의 전비 부담을 백성들에 대한 수탈로 충당하려 했다. 이때문에 민과 정부 간의 협력은 깨어졌고, 결국에는 정부에 대한 민의 저항을 불러 일으키는 결과로 내닫고 말았다.

그러나 백성들의 봉기는 대체로 몽고가 대거 침입한 전후에 집중되었다는 특징이 있었다. 강화도로 천도함으로써 최씨 무신정권이 권력 연장에는 성공했는지 모르지만, 이미 민심은 고려 정부로부터 멀어지고 있었기 때문이었다. 고려 정부가 강화도로 천도한 직후, 이통李通은 초적·노예·승려들과 함께 봉기했다. 이들은 전곡錢穀을 약탈당함으로써 빚어진 굶주림 때문에, 다른 한편으로는 강화도로의 천도에 대한 불만 때문에 봉기했다. 이러한 상황 속에서 최씨 무신정권이 수립된 후 한때 소강상태였던 봉기세력들이 전쟁의 와중에서도 대몽항쟁을 적극적으로 전개했던 것이다.

앞서 설명했다시피 몽고군의 침입으로 백성들이 당한 고통과 피해는 이루 헤아릴 수 없었다. 이러한 고통 속에서도 몽고군의 침입 초기에는 민·관이 협력해서 대몽항쟁을 벌였다. 그러나 최씨 무신정권이 스스로의 정권 연장을 위해 강화도로 천도를 단행하자, 민의 대몽항쟁의 양상은 크게 달라졌다. 말하자면 13세기 전반기의 민의 대몽항쟁은 반정부·반몽고라는 이중적인 성격을 띠고 있었다면, 13세기 후반으로 접어들면서 주목할 만한 현상은 투몽현상이 증가되었다는 사실이다.

이 시기 민의 동향에서 주목할 만한 현상은 투몽과 아울러 향촌 사회로부터의 유리遊離와 농장農莊으로의 투탁投托이 광범위하게 발생했다는 데서 찾아볼 수 있다. 일부 학자들은 투몽현상을 민생과 관련된 민요적民擾的인 성격이며, 항몽전열을 약화시키고 적의 침략전쟁 수행에 도움을 준 것이었다는 점에서 변태적인 행태의 저항으로 파악하고 있다(윤용혁, '고려 대몽항쟁기의 민란에 대하여', 『史叢』 30, 1986, 53~55쪽 참조 ; 위의 글, 355쪽 주 56 참조). 민의 투몽행위는 항쟁의 왜곡된 표현이었음은 두말할 나위 없었다.

그러나 토지 탈점으로 인한 토지소유 관계의 변화와 전쟁 수행으로 인한 과중한 세금 수탈을 피하고 스스로 목숨을 지탱해 나가기 위한 대응이었다는 점도 이해해 주어야 할 것 같다. 이러한 투몽행위는 몽고의 고려 통제방식과도 관련이 있어서 고려의 백성들이 몽고 영역으로 많이 유출되는 계기가 되기도 했다. 어쨌든 고려민의 투몽현상은 당시 고려 정권의 수탈과 실정 때문에 발생한 것이었다.

한편 민의 투몽에 앞서 몽고군이 침입하자 여러 지역에서 고려 관리들이 몽고군에 항복하는 현상이 벌어졌다. 예를 들면 고종 18년에 함신진咸新鎭 방수장군防守將軍 조숙창趙叔昌이 몽고군에 항복했다. 그는 성중의 인민을 위해서였다고 했지만, 뒤에 몽고군의 앞잡이가 되어 다른 항몽지역으로 다니면서 항복을 권유했다. 이렇듯 항몽 초기에 투항한 예도 있지만, 본격적인 투몽이 이루어진 것은 고종 40년(1253년) 이후의 일이었다.

『고려사』에서는 투몽하는 자들을 ① 역역役을 피하려는 자, ② 범죄를 저지르고 도망가는 자, ③ 공사노비의 신분을 모면하려는 자 등으로 파악하고 있지만, 이러한 현상은 당시 고려 사회가 안고 있던 모순의 표출이었다고 본다. 한편 민의 입장에서 볼 때 투몽현상은 사회·경제적인 모순과 계급모순에 의한, 중앙정부에 대한 다른 형태의 저항이기도 했다. 더 요약해서 말하면 민의 투몽은 고려 무신정권에 대한 정면 대항이라고도 할 수 있다.

투몽현상이 가장 빈번하게 일어난 시기는 몽고군의 5차 침입과 6차 침입을 전후해서였다고 한다. 바로 이 시기는 외적의 침입으로 인한 피해도 문제였지만, 지방 관리들의 횡포는 더 견딜 수 없는 상황이었다. 관리가 주색에 빠져 수탈을 자행한다든가, 백성들은 굶어 죽어가는 데도 강도江都에서는 철야로 연회를 벌였던 것이 바로 그러한 사례들이다.

또한 관리들의 횡포에 시달리다 못 견딘 백성들이, "오히려 몽고병이 오는 것을 기뻐했다."고 할 만큼, 민의 처지는 극악한 상태였다. 최씨

무인정권 이래 항몽전쟁의 방책으로 활용했던 산성·해도의 입보책入保
策도 이 시기를 전후해서는 백성들의 사회·경제적인 궁핍을 가속화시
켜서 그들의 원망을 불러일으키는 요인이 되기도 했다. 그런데 고종 45
년(1258년) 최씨 무신정권이 몰락한 후에는 투몽현상이 한층 더 빈번하게
발생했다(신안식, 앞의 글, 359쪽).

당시 백성들의 일차적인 행동은 관리 살해, 말하자면 수탈자에 대한
저항으로 나타났고, 투몽현상이 일어났던 곳이 산성과 해도였음을 되새
겨볼 필요가 있다. 위도에 입보한 주민들이 국가에서 파견한 관리를 살
해하고 몽고에 투항했다든가, 광복산성과 달포산성의 피난민들이 방호
별감을 살해 또는 잡아서 몽고병에 투항했다는 사실 등은 입보인들이
굶주림에 지친 나머지 더 이상 강도정부에 협조할 수 없음을 밝혀주고
있었다. 그리고 외세에 영합하는 투몽은 조휘趙暉와 탁청卓靑의 예를 통
해 알 수 있듯이 일반 관리들이 외세와 영합하여 새로운 세력으로 등장
하려는 의도에서 이루어졌음을 엿볼 수 있다(신안식, 앞의 글, 한국역사연구회
14세기 고려사회성격연구반 편, 앞의 책, 355~361쪽 참조).

한편 최씨 무인정권 하에서 항몽전쟁과 대민 지배의 첨병 역할을 담
당했던 관리들(예를 들면 방호별감)도 투몽했는데, 그 이유는 지방 봉기민들
의 관리 살해에 맞선 투몽이었다. 자진해서 몽고에 투항한 예로서 양호
성의 방호별감과 의주의 이안사李安社를 들 수 있다. 이들이 무리를 이끌
고 투항했다는 사실은 앞서 몽고에 투항해서 그들의 앞잡이가 되었던
홍복원의 투항과 견주어 볼만하다. 결국 이들은 외세에 영합해서 새로
운 세력을 구축해 보려는 자들이었다.

결국 투몽은 고려사회의 모순에 대하여 저항한 민의 항쟁의 또 다른
형태였으며, 이러한 항쟁은 바로 무신정권의 몰락을 재촉하였다. 이러
한 와중에서도 민의 항쟁은 꾸준히 계속되었다. 몽고와 제휴한 고려 지

배세력에 대항해서 일어난 삼별초三別抄의 항쟁은 몽고와의 강화에 대한 불만과 오랜 기간에 걸친 항쟁을 통해 성장한 민의 사회의식을 배경으로 해서 일어난 것이었고, 13세기 일어났던 민의 항쟁들 중에서 가장 규모가 크고 끈질긴 것이었다. 그러나 결국 삼별초 항쟁의 좌절은 민의 역동적인 사회변화 의식을 저하시킴으로써 그 후에 벌어진 민의 동향에 큰 영향을 미쳤다고 본다.

결국 약 30여 년에 걸친 전쟁 끝에 당시 고려 왕실의 태자였던 충렬왕과 원의 황제로 즉위한 쿠빌라이(kubilai)가 만나서 두 나라 사이의 강화를 이루어냈다. 그 뒤 고려에서는 원 군사의 호위 아래 왕정이 복고되었고, 개경 환도가 단행되었다. 이는 원에 대한 고려의 전면적인 항복과 예속을 의미하는 것이었다. 대몽항쟁 기간에 지배층에게 수탈을 당하면서도 몽고군의 침략에 항거해 왔던 고려의 백성들은 강화 이후 삼별초 정권에 호응하여 반몽항쟁을 계속했다. 그러나 이는 원과 정치적·군사적으로 결탁한 고려 지배층에 의해 진압되고 말았다(김순자, '원 간섭기 민의 동향', 한국역사연구회 14세기 고려사회성격연구반 편, 앞의 책, 365쪽).

이제까지는 대몽항전 기간에 고려의 군민이나 백성들이 몽고군에 투항하는 '투몽'을 통해 원의 지배영역으로 들어가는 현상에 대해서 고찰해 보았다. 몽고군의 침입과는 직접 관계없이, 고려 사회 내부의 모순 때문에 농민들이 이제까지 살아오던 삶의 터전을 버리고 원의 영역으로 유입해 들어가는 현상을 엿볼 수 있었다. 그리고 이러한 원의 영역으로 흘러 들어가는 사람들을 유민遊民이라고 일컬었다. 13세기 고려 후반에 이르러 나타난 또 하나의 현상은 유민의 증가였다.

유민이란 일반적으로 국가의 호구파악에서 빠진 사람들을 일컫는 말이다. 이들은 농업이 주업이었던 고려 사회에서는 농민이 살아갈 수 없을 정도로 수탈을 당하거나, 천재지변이 일어났을 때 발생했다. 따라서 민의 유망流亡은 피지배층이 지배층에 대해서 벌이는 소극적인 저항이 었다.

12세기 유민 발생의 배경이었던 사회구조의 모순은 마침내 후반에 이르러서는 지배층 안의 동요를 가져와서 무신집권을 성립시켰다. 그 후 무신집권 세력의 통치술 미숙으로 농민·천민들이 적극적으로 봉기 하고 나섰다. 이러한 사회 모순들을 발전적으로 해결하지 못하고 있는 상태였는데, 13세기에 들어 와서 백성들은 몽고족의 약탈적인 침입에 맞서 30년 가까운 기간 항몽투쟁을 전개해 왔다.

당시 지배계층은 정권유지에만 급급한 나머지 민의 항몽역량을 효과 적으로 조직하여 항몽전선에 배치하지 못함으로써 민이 감당해야할 부 담은 더욱 가중되었다. 1270년(원종 11년)에는 급기야 고려와 원 사이에 강화가 체결되어, 고려는 원의 요구에 따라 출륙환도出陸還都했다. 고려 와 원 사이의 강화는 성격상 이제 고려는 원 제국의 일부로 포함되어 정치적·경제적·사회적으로 갖가지 영향과 간섭을 받는 상황이었다(김 순자, 앞의 글, 367~368쪽).

한편 대원관계에서 파생된 수탈로 농민들은 더욱 불안한 상황으로 내 몰렸다. 그런데 이 문제의 근원은 고려와 원의 강화 과정에서 찾을 수밖 에 없었다. 1259년(고종 46년) 고려 태자 왕전王倎(뒤에 원종)이 몽고에 입조 해서 원의 쿠빌라이와 강화를 맺었다. 고려와 원의 강화로 최씨 무신정 권을 붕괴시킬 수 있었지만, 고려 동북면의 중요한 요새를 몽고의 직할 지로 내주어 쌍성총관부를 설치하는 결과를 빚어내기도 했다.

그런가 하면 몽고의 쿠빌라이는 남쪽에 버티고 있는 남송南宋을 정복 하지 못하고 있었으므로 원군이 필요했다. 그러니까 고려와 원의 강화 는 양쪽 모두의 절실한 필요에서 이루어진 것이었으므로, 고려는 왕권 과 영토를 인정받는 조건으로 강화를 맺을 수 있었다. 그리고 1260년에 쿠빌라이가 칸위(황제)에 올랐고, 왕전 또한 고려의 왕위에 올라 쿠빌라이 대칸의 책봉을 받음으로써 무신정권 이래 허위虛位만 지켜오던 고려왕은 마침내 정치적으로 대원제국의 정치적·군사적 지지를 받는 가운데 실세화해 갔다. 특히 1270년(원종 11년) 5월에 원종은 몽고 군사들의 호위를 받으며 귀국하여 무신정권과 삼별초의 반대를 누르고 출륙환도를 단행했고, 왕정복고를 실현했다. 그러나 고려의 새로운 지배층은 1270년부터 30여 년간 반몽투쟁의 보루였던 삼별초 정권과 그에 호응하고 있던 백성들을 몽고군과 연합하여 섬멸했고, 스스로의 지배체제를 다져 나갔다(위의 글, 368~369쪽 참조).

실상 강화 이후에 고려의 정치기구들은 모두 원의 영향을 받고 있었다. 이에 따라 고려는 사소한 일도 원에 주청해서 처리하는 일이 빈번했다(고병익, 「역대 정동행성의 연구」, 『역사학보』 14 ; 위의 글, 370쪽). 따라서 고려의 지배층은 권력이 원 왕실과의 강한 정치적 결속을 통해서만 보장된다는 현실인식을 하기에 이르렀다. 이러한 사실은 원제국을 완성시킨 원 세조의 외손자로서 무종武宗 옹립의 공신이 되어 부왕(충렬왕)과 그 측근세력을 누르고 왕위에 오를 수 있었던 충선왕이 원 간섭 기간의 고려왕들 중에서 가장 강력한 통치권을 행사할 수 있었던 데서 입증될 수 있다(김성준, '원공주 출신 왕비의 정치적 위치에 대하여', 『김활란 근속기념한국여성문화논총』, 1958 ; 위의 책, 370쪽).

그런데 원은 고려 지배층을 예속시켜서 삼별초 정벌과 원의 일본 원정에 필요한 인력과 물자를 징발했고, 충렬왕 때는 원의 둔전군屯田軍에 필요한 일체의 비용도 조달했으며, 경상도 합포와 전라도 탐라의 진변만호부鎭邊萬戶部 주둔군의 군수물자도 조달했다. 이러한 징발이나 조달은 모두가 백성들에 대한 수탈로 충당되었던 것이다. 이렇듯 연속되는 수탈 속에서 백성들의 생활은 피폐할 수밖에 없었다.

　군수물자의 수탈은 말할 나위 없었지만 금·매·삼·목재 등도 징발했고, 고려의 지배층이 원의 지원을 받기 위해 원에 체류하는 비용도 백성들부터 거두어들였다. 원의 고려지배 때문에 드는 일체의 비용을 피지배층인 백성들의 수탈로 충당했다. 계속되는 공적·사적인 수탈로 말미암아 일반 백성들의 생활은 극도로 피폐될 수밖에 없었다. 그리고 백성들의 삶이 이렇듯 피폐화되니, 정든 고향을 떠나 다른 곳으로 떠날 수밖에 없었던 것이다.

　심지어 수탈로 인한 유민화는 파상적으로 증가함을 엿볼 수 있었다. 이를테면 주현에서 징발할 일이 있을 때에 실무를 담당하는 향리鄕吏는 뇌물을 받고 부잣집에게는 면제해 주고, 가난한 집에만 징발한다. 그러면 가난한 집은 그것을 감당할 수 없어서 도망하게 되고, 그러면 부잣집 역시 가난해져서 도망가고 만다는 것이다. 그러면 그 책임은 결국 향리에게 돌아옴으로 그 향리도 도망갈 수밖에 없다는 것이다. 이렇듯 농민들의 유망현상은 연쇄적으로 확대되었던 것이다.

　요컨대 고려는 원과의 강화 후 정치적으로 원의 간섭을 받는 관계 때문에 직·간접으로 당하는 수탈, 대원 관계의 유지를 위해서 필요한 재정 지출의 증가, 그리고 고려 사회의 기본 모순 때문에 빚어진 수탈 등으로 농민들의 생활은 점점 더 어려워져서 유민의 발생은 늘어났다고 보는 것이 옳을 것 같다.

Ⅴ. 입성론入省論의 제기

　원은 강화 후에 고려를 원의 행정편제에 따라 하나의 성省으로 규정해서 정동행성征東行省이라 일컬었다. 그러나 실제로는 원은 고려의 왕조와 국왕을 유지시켜서 하나의 독립국가로 인정하였다. 만일 원이 고려를 정동행성으로 규정해서 행정을 그 규정대로 실행했더라면, 고려 왕국은 소멸될 수밖에 없었고, 고려의 영토는 원의 영토로 바뀌었으며, 고려는 원의 행정편제 속으로 편입될 수밖에 없었다.

불행 중 다행으로 정동행성은 명목상의 체제로 머물렀고, 고려의 강토는 고려의 국왕에 의해 지배되었다. 단적으로 말해서 원은 고려의 국왕을 통해서 고려를 지배했을망정, 행정적으로 고려를 직접 통괄했던 것은 아니었다. 원은 고려 국왕이 하는 일에 간섭하고 조종했지만, 행정적으로 고려인들을 직접 통괄하고 있던 것은 아니었다.

앞서 지적했다시피 원은 정치·군사 등 상부구조에서는 예속의 강도를 높이고, 토지소유·노비개혁 등 행정적인 하부구조에 대해서는 예속의 강도를 낮추어서 지배했다. 즉, 원의 고려지배가 고려의 사회구조 전반에 관철된 것은 아니었다(민란의 변질 앞부분 고병익의 글 참조). 정동행성이 형식적인 편제로 존속할 수 있었던 것도 원의 고려지배의 특성과 무관하지 않았던 것 같다.

그러나 심심하면 정동행성을 실질적인 행정체계로 바꾸자고 주장하는 세력이 있었다. 우선 정동행성을 형식적인 존재로 방치하기보다는 실질적인 기능을 다할 수 있도록 만들자는 주장이 바로 입성론入省論의 요지였다. 입성론이란 표현은 간단하지만 그 용어의 함축성은 복잡했고 우리에게는 심각한 문제였다. 단적으로 말해서 입성론을 들고 나오는 자들의 본심은 고려의 조정을 폐지하고 원나라가 직접 통괄하는 행정체계를 갖추자는 것이었다.

더욱이 입성론을 들고 나온 자들의 성분을 살펴보면, 입성론의 실제를 파악하기 쉽다. 입성론을 처음 들고 나온 자는 홍중희洪重喜였는데, 이 자는 항몽전쟁 초기에 원에 투항한 홍복원洪福源의 동생인 홍백수洪百

壽의 둘째 아들인 홍다구洪茶丘(俊奇)의 맏아들이었다. 말하자면 홍중희는 일찍이 몽고군에게 투항해서 그들을 도와준 대가로 고려 유민들이 모여 살고 있던 요양행성의 통괄권을 장악하고 있었던 홍복원의 동생 홍백수의 손자였다. 단적으로 말해서 홍중희는 바로 반역자였던 홍복원의 피붙이였다.

그런데 요양로·심양로·동녕부에는 몽고와의 전쟁과정에서 파생된 고려 유민들이 많이 거주하고 있었는데, 몽고와의 전쟁 초기에 부하들을 이끌고 원에 투항했다. 그 결과 홍복원과 그 자손들이 대를 이어가면서 원으로 흘러들어온 고려 유민들을 통괄하는 동경총관직東京總管職을 맡았다. 그러하니 원의 고려지배가 얼마나 영악했는지를 짐작해 볼 수 있게 한다. 따라서 홍복원의 일족이 지배권을 행사하고 있는 요양행성을 우리 고려인들로서는 곱게 볼 수 없는 상황이었음은 말할 나위 없다.

그런가 하면 고려를 배반하고 원으로 나와 요양지역에서 대대로 통괄권을 장악해 왔던 홍중희로서는 원 황실과의 통혼을 통해 고려의 왕권이 강화되는 것은 바람직한 일이 아니었다. 더욱이 홍중희로서는 고려의 왕권이 요양행성으로까지 영향을 미친다는 것은 좌시할 수 없었고, 그것을 방치하는 것은 스스로의 정치적 입지를 불안하게 만드는 일임을 모를 리 없었다.

따라서 홍복원이나 홍중희로 이어지는 홍씨 일족들은 고려 왕실과 원 황실이 가까워지는 것을 막아야 했고, 오히려 양국의 관계가 악화되기를 바랄 뿐이었다. 홍씨 일족들은 고려 왕실과 원 황실 사이에 틈이 벌어지길 바랄 뿐이었고, 모든 수단과 방법을 다 동원해서 이간질을 획책하였다. 홍씨 일족의 이러한 이간질은 고려 왕조가 원의 간섭으로부터 완전히 벗어날 때까지 계속되었으며, 고려 조정안의 정치논쟁에도 큰 영향을 미쳤다. 왜냐하면 고려의 신료들도 호시탐탐 기회만 노리고 있

는 홍씨 일족에게 빌미를 제공해서는 안 된다는 생각을 하지 않을 수
없었기 때문이다.

아닌 게 아니라 원의 성종이 즉위하면서 고려와 원의 관계가 벌어지는
듯하자 홍중희는 이름뿐인 정동행성을 요양행성과 합쳐서 하나의 행성으
로 만들고, 그 관사를 요양성 관할인 동경東京(지금의 심양)에 둘 것을 제안했
다. 이렇게 해서 새로운 행성의 주도권을 자기가 장악하면서, 이와 함께
정동행성과 그 곳의 형식적인 수장인 고려왕의 지위를 격하시키려 했던
것이다(김혜원, '원간섭기 입성론과 그 성격', 한국역사연구회 14세기 고려사회성격연구반 편,
앞의 책, 53~54쪽).

1302년(충렬왕 28년)에 제기된 입성론은 원의 지방 통치체제가 행성 중
심으로 정비되는 과정에서, 세조의 성지인 요양행성의 일부 지역에 고
려 충렬왕의 영향력 행사가 인정된 것이 당시 요양행성의 핵심 지역(요
양과 심양)에서 대대로 큰 영향력을 행사해 왔던 홍중희와 마찰을 빚으면
서 제기된 것이라고 할 수 있다(위의 글, 54쪽). 입성론이 제기된 시기와 내
용을 간추려 보면 다음과 같이 정리해 볼 수 있다(위의 글, 50쪽).

입성론의 제안시기와 내용

제안시기	형태	치소治所
1차 충렬왕 28년(1302년)	합병행성	요양
2차 충선왕 초(1308~1309년)	독립행성	고려
3차 충숙왕 10년 1월(1323년)	독립행성	고려
4차 충숙왕 10년 12월(1323년)	독립행성	고려
5차 충혜왕 즉위년(1330년)	독립행성	고려
6차 충숙왕 후 5년(1336년)	독립행성	고려
7차 충혜왕 후 4년(1343년)	독립행성	고려

그런데 여기서 우리가 짚고 넘어가야 할 두 가지 일들이 있다. 첫째
충렬왕 28년에 제기되었던 1차 행성론은 당시 고려로서는 뼈아픈 일이

아닐 수 없다. 2차 이후의 입성론은 정동행성의 독립성을 인정하고 있고, 치소도 고려에 두고 있으니 기존의 정동행성과 다를 바 없었다. 그러나 1차 행성론은 정동행성을 요양행성에 갖다 붙이고, 치소도 고려가 아닌 동경으로 잡고 있다. 기본적으로 행성론 자체가 고려 왕조로는 달갑지 않은 주장이었지만, 여기에는 고려 왕조의 존재 자체를 말살해 버리고, 고려의 국왕을 일개 총관 정도의 지위로 격하시키자는 악의가 깃들어 있었던 것이다. 홍복원 일족들의 반고려적·반민족적 행태를 확인할 수 있을 것 같다.

둘째 입성론이 구체화되어 1차로 제기된 것은 1302년의 일이었으니, 이 글의 주제인 '이승휴 시대의 정치적 상황'과는 시기적으로 벗어난 것이 아니냐는 문제제기에 대해 약간의 설명을 덧붙일 필요가 있다는 것이다. 분명히 말해서 이승휴가 세상을 뜬 것은 1300년이었고 더욱이 그가 『제왕운기』를 저술한 것은 1287년이었으니 『제왕운기』의 저술과 입성론과는 무관하지 않겠느냐는 주장이 옳을 듯도 싶다. 그러나 홍중희가 제기했던 1차 행성론은 1302년에 이르러서 갑자기 생각해낸 제안이었는가를 좀 더 깊이 따져 볼 필요가 있다는 것이다. 분명 1차 행성론에 담겨 있는 취지는 홍중희 한 사람의 생각이 아니라, 홍복원 이래 홍씨 일족들의 일관된 생각이었다.

더욱이 홍씨 일족들은 고려 왕조를 소멸시켜 버리는 것을 가장 중요한 정치적 목표로 생각하고 있었을는지도 모르겠다. 그러한 홍씨 일족의 생각이 기회를 만나 1302년에 1차 입성론으로 구체화되었다고 할 수 있다. 따라서 홍복원 이래 홍씨 일족의 반고려적·반민족적인 주장은 이승휴가 살아있던 13세기에도 계속 되풀이 되었고, 고려 조정의 정치논쟁에도 일정한 영향을 미쳤을 것으로 생각된다. 특히 원에 대해서 강한 비판을 하다 보면, 홍씨 일족에게 고려 왕실을 없애버리자는 주장

을 펼 수 있는 빌미를 주지나 않을까 두려워하는 마음을 갖게 만들 수
도 있었다는 것이다. 홍씨 일족의 반고려적·반국가적인 주장은 한 대
로 끝난 것이 아니라 몇 대에 걸쳐 퍼졌음을 인식할 필요가 있었다는
것이다.

VI. 13세기의 권문세족과 신진사류

앞서 '13세기 고려사회가 안고 있던 모순과 정치적 불안정'을 서술하
면서 설명했다시피, 예종은 문신귀족들을 견제하기 위해서 신진관료들
을 대거 등용했는데, 당시 등용된 신진관료들은 대개 문文·리吏를 겸비
한 군현의 토성이족土姓吏族으로서 과거를 통해 진출했음을 밝혔다. 지방
토성의 자제들이 관리로 등장해서 관인사회가 이미 포화상태였음도 밝
혔다.

이렇듯 지방 향리층의 중앙 진출은 무신란 후에 더욱 촉진되었다. 무
신집권을 계기로 백성들은 그들의 삶이 개선될 것으로 기대했는데, 무
신집권으로 인한 모순으로 백성들의 부담은 더 가중되었다. 이렇게 되
자, 지방에서는 소요 또는 민란이 자주 발생했다. 이렇듯 지방에서 민란
이 빈발하자, 무신집권자들은 민란을 진압하기 위해 군현을 다스리고
있던 향리층과 손을 잡지 않을 수 없었다. 말하자면 무신 집권세력은 민
란을 진압하기 위해 지방의 향리들을 포섭하는 정책을 폈다는 것이다.
실로 역설적인 현상이지만 무신집권기에 지방 향리들의 중앙 진출이 더
늘어났다는 것이다.

다른 한편 무신들은 문신들을 제거하고 난 다음, 내외 관직을 그들만
으로 독점했더니 예기치 못한 문제에 부딪치고 말았다. 무신들만으로 방

대한 관료계를 이끌어 나가기도 어려웠지만, 그들만으로 복잡 미묘한 외교관계를 풀어 나가기는 더욱 어려웠다. 그래서 무신정권은 무인들로부터 지탄받지 않는 문벌귀족들을 회유해서 참여시키지 않을 수 없었다.

그런가 하면 무신집권자들은 무신정권 때보다 과거를 더 자주 실시했고, 더 많은 급제자들을 뽑아서 신진사류의 진출을 더욱 촉진했다. 잘잘못을 떠나서 문신집권기 때보다 무신집권기에 지방향리들의 중앙 진출 내지 신진사류의 진출은 더욱 촉진되었다.

이쯤에서 한 가지 정리해 두고 넘어가야 할 일이 있다. '신진사류'에 관한 용어들을 정리하고 넘어가야 할 것 같다. '신진사류'와 혼돈해서 사용하고 있는 용어들이 적지 않다. 사대부士大夫·사족士族·사림士林·양반兩班·선비 등이 '사류'와 같은 뜻 아니면 비슷한 용어로 쓰이고 있었다. 그런데 필자는 여기서 이러한 용어들의 뜻을 가려내어 용도를 밝히려는 생각은 추호도 없다. 그저 용어들을 구분지어 혼돈만은 막아 보았으면 하는 생각이다.

그리고 이러한 주장은 필자만이 멋대로 하는 주장임을 숨기지 않겠다. 그러나 어떤 때 이 용어 저 용어를 번갈아 사용해서 혼돈을 빚어내는 경우가 많았기 때문에, 혼돈되지 않도록 간단하게 구분해서 사용해 보자는 것이다. 이승휴가 살아가고 있던 13세기 후반까지의 경우처럼 지식을 바탕으로 해서 사회에 대해 개별적으로 비판하고 있는 사람들은 '사류'라고 표현하고, 14세기 공민왕 때 이후의 경우처럼 지식을 바탕으로 사회에 대해서 집단적·조직적으로 비판하는 사람들은 '사대부'라고 일컬어 보자는 것이다. 그리고 '선비'라는 용어는 한문에서는 찾아볼 수 없는 우리만의 고유한 뉘앙스를 풍기는 지식인을 가리키는 용어라고 집어 넘겨보기로 한다.

이승휴가 관직생활을 하던 시기인 13세기 후반으로 접어들면서 최씨 무인집권은 빈번한 정권교체 없이 한 때나마 정치적으로 안정된 시기였다. 이때의 정치세력들은 크게 보아 두 가지로 나누어 볼 수 있다. 하나는 무신 집권세력이었고, 다른 하나는 새롭게 등장한 능문能文·능리能吏의 관인층이었다. 당시 무신 집권세력은 왕실이나 문벌귀족들과의 혼인을 통해 권문세족으로 자리 잡아가고 있었는가 하면, 이 무렵부터 다른 한편에서는 능문·능리의 신진사류가 대두하기 시작했다.

그런데 이러한 현상은 역설적이지만 최씨 무신정권의 문신 우대정책에서 비롯되었다. 최씨 무신정권은 이전의 불안했던 무신정권과는 달리 문신을 우대하고 무신을 억압하는 정책을 폈다. 이것은 문신에 대해서 크게 경계하지 않아도 될 만큼 무신정권의 기반이 확고해졌음을 뜻하고, 오히려 경계해야 할 대상은 무신이라고 인식하고 있었음을 뜻한다 (박용운, 『고려시대사』(下), 일지사, 1978 ; 박수현, '13세기 정치동향과 신진사류', 진성규·김경수 편, 『이승휴연구논총』, 삼척군, 1994, 369쪽). 최씨 무신정권은 과거를 중요시해서 새로운 문인들을 선발했는가 하면 정방政房 서방書房을 설치해서 식견이 높은 문인들을 우대했다. 이에 따라 문신들은 이전보다 사로仕路(관직 임명의 길)가 넓어졌고 우대도 받았다.

그런데 이상하게도 고종 45년(1258년) 최씨 무신정권이 붕괴하자, 문신들의 입지는 더욱 강화되었다. 최씨 무신정권이 붕괴하자 무신세력의 입지가 약해진 데 반해, 국왕과 문신들의 입지가 강화되는 것은 당연한 추세였지만, 이러한 추세는 대몽강화의 실현으로 더욱 구체화되었다. 대몽강화는 결과적으로 무신정권의 종말을 가져왔다. 그 후 원종대에 이르러서는 원의 간섭이 본격화함으로써 새로운 정치상황이 전개되기에 이르렀던 것이다.

원종대에 있어서 정치상황의 변화는 새로운 신흥세력들의 등장이었다고 할 수 있다. 여기서 신흥세력들이란 원 간섭기를 통해 새로이 대두

한 역인譯人(통역관)·응방鷹坊(매를 사육하는 기관)·환관宦官(내시)·겁령구怯怜口(공주의 시녀) 등으로, 이들은 고려 국왕이 국내의 인적 기반을 확충하는 과정에서 성장한 부류라고 할 수 있다. 충렬왕은 즉위 4년을 고비로 자신의 왕권을 강화·확대시켜 나갈 기구를 만들고 있었다. 그는 이러한 기구를 통해서 왕권의 강화를 기도했을 뿐 아니라 응방 관계자·내료·공주의 겁령구(시녀)·일부 관리들을 측근세력으로 삼아 조정세력을 견제해 나갔다.

특히 응방의 경우는 충렬왕 5년에 확대·정비해서 지방에다 응방 관할의 촌락인 이리간伊里干을 형성할 정도로 큰 권력을 행사하였다. 그러자 안찰사按察使나 수령이 여기에 소속된 인물들의 뜻을 거스르지 못하였다. 내료도 마찬가지였다. 이들이 모두 높은 자리(高爵)를 차지함으로써 관리 선임(銓選)이 남발되었다든지, 이들이 하사금(賜牌)을 받아 방대한 토지를 점탈하고 고율의 조세를 사취私取해도 지방관이 제지하지 못했다는 사실은 이러한 사정을 말하는 것이라 하겠다(김광철, 『고려후기 세족연구』, 동아대학 출판부, 1991, 142~143쪽 참조).

이러한 신흥세력에 대해서는 종래 이들을 부원세력附元勢力, 즉 권문세족으로 보는 견해가 지배적이었다. 이익주李益柱는 이들의 대부분이 가문의 번성에는 이르지 못하고 일신의 영달에 그쳤다는 점을 들어 권문세족과는 구분하고 있는가 하면, 원과의 직접적인 관계 밑에서 정치력을 행사하고 있는 부원세력과도 구분하고 있다(박수현, 앞의 글, 370쪽 주14 참조).

원종 초기에는 원의 간섭과 이를 빌미로 해서 권세를 누린 부원세력의 발호로 왕권은 크게 위축되었다. 따라서 원종으로서는 가장 시급한 일이 측근세력의 육성을 통해 인적 기반을 확충하는 데 있었고, 그 자구책으로 왕권에 기생하는 환관·내료內僚·총신寵臣들을 육성하고자 했다. 이리하여 원종은 무신들이 소유하고 있던 토지를 이들에게 분배해 주어서 경제적 기반을 마련해 주는 한편, 이들에게 왕명출납을 전담시 킴으로써 왕권을 강화시키려고 했던 것이다.

이렇듯 원종 대의 정치상황은 부원세력의 영향력이 강화되는 상황에 서 국왕의 측근세력이 성장하고 있었다. 무신란 이후 성장했다고 하는 재추관료宰樞官僚들은 자신들의 지위를 세습시키면서 그 세력을 펼쳐 나 가고 있었지만, 그들의 정치적 입지는 그때까지만 해도 허약한 상태에 머무르고 있었을 따름이다.

원종의 뒤를 이은 충렬왕도 원종과 마찬가지로 자신의 측근세력을 육 성해서 왕권을 강화시키려 했다. 충렬왕은 왕권강화를 위해서는 부원세 력의 영향력을 축소시켜야 한다고 보고, 이러한 면에 많은 노력을 기울 이고 있었다. 그러나 이것이 반원의 성격을 갖는 것은 결코 아니었다. 오히려 충렬왕은 부원세력을 견제하기 위해서 친원정책을 더 적극적으 로 표방하고 나섰다(박수현, 앞의 글, 371쪽 참조).

그러면서도 충렬왕은 왕으로 즉위한 직후부터 자신이 원에 있을 때 시종侍從하던 인물들을 중심으로 측근세력을 육성하였다. 이에 대해 일 부 관료들은 대간臺諫의 간쟁 등으로 비판했지만, 충렬왕은 여전히 자신 의 측근세력들을 비호하며 육성하였다. 그런가 하면 재추관료들은 그들 의 당면과제인 부원세력의 척결이 충렬왕을 통해서만 가능하다고 판단 했기 때문에, 충렬왕의 측근 육성책에 적극적으로 반대하고 나올 수는 없었다.

이러한 때 '김방경무고사건金方慶誣告事件'이 터졌다. 원종 대의 총신들 이 부원세력을 끌어들여 김방경을 제거하려는 음모를 꾸몄는데, 재추관 료들은 김방경을 옹호하고 나와서 첨예한 대립을 빚었다. 그러나 충렬 왕은 직접조사(친조)를 해서 무고사건임을 밝혔다. 물론 이 사건으로 원종대의 총신들과 부원세력들이 제거되는 빌미를 제공했음은 두말할 나위 없었다.

김방경무고사건을 마무리 짓고 난 충렬왕은 측근세력 육성에 더욱 박차를 가했다. 응방에 새로운 관직을 두고 그 기능을 강화한 것은 측근세력을 육성하기 위한 노력이었음이 분명했다. 이에 대해 관료들이 반발하고 나섰는데, 이때 반발한 관료들은 주로 과거를 통해 입사한(임명된) 신진관료들이 주류를 이루었다. 이승휴도 신진관료들 중 한 사람이었다.

약간의 반발은 있었지만, 충렬왕은 이러한 과정을 통해 국왕 측근세력과 재추 및 신진관료들을 기반으로 왕권을 강화시킬 수 있었다. 그리고 2차 일본정벌 이후 대원관계가 안정됨에 따라 충렬왕의 지위는 더욱 확고해졌다. 그러나 충렬왕의 지위가 안정됨에 따라서 국왕 측근세력들의 횡포는 여러 가지 문제를 일으켰는데, 심지어 측근세력들이 인사권까지 장악하는 현상을 빚어내고 말았다. 설상가상으로 충렬왕 재위 중에 지배적 지위를 가진 권문세족들의 불법과 수탈도 더욱 심해졌다. 세자 때부터 권문세족에 대해 비판적인 입장을 취해 왔던 충선왕은 즉위하면서 이들을 개혁의 대상으로 삼아 대거 숙청하였다.

다음은 신진사류의 정치적 성향에 관해서 살펴보기로 하자. 신진사류는 13세기 고려사회의 잦은 변동과 원의 간섭이라고 하는 정치상황에서 두드러진 특징을 드러내고 있었다. 이러한 특징은 바로 기존의 권문세족이나 발돋움하기 시작한 국왕의 측근세력과는 성격을 달리 하는 신진사류가 현실 정치에 참여하고 있었다는 데서 찾아진다. 신진사류는 대체로 하급관료나 지방향리의 자제로서 학문적 소양을 쌓고 과거를 거쳐 중앙의 관계로 진출한 사람들이었다. 그런가 하면 경제적인 면에서는 주로 중소 지주나 자영농 출신으로 알려져 있다.

그러나 14세기 후반의 공민왕 대 이전까지는 신진사류라고 하더라도 정치적인 입장은 각기 달랐다. 하나의 정치세력으로 결성되지 못했기 때문에, 하나의 세력으로 규정하는 것은 무리였다. 그러했기에 신진사류의 성격 규정이 필요했는데, 이러한 성격 규정은 대체로 충렬왕 대의 정치상황을 살펴보는 가운데서 가능해질 것으로 본다.

충렬왕 대에는 신진관료들이 중앙으로 대거 진출했음은 앞서도 밝혔지만, 이들은 가문의 후광을 받지 못했기 때문에 당시 또 하나의 신흥세력, 말하자면 국왕의 측근세력 때문에 피해를 보았다. 당시 신진관료들은 국왕 측근세력들의 토지 탈점으로 경제적으로 피해를 입고 있었을 뿐 아니라, 전주銓注(인사권 행사) 문란으로 관인으로서의 지위마저 불안한 상태였다. 이렇듯 신진관료들이 국왕 측근세력에 대해 불만을 품고 있었다 해도, 현실적인 대응방식에서는 공동보조를 취하지 못했다. 현실 대응에서 두 가지 부류로 나누어 볼 수 있었는데, 하나는 국왕 측근세력과 타협함으로써 동화되어 들어가는 사람들이었고, 다른 하나는 국왕 측근세력을 비판하면서 적극적으로 대항하는 사람들이었다.

국왕 측근세력과 타협하면서 동화되어 들어간 신진관료들은 승승장구해서 대다수가 재추의 반열에 올랐고, 그들 스스로가 권문세족이 되었다. 신진관료로서 권문세족화한 대표적인 인물은 김주정金周鼎·박항朴恒·정가신鄭可臣·박전지朴全之 등이었다. 그러나 이들은 국왕 측근세력의 지속적인 성장에 반비례해서 정치적인 영향력이 점차 약화되었다. 충렬왕 말기에 이르러서는 국왕 측근세력에 대한 불만이 고조되어 충렬왕이 물러나고 충선왕이 즉위했는데, 충선왕이 추진하는 개혁정치에도 적극 참여하려고 나섰다. 지조 없이 아무 데나 끼어드는 우리네 지배 세력의 원형이라고 할만하다.

한편 국왕 측근세력에 적극 대항하고 나선 신진관료들은 충렬왕 초기부터 모습을 드러내기 시작했다. 이들의 비판이나 반발은 주로 대간의 간쟁과 상소 등으로 나타났다. 그러나 충렬왕은 이들의 주장이나 요구를 받아들이지 않았고, 오히려 파직·유배 등으로 강력하게 억누르면서 측근세력만을 비호하고 나섰다. 신진관료들의 간쟁이나 상소를 억누른 대표적인 사건이 충렬왕 6년(1280년) 이승휴가 감찰사 관원들과 국왕 측근세력의 비리를 거론하면서 시정하기를 간쟁하다가 대거 파직된 경우이다.

비판적이고 저항적인 신진관료들도 당대에 중앙정계로 진출한 인물들이라는 점에서는 앞서 밝힌 타협적인 신진관료들과 다를 바 없었다. 그러나 이들은 국왕 측근세력을 비판하고 그들과 대립하다가 파직되거나 유배되거나 한직閑職으로 쫓겨난 사람들이었다. 이들은 대부분 당대에 출사(벼슬길로 나감)한 사람들이었고, 또 몇 사람을 제외하고는 대부분 재추의 반열에 오르지 못했다. 이러한 부류의 대표적인 인물로서는 이승휴·김훤金暄·권단權旦·허유전許有全 등을 들 수 있다(박수현, '13세기 동향과 신진사류', 진성규·김경수 편, 앞의 책, 374쪽 참조).

이렇듯 국왕 측근세력을 비호하던 충렬왕이 물러나고 개혁정치를 부르짖던 충선왕이 즉위하자 비판적인 신진관료들이 중용되는 것은 당연한 일이었다. 1295년 김훤이 밀직학사密直學士에 오른 것이나, 1298년 이승휴가 사림학사詞林學士로 임명된 것 등이 그 예라 할 수 있다. 특히 이승휴는 충렬왕에게 시폐時弊를 건의하다가 왕의 뜻에 거슬려 파면당하고, 그 후 10년간을 삼척 구동에서 은거했던 사람이었다.

그러나 앞서 지적했던 대로, 충선왕의 개혁정치에는 충렬왕 때 국왕 측근세력과 타협하면서 성장했던 인물들이 개혁정치를 주도했기 때문에 김훤이나 이승휴가 큰 역할을 할 수는 없었다(이익주, '고려 충렬왕 대의 정치상황과 정치세력', 『한국사론』 18, 서울대, 1988 ; 박수현, 앞의 글, 374쪽 참조). 이렇게 볼 때 충렬왕 대에 국왕 측근세력에 대항하다가 충선왕 즉위로 개혁정치에 참여했던 신진관료들이 공민왕 대 이후의 신진 사대부들과 일맥상통하는 진정한 의미의 신진사류라고 할 수 있다. 그러나 또 현실과 타협해서 신흥 귀족화한 일단의 신진관료들과는 엄격히 구분지어야 한다고 생각된다(박수현, 앞의 글, 374~375쪽).

무신정권 말기와 원 간섭기의 정치적 혼란과 소요를 몸소 겪으면서 성장해온 신진사류들은 13세기 고려의 정치세력들 중에서 가장 비판적인 주장을 펴 왔던 세력이었다. 신진사류들의 출신 성분이나 경제적 기반이나 학문적 성향 등을 고려할 때, 그들의 현실에 대한 비판은 당연하기도 했다. 그러나 신진사류의 현실 비판에는 엄연한 한계가 있었다. 당시 신진사류가 비판하고 제거하려고 했던 것은 국왕 측근세력이었지, 고려의 국왕이나 국왕을 조정하고 있는 원은 비판의 대상이 아니었다.

그러나 따지고 보면 당시 고려사회가 안고 있던 병폐의 근원은 원의 간섭이었는데도, 원을 비판의 대상으로 삼지 못했다는 것이 한계라고 할 수 있다. 이는 당시 위압적인 세계제국의 지배 하에서, 그리고 원의 부마국인 상황에서 원에 대한 직접적인 저항은 불가능했기 때문에 기인한 것이다. 따라서 신진사류가 민족적 요청에 따라 외세에 대한 저항의식을 가졌다는 것도 외세 간섭의 세부적인 사항이었지, 이미 기정사실화 되어 버린 세계제국에 대한 저항은 아니었다(위의 글, 375~376쪽 참조).

그런가 하면 13세기 후반의 신진사류는 국왕의 측근세력에 대해서는 가차 없이 비판했지만, 권문세족에 대해서는 거의 비판하지 못했다. 그 이유는 간단했다. 바로 사로仕路 때문이었던 것 같다. 신진사류는 대부분 과거에 급제한 사람들이었는데, 당시는 과거에 급제했더라도 명문 출신이 아니면 좋은 관직에 오를 수 없어서 한직閑職으로 밀려날 수밖에 없었다.

바로 이승휴가 과거에 급제했으면서도 관계로 진출하지 못하고 삼척

구동에서 은거하다가, 당시 권세가라고 할 수 있는 유경柳璥·이장용李
藏用 등에게 구관시求官詩를 지어 올려 중앙관계로 진출할 수 있었던 것
도 이러한 시대상황 때문이었다. 말하자면 당시 천거제는 입사경로에서
중요한 비중을 차지하고 있어서 권문세가 출신이 아닌 신진관료들은 대
부분 천거를 통해 등용되는 실정이었다. 특히 당시 문신들은 좌주座主·
문생門生으로 연결되어 있었기에, 그 대부분의 신진관료들은 권문세족과
좌주·문생의 관계를 맺고 있었다. 따라서 권문세족들의 비리나 폐해를
알고 있으면서도 자신들의 사로와 밀접한 관계가 있는 권문세족들을 비
판하기란 쉽지 않았다. 이 점이 바로 이승휴 시대 신진사류들의 현실인
식의 한계라고 할 수 있다(위의 글, 376쪽).

결국 이러한 현실적인 제약 때문에 당시 신진사류는 중앙관계에 머물
지 못하고, 말년에 지방으로 내려가 은거하면서 학문연구와 저술활동
내지는 교육활동에 전념했던 것으로 추측된다. 이승휴가 말년에 삼척
두타산 밑 구동에 은거하면서 『제왕운기』와 『내전록內典錄』을 저술했던
것도 이러한 맥락으로 이해할 수 있을 것 같다.

이승휴의 생애와 정치활동

Ⅰ. 이승휴의 출생과 성장과정

이승휴李承休의 자는 휴휴休休이고, 호는 동안거사動安居士이다. 그는 경산부京山府 가리현加利縣에서 출생했고, 뒤에 가리 이씨加利李氏의 시조로 모셔지기에 이르렀다. 『고려사高麗史』 권106 「이승휴전」을 보면, "가리현 사람으로 열심히 공부해서 고종 조에 과거에 합격했다."는 기록이 있다. 그러나 이승휴의 행적은 경산부 가리현(지금의 경북 星州)보다는 강원도 삼척에서 더 많이 발견되고 있다.

天恩寺가 있는 頭陀山

이승휴의 가계를 살펴보면 선대에 관한 기록은 별로 없고, 부친의 행적도 찾을 길이 없다. 그는 외가인 강원도 삼척의 두타산頭陀山 산록에 자리잡고 있는 구동龜洞, 지금의 주소로는 삼척시 미로면未老面 내미로리에서 살았다. 그는 두타산에서 구동으로 흘러내려 오는 시내인 용계龍溪 양편에 2경頃(1경의 넓이가 얼마인지 정확하지는 않으나 약 2,000평 정도라는 설이 있음) 정도의 전토를 소유하면서 몇 명의 노비를 거느리고 몸소 경작했던 것으로 보면, 권문세도가의 출신이라고는 할 수 없고, 자영농自營農의 경제적 기반을 갖고 있던 사인士人 출신이었던 것으로 추측된다.

이승휴는 1224년(고종 11년)에 출생했다. 그는 가리현에서 태어났다고 하나 확인할 길이 없고, 앞서 밝힌 바대로 그의 행적은 주로 강원도 삼척에서 발견되고 있다. 당시 고려사회는 조선 중기 이후와는 달리 호적 등재나 재산 상속 등 사회적으로 남녀가 동등한 사회였고, 친가와 외가가 대등한 위상을 지녔다. 이에 따라 남자가 결혼한 후 친가가 아닌 처가에서 생활하는 경우가 많았으며, 이러한 전통은 조선조 전기까지 이어졌다. 따라서 고려시대를 거쳐 조선시대에 와서 정립된 본관제도本貫制度에 의해 이승휴의 본관이 경북 가리현이라는 것인지, 실제 이승휴가 가리현에서 출생했는지, 또는 그 곳에서 어떤 활동을 했는지 기록이나 유물·유적이 전혀 발견되고 있지 않는 것으로 보아, 당대에 중앙으로 진출한 지방출신의 등과자였던 것으로 추측된다(김도현, '이승휴의 생애와 유적', 김도현·최장섭·이익주·한병희 공저,『이승휴와 제왕운기』, 동안이승휴사상선양회, 2004, 17~18쪽).

이승휴는 아홉 살 때 독서를 시작해서 열두 살 때에는 원정국사 방장圓靜國師方丈에 들어가 이름 있는 유학자인 신서申諝로부터『좌전』과『주역』등을 배웠다. 원정국사가 있던 곳이 어느 지방인지는 알 수 없으나, 아마도 강화도가 아닌가 생각된다. 당시 강화도를 중심으로 사학의 재

건운동이 한창이었고, 이규보李奎報 김창金敞 등이 문헌공도文憲公徒의 성
명제誠明齊의 출신이었으므로 십이도十二徒 중 성명제가 맨 먼저 복구되
었고, 나머지도 일어날 듯한 기세였다. 이승휴는 이러한 분위기 속에서
성장했다(이우성, '고려중기의 민족서사시', 진성규·김경수 편, 『李承休硏究論叢』, 삼척군,
1994, 18쪽).

　이승휴는 1237년 열네 살 되던 해에 부친상을 입었는데, 그 이전 열
두 살 때부터 작은 할머니(從祖母)인 북원군부인北原郡夫人 원씨元氏, 말하
자면 태복경太僕卿 임천부林泉敷의 부인 밑에서 양육되고 있었다(유경희, 「이
승휴의 생애」, 진성규·김경수 편, 앞의 책, 339~340쪽). 여기서 한 가지 의심스러운
점은 그 부인이 작은 할머니라고 하면서 태복경 임천부의 부인이라고
기록하고 있다는 사실이다. 그 부인이 종조모(작은 할머니)라면 그 남편 되
는 분은 종조부인데 어찌해서 임씨 성을 갖고 있는지 모를 일이다. 따라
서 작은 할머니라기보다는 집안의 할머니뻘인 원씨 부인 댁에서 자랐다
고 보는 것이 무난할 것 같다.

　이승휴의 부친도 조정이 강화도로 천도했을 때 조정을 따라 강화도로
이주했다는 사실과, 멀리 떨어져 있는 삼척에서 부인을 맞아들인 점 등
으로 보면 하급관리쯤 되는 사람이 아니었던가 싶다. 이렇게 볼 때 이승
휴는 어릴 적에 결코 유복하고 따사로운 환경에서 자란 것은 아니었던
것 같다.

　14살 때 부친이 돌아가시고 어머니는 친정인 삼척 구동으로 내려갔
다. 친척 할머니 댁에서 쓸쓸히 자라 온 그는 낙성재 도회소都會所에서
여러 학동들과 함께 연회를 하다가 너무 취해서 울고 다녔다. 그런데 이
러한 행동을 조롱한 교도敎導 홍렬洪烈의 시가 도하都下에 널리 퍼짐으로
써 이승휴는 '술주정꾼(酒狂)'이라는 별호를 얻었다.

　이승휴가 이렇듯 술을 퍼마시고 주정을 하다 놀림감이 되었던 것도

당시 몰아닥친 불운을 10대 중반의 소년으로서는 너무나 감당하기 어려운 고통이었기 때문에 빚어진 일이었던 것 같다. 그러나 이승휴는 어려운 신세를 한탄만 하고 있었던 것은 결코 아니었다.

17세가 되던 해인 1240년(고종 27년) 여름에는 중원, 지금의 충주忠州를 지나다가 마침내 그 곳에서 열린 하과장夏課場에 참여해 가장 어린 소년으로서 수석에 오르는 영광을 차지하기도 했다. 분방한 가운데서도 학업을 게을리 하지 않았던 수학시절의 그의 모습을 전해 주는 이야기이다(김도현, 앞의 글, 『이승휴와 제왕운기』, 20~21쪽).

이렇듯 어려운 여건 속에서도 이규보의 뒤를 이은 당대의 문인이요, 달관이었던 최자崔滋의 인정을 받은 것은 이승휴의 일생에 있어서 하나의 전기였음이 분명했다. 아마도 최자가 이승휴를 골라 문하에 두고 가르쳤던 것은 그에게서 남다른 재주와 총명함을 발견했기 때문이었을 것이다.

아닌 게 아니라 1252년(고종 39년)에 이승휴는 29세라고 하는 조금은 늦은 나이였지만 최자가 지공거知貢擧, 즉 고시관이 되어 주관한 과거에 급제했다. 이때 이승휴와 함께 과거에 급제한 사람들이 박항朴恒과 최수황崔守璜 등이었다. 고려시대의 과거 급제자들은 지공거를 좌주座主 또는 사문師文이라고 부르면서 스스로는 그 문생門生이 되어 깊은 유대를 맺고 있었다. 그리고 함께 합격한 사람들끼리는 동년同年으로서 형제처럼 가까이 지냈다(유주희, '이승휴의 생애', 진성규·김경수 편, 앞의 책, 341쪽).

이러한 가운데서 일종의 학벌을 형성해서 학문의 전통을 이어갔을 뿐 아니라, 정치적·사회적으로도 많은 영향을 미치고 있었다. 과거를 통한 이러한 집단의 형성은 서로 간의 이익을 차리는 폐단도 없지 않았지만, 엘리트 의식을 길러내는 계기이기도 했다. 그런가 하면 과거급제는 국가나 사회로부터 우대를 받으면서 벼슬길로 나아갈 수 있는 최선의 방도였고, 본인의 영광임은 말할 나위 없지만, 가문에 영광을 안겨주는 일이기도 했다.

이러하기 때문에 가문이 좋고 나쁨을 떠나서 숱한 어려움 속에서도 누구나 과거에 급제하려고 기를 썼던 것이다. 이승휴는 과거에 급제하고 나서 홀어머니가 계시던 삼척현으로 금의환향錦衣還鄉했다. 지방 출신자가 과거에 급제하고 고향으로 돌아갈 때에는 현관이 현리들을 대동하고 5리까지 나와 맞이하며, 급제자의 부모를 초청해서 주연을 베푸는 의식을 행하도록 되어 있었다. 당시 이승휴가 금의환향했을 때 삼척 현감이 이러한 의식을 베풀어주었음은 두말할 나위 없었다.

여기서 한 가지 짚고 넘어가야할 사실은 홀어머니가 계시던 외가이긴 하지만, 이승휴가 과거에 급제하고 나서 금의환향한 곳이 삼척이었다는 것이다. 홀어머니가 계시는 곳이긴 했지만, 이승휴가 의지하면서 여생을 살아갈 수 있는 터전이 바로 삼척의 두타산 산록에 자리 잡고 있는 구동이었다는 사실이다. 아닌 게 아니라 이승휴가 과거에 급제하고 나서 삼척으로 금의환향했다가 몽고군의 5차 침입으로 인하여 상경길이 막히자 12년간을 두타산 산록 구동에서 손수 논밭을 갈아 농사를 지으면서 어머니를 봉양했으며, 1280년 관직에서 물러난 다음에도 고향으로 생각하고 돌아와서 『제왕운기帝王韻紀』와 『내전록內典錄』을 저술하면서 지낸 곳도 삼척 두타산 밑의 구동이었다. 이렇게 볼 때 누가 뭐라 해도 이승휴는 삼척 사람임이 분명했다.

1300년에 76세의 나이로 돌아가신 다음 장사지낸 곳은 경북 가리현에서 동쪽으로 40리 떨어진 여산餘山이라고 하지만, 거기에 무덤이 있다는 증거는 없다. 따라서 굳이 이승휴가 어느 고장 사람이냐고 묻는다면, 그는 삼척 두타산 밑 구동을 근거로 해서 살다 간 삼척 사람이라고 함이 옳을 듯싶다.

이승휴가 과거에 급제했을 때, 그 과거의 지공거(고시관)였던 최자는 이규보의 학통을 이어 받은 강화시대 고려정권의 실세였다. 이승휴도 이러한 인맥을 통해서 이규보의 학문적인 영향을 받았던 것으로 생각된다. 어쨌든 과거에 급제하고 난 다음, 관직의 등용이나 출세의 기회를 보장받고 있는 듯 했다. 그러나 예상과는 달리 그에게 몰아닥친 상황은 사뭇 달랐다.

Ⅱ. 불우했던 삼척생활

이승휴가 과거급제의 기쁨을 안고, 삼척 두타산 밑의 구동에 계시는 어머니와 기쁨을 함께 하기 위해 찾아뵈었던 바로 그때(1254년) 몽고병의 5차 침입으로, 몽고군은 30년간의 전쟁을 종결짓기라도 할 듯 총공세를 펼쳤다. 이때 침입한 몽고군은 그 해 7월부터 이듬해 1월에 이르기까지 평안도·황해도·경기도·강원도 등지로 침범해서 악랄한 노략질을 자행했다.

당시 몽고군의 침입을 예상하고 침입에 맞설 태세를 갖추고 있던 고려 조정은 몽고군이 침입해 오기 전부터 군대를 보충했고, 백성들은 산성이나 섬으로 피난시키는 입보入保의 방어태세를 갖추고 있었다. 그러나 5차 침입한 몽고군은 너무나 가혹하고 무자비한 만행을 저질렀다.

이러한 상황에서 삼척 구동에 내려가 있던 이승휴는 강화도로 되돌아 갈 수 없었고, 삼척에 구축되어 있던 요전산성蓼田山城으로 들어가 몽고군에 대항하여 싸웠다(『動安居士文集』권1,「望武陵島行幷序」; 유주희, 앞의 글, 진성규·김경수 편, 앞의 책, 341쪽).

몽고란 당시 이승휴가 抗戰한 蓼田山城의 전경

　그로부터 얼마 후 이승휴는 전쟁이 소강상태로 접어들자 강화도로 돌아가려고 했지만 자기를 이끌어 줄 최자도 세상을 떴고, 자기를 돌보아 주던 친척 할머니도 돌아가셨으니, 강화도에는 의탁할만한 곳이 없었다. 그래서 조정이 있는 강화도로 돌아가지 못하고 삼척 두타산 밑 구동에서 몸소 농사를 지으면서 홀어머니를 봉양하고 있었던 것이다.

　이쯤에서 당시 몽고군에 대한 조정의 생각은 어떠했고, 이승휴는 몽고군의 침입을 어떻게 생각하고 있었는가를 살펴볼 필요가 있을 것 같다. 몽고의 침입으로 말미암아 고려 왕조가 받은 상처는 상상을 초월할 정도였다. 몽고는 1223년(고종 10년)에 1차 침입을 감행한 후 30여 년에 걸쳐 침입을 계속했다. 특히 1254년(고종 41년)의 5차 침입은 그 피해가 심해서 몽고군이 통과한 지역은 온통 잿더미로 변했다.

그런데 당시 고려의 최씨 정권의 일관된 대몽항전 태도는 몽고에 대한 굴욕적인 강화를 거부한다는 명분도 있었지만, 강화 후에 올지도 모를 그들의 권력 변동을 더 경계했던 것 같다(민현구, '고려 대몽항전과 대장경', 『한국학논총』, 국민대학, 1978, 41~42쪽 ; 유경아, '이승휴의 생애와 역사인식－제왕운기를 중심으로－', 진성규·김경수 편, 앞의 책, 145쪽).

앞서 밝힌 바대로 이승휴는 몽고군의 침입으로 두타산 밑 구동에서 손수 밭을 갈아 어머니를 모시면서 병수발도 드는 어려운 생활을 이어가고 있었다. 이렇듯 궁핍한 생활을 하면서도 초기에는 스스로 무신정권에 참여해서 정치적 포부를 펴 보려는 생각이 없었던 것이 아니었다. 그렇지만 몽고군에 제대로 대처하지 못하고, 백성들의 고난도 구제하지 못하는 무신정권에 대한 부정의식否定意識을 갖기에 이르렀고, 최씨 정권에 끝내 참여하지 않은 오세재吳世才의 '독가군수충의獨家君守忠義'를 칭송했다는 것이다(『動安居士文集』, 行錄 1,「水多寺留題幷序」; 유경아, 앞의 글, 146쪽).

그리하여 10년간의 은둔 기간에도 경개耿介(깨끗한 마음)로서 속세에 초연하고 있음을 자부했다는 것이다.「병과시病課詩」를 보면, 어떤 시골 아주머니(村嫂)와의 문답에서 "깨끗한 마음으로 스스로를 단속하여 세상에 용납되지 않더라도 원망하지 않겠다."고 했다는 것이다(유경아, 위의 글, 146쪽 주16 참조).

그런가 하면 다른 한편으로 이승휴는, "용이 물에 잠겨 비록 쓰지 못할망정 도롱뇽을 부러워하지 않는 법이니, 군자의 처신도 이와 같다."고 대답한 것으로 보아 때를 만나면 세상에 나가서 요순의 태평성대를 이룩해 보겠다는 포부를 밝히고 있다(김도현, '이승휴의 생애와 유적', 김도현·최장섭·이익주·한병희 공저, 『이승휴와 제왕운기』, 동안이승휴사상선양사업회, 2004, 23쪽).

이승휴가 삼척 두타산 밑 구동에서 보내던 시절의 상황은 후일에 지은「병과시서病課詩序」에 잘 기록되어 있는데 그 글은 다음과 같다.

"몽고병이 길을 막아 강화도로 돌아갈 수 없어서 고향에 머물 수밖에 없었다. 의지할 만한 최자도 돌아가셨고, 의탁할 만한 친척 할머니도 세상을 떠난 뒤라, 이제 강화도로 가도 거두어 줄 선진도 없었고, 의탁할 만한 친척도 없었다. 게다가 난리 중에 적의 노략질로 가산마저 탕진되었으니, 어떻게 움직여 볼 수가 없었다." 그래서, "두타산 구동에서 몸소 밭을 갈아 어머니를 모셨는데, 그에게는 몇 명의 노비가 있었다."는 기록이 있는 것을 보면, 궁경躬耕이라는 말이 몸소 밭을 갈았다는 말이 아닌가 싶다(이우성, 앞의 글, 진성규·김경수 편, 앞의 책, 19쪽 참조).

그런가 하면 1263년(원종 40년)에는, "돌림병이 돌아 모친을 간호하는 한편 자신도 병을 얻어 스스로 약을 달이느라 밤을 새웠다."는 기록도 있다(李承休의 病課詩, 朴斗抱, '제왕운기 소고'; 진성규·김경수 편, 앞의 책, 82쪽).

또한 이승휴가 삼척 두타산 자락에 있는 구동에 얼마만큼의 토지를 소유하고 있었는가는 그의 생활형편을 파악하는 데 중요한 자료가 된다. 그의 만년작인 「보광정기葆光亭記」에는 구동의 지형을 설명하고 있어 이를 참고할 수 있었다. "두타산에서 흘러내리는 용계龍溪 양변에 2경頃의 전토가 있는데, 그것은 그의 외가로부터 물려받은 땅으로 비록 척박하나 몇 명의 식구가 의지해서 살아갈 만한 터전이었다." 결국 이승휴는 몇 명의 노비도 거느리고 있어서 자기 전토를 자영(躬耕)하는 소지주였던 것 같다(위의 글, 19쪽 참조).

그러나 이승휴는 이 토지에 의거해서 생활해 나가는 데 만족할 수 없는 사람이었다. 이루 말할 수 없는 어려움을 겪으면서 과거에 급제한 신진사인新進士人인 그는 관료로 진출하지 않고서는 살아갈 수 없었다. 많은 노력을 쏟아서 운 좋게 급제한 과거시험이었는데, 급제하고 나서 벼슬길을 포기한다는 것은 죽음이나 마찬가지였다. 앞서 밝힌 바대로 그는 「병과시」에서 시골 아주머니와의 문답을 통해 어느 때고 촌 생활에서 벗어나 청운靑雲(벼슬길)에 오르고 공명사업을 떨쳐 보겠다는 굳은 포부를 밝혔던 일을 되새겨 보면 알 수 있는 일이었다. 이승휴의 굳은 포부는 헛되지 않고 펼칠 계기를 포착했다.

III. 16년간의 관직생활

과거에 급제하고 난 다음 홀로 계시는 노모를 뵈러 삼척 구동으로 내려간 지 12년 만에 이승휴는 강화도로 돌아왔다. 1263년(원종 4년) 나이 40세에 이르러서 강원도 안집사安集使로 온 병부시랑兵部侍郎 이심李深의 주선으로(朴斗抱의 '제왕운기 소고'란 글에는 李深敦으로 기록되어 있음. 박두포, 앞의 글, 82쪽) 강화도로 들어갔다고 한다.

강화도로 돌아온 이승휴는 이장용李藏用・유경柳璥・최윤개崔允愷・유천우兪千遇・원부元傅・허공許珙・박항朴恒・최수황崔守璜 등에게 벼슬을 요구하는 구관시求官詩를 지어 보냈다. 솔직히 말하자면 구관시란 자기에게 벼슬길을 열어주길 애걸하는 시였다. 실상 최충헌이 정권을 장악하면서 관로의 길이 막혀 있던 신진사인들에게도 등용의 문이 열리기 시작했다. 『동명왕편東明王篇』과 『동국이상국집東國李相國集』을 지어냈던 이규보도 과거에 급제했지만, 10년이 지나도록 미관말직도 얻지 못함에 따라, 30세가 되던 해(1197년)까지 수년 동안 최충헌 정권의 요직자들에게 구관시를 지어 보냈다고 한다.

이승휴는 무신정권이 붕괴된 후에 구관시를 지어 보냈다. 그런데 일반화시켜 말할 수는 없지만, 당시 과거에 급제하고서도 관직에 진출하지 못한 신진사류들이 구관의 시나 글을 당시 실력자들에게 보내는 일이 종종 있었다고 한다(김도현, 앞의 글, 김도현・최장섭 등 편, 앞의 책, 24쪽).

어쨌든 정권의 요직자들에게 나를 벼슬길로 나갈 수 있도록 구걸하는 시를 지어 보낸다는 것은 벼슬길을 자존심과 맞바꿀 만큼 소중히 여겼던 것이 아닐까 하는 생각이 들어서 그 집념은 이해해 주고 싶지만, 측은지심을 금할 수 없다. 앞서 필자가 이승휴의 벼슬길에 대한 욕망을 무엇과도 바꿀 수 없을 만큼 소중한 일이었다고 표현했던 까닭이 여기에 있다.

그러면 벼슬길에 대해 이승휴가 이렇듯 강한 집념을 가졌던 까닭은 어디에 있었던가를 따져볼 필요가 있다. 우선 어려운 환경에서 자랐고 힘들여 공부를 해서 그나마 운 좋게 최자의 눈에 들어 과거에 급제한 이승휴가 벼슬길로 나갈 수 있는 방도라면 무엇이든 시도해 볼 수밖에 없었을 것 같다. 스스로 가문의 영광을 이룩하고, 모처럼 얻은 신분상승의 계기를 체면 따위 때문에 내동댕이칠 수는 없었던 것이다.

더욱이 삼척 두타산 밑 구동에서 스스로 밭을 갈아 어머니를 봉양하면서 살아보았더니, 그가 꿈꾸어 왔던 이상과는 너무 동떨어지고 있었음을 느낄 수밖에 없었으리라. 원래 현실적인 곤궁과 불만은 신분상승의 욕구를 자극할 수밖에 없는 법이다.

그런가 하면 이승휴의 모친은 자기를 만나려고 삼척 구동으로 내려왔다가, 벼슬길을 놓치고 촌 생활을 하고 있는 자식에게 언제나 미안한 생각을 떨쳐버릴 수 없었을 것이고, 촌 생활을 청산하고 벼슬길에 오르도록 재촉했음은 분명했을 듯싶다. 아마도 모친은 촌 생활에서 벗어나 벼슬길로 나아가는 것이 효도하는 길이고, 집안을 위하는 길임을 강조하면서 아들에게 벼슬길로 나아가도록 애타게 졸랐을 것 같다.

요컨대 이승휴는 과거에 급제하고서도 벼슬길을 놓치는 것은 스스로를 위해서나 집안을 위해서도 용납될 수 없는 일이었다. 또한 자기 때문에 아들의 벼슬길이 막혀버렸다고 생각하는 어머니의 안타까움과 한을 풀어주기 위해서도 벼슬길로 나아가 볼 노력을 기울일 수밖에 없었을 것 같다. 이승휴가 체면 불구하고 구관시를 지어 보낼 수밖에 없었던 심정을 이해해 주고 싶어진다.

　그리고 이승휴가 벼슬길로 나아가기 위해서 구관시를 직접 지어 올린 사람들은 어떤 부류의 인물이었던가? 유경아柳璟娥는 '이승휴의 생애와 역사인식－제왕운기를 중심으로－'라는 글에서, "『고려사』를 통해서 살펴보면 유경·이장용·원부元傅·허공·유천우·최수황 등 대부분이 한미閑微한 가문출신으로 등제하여 정치활동을 한 사람들로 능문能文·능리能吏의 신진관인층에 속한 사람들이었다."고 기술하고 있다(진성규·김성수 편, 앞의 책, 145~146쪽, 주17, 18을 참조). 그런데 이승휴와 함께 등제한 신진사류들 중에는 이승휴가 구관시를 보내던 시기에 이르면 정방政房을 발판으로 성장하여 거족이 된 가문도 있었다. 즉 허공·박항·유천우 등이 바로 그러한 예에 속하는 사람들이다. 이들은 신진사류 출신이었으나 이미 보수적·타협적으로 변해 가고 있었다.

　구관시의 효험이 있었든지, 이듬해인 1264년(원종 5년) 이장용과 유경의 천거로 경흥도호부慶興都護府 판관判官 겸 장서기藏書記에 보임되었다(『고려사』 권16, 列傳 19, 李承休傳 ; 柳璟娥, '이승휴의 생애', 진성규·김경수 편, 앞의 책, 342쪽 참조). 그런데 이때 이승휴를 천거했던 이장용과 유경은 유천우와 함께 무신정권시대에 문신관료를 대표하는 위치에 있었던 사람들이었다. 이들은 최씨 무신정권이 붕괴된 후부터 몽고와의 강화를 주장하면서 추진해 왔지만, 원종元宗 초기까지만 해도 별로 힘을 쓰지 못했다. 그러나 유경은 원종시대에 네 차례나 과거를 주관하여 좌주座主와 문생門生 관계를 통해 자기 세력을 확보해 가고 있었으며, 충렬왕 초기에 이르러 재상직에까지 올랐던 원부·허공·김구金坵 등은 그의 천거를 받았던 인물들이다.

이승휴는 1270년(원종 11년) 삼별초의 난이 일어났을 때, 반란군의 근거지로부터 탈출해서 국왕에게 돌아갔다. 이때 그의 존재가 국왕에게 알려져서 차차 중용되기에 이르렀다고 한다. 그러나 삼별초의 난이 일어났을 때, 군에 물자가 제대로 공급되지 않고 부정·비리가 저질러지자, 백성들이 괴로워하고 있음을 들어 그 폐해를 극론하고 나섰다(유주희, 앞의 글, 진성규·김경수 편, 앞의 책, 342쪽 참조). 이승휴의 이렇듯 올곧은 성격과 비리를 보면 참지 못하는 기질 때문에 탄탄대로라고 여겨졌던 그의 관직생활에는 먹구름이 드리우기 시작했다.

원종 대로 들어 와서는 원나라의 간섭과 부원세력附元勢力들의 발호로 왕권이 크게 위축되고 있었는데, 원종은 이에 대한 자구책으로 환관宦官·내료內僚와 총신寵臣을 육성하려고 했다. 그래서 원종은 이들에게 무신들이 갖고 있던 토지를 배분해서 그들의 경제적 기반을 마련해 주는 한편, 이들에게 왕명출납을 전담시킴으로써 왕권을 강화시키려 했다.

한편 무신정권이 타도되고 난 후에 성장해온 문신 재추관료들은 자신들의 지위를 세습하면서 그 세력을 유지할 수는 있었지만, 그들의 정치적 영향력은 쇠퇴하는 상태에 있었다. 정치적 영향력이란 하루아침에 길러지는 것이 아님을 입증하는 하나의 본보기라고 할 수 있다.

이 무렵인 1273년(원종 14년)에 이승휴는 식목록사式目錄事로 재직하고 있었다. 식목록사란 요즘으로 말하면 법제와 격식을 제정하는 관청이고, 녹사란 7품쯤 되는 관직이었다. 그런데 당시 공로자를 제배하는 데 있어서 초배자만을 대상으로 삼고, 누차 제배 받았던 인물들을 제외시키자, 이들이 불만을 상소하자는 논의가 일어났다. 그러나 얼마 후 이러한 사실이 발각되어 벌을 받게 되었는데, 이승휴는 그 상소문의 기초자라는 누명을 쓰기에 이르렀다. 그러나 원종은 상부의 장의狀意와 방문傍聞이 서로 다르다는 이유로 재조사를 시켜서 이승휴의 누명은 벗겨졌다. 그런데도 이승휴는 양부(조정)의 장론에 실수의 오점을 남길 수 없다면서 자신의 죄를 인정하고 나왔다(『動安居士文集』 권4, 「賓王錄幷序」 ; 위의 글, 343쪽).

여기서 이승휴의 올곧은 성품을 재확인할 수 있다. 또한 개인이 살아남기 위해 조정의 권위를 실추시켜서는 안 된다는 봉공奉公의 정신도 엿볼 수 있다. 바로 이승휴는 개인이 다소 희생되더라도 왕실의 권위를 실추시켜서는 안 되겠다는 생각을 지니고 있었다. 어떤 의미에서는 왕실의 권위를 세우기 위해서는 개인이 희생하는 것쯤은 불가피하다는 생각을 가진 사람이었다. 이승휴가 활동하던 시기란 인권의식이 싹터 나오기 이전의 왕권 절대주의 시대였음을 지적해 둘 필요가 있을 것 같다. 그런데다가 그 당시 이승휴가 지니고 있던 정치적 이념은 왕권을 강화시켜 고려 왕실의 권위를 회복시키는 데 있었음도 지적해 두고 싶다.

이 일로 인해 이승휴는 잠시 관직에서 물러나 있었는데, 바로 이 무렵인 1273년(원종 14년) 순안공順安公 종悰과 동지추밀원사同知樞密院事 송송례宋松禮가 왕후 태자책봉을 하례하기 위해 원나라로 나가게 되어 있었는데, 그때 이승휴는 서장관書狀官으로 발탁되어 동행하기에 이르렀다. 당시 고려 왕실도 이승휴의 올곧은 성품과 재능을 높이 평가하고 있었던 것 같다.

원나라로 가서 이승휴가 지어 올린 하례문인 '진사선미陳謝宣美'는 원나라 국왕과 관리들을 탄복시켰고, 동행했던 송조국宋祖國도 탄복했을 정도였다고 한다. 원사행元使行을 마치고 돌아오자, 국왕 원종은 원사행의 공으로 쌀 20석을 하사하면서 잡직서령雜職署令 겸 도병마록사都兵馬錄事에 보임했다. 이런 점을 감안하면, 이승휴는 첫 번째 원사행을 통해서 뛰어난 문장력을 발휘했음을 알 수 있다.

첫 번째 원사행을 마치고 돌아온 이듬해인 1274년에는 원종의 부음을 전하기 위해 다시 한 번 서장관이 되어 원나라로 갔다. 당시 원나라에 묵고 있던 세자가 중국옷인 호복胡服을 입고 장례를 치를까 염려해서 상복을 고려 식으로 갈아입을 것을 권유해서 고려의 상복으로 상을 치렀다고 한다.

이러한 일은 가볍게 보면 사소한 일인 듯싶지만, 달리 보면 민족의 주체성과 자존심을 살린 중요한 일이었다고 평가받을 수도 있다. 원나라에서 세자로 하여금 호복이 아닌 고려 복식으로 부왕의 상을 치르도록 권유했다는 것은 이승휴의 민족의식 혹은 국가의식이 철두철미했음을 확인시켜 주는 하나의 계기였다.

그 뿐만 아니라 이승휴는 세자로 하여금 원나라의 세조를 설득해서 고려 왕실이 독자적인 체제로 유지하는 것을 허락 받아내도록 했다. 그리하여 고려의 세자는, "고려의 역대 임금이 정하여 지켜온 것들은 하나라도 빠뜨려 잃지 말 것이며, 옛것에 따라 그대로 시행하라."는 원나라 세조의 조칙을 받아낼 수 있었다. 이 조칙은 뒷날 원나라의 고려에 대한 내정간섭이 심해지거나 아예 고려 사직을 없애려는 책동이 있을 때마다, 고려인들이 그러한 책동에 대항하는 논리의 핵심적인 근거로 활용되었다. 이승휴가 원나라와의 화친을 주장하면서 원나라에 대해 사대事大했다고 하지만, 그것은 고려의 사직을 보존하고 또한 독자적 체제를 유지시키는 한도 안에서의 일이었음을 알 수 있다(김도현, 앞의 글, 김도현·최장섭 등 편, 앞의 책, 27쪽).

원나라에 가 있던 세자가 귀국해서 고려의 국왕으로 등극하니, 그가 바로 고려 왕조의 충렬왕이었다. 충렬왕은 이승휴가 능력 있고 민족(국가) 의식이 투철한 사람임을 잘 알고 있었다. 충렬왕의 호의로 이승휴는 합문지후閤門祗候(정7품으로 조회의 의례를 담당하는 관직)와 감찰어사監察御使를 거쳐서 우정언右正言의 직에까지 올랐다. 실로 승승장구라고 하지 않을 수 없었다.

충렬왕의 호의로 벼슬이 승승장구했음에도 불구하고 이승휴는 시정時政의 득실을 15개조로 정리해서 국왕에게 간했다. 그 당시에는 삼별초의 난이 완전히 진압되지 않아 민심이 안정되지 못했던 상황이었는데도 불구하고, 군대에 필요한 물자가 제대로 공급되지 않고, 안팎으로 수탈이 심한 데다가, 갖가지 토목공사를 크게 벌려 일반 백성들이 아주 고통스러워 한다는 내용이었다. 잘못된 정치로 인한 백성들의 고통에 마음 아파하며, 그것을 바로 잡고자 하는 이승휴의 의지를 보여주는 대목이다.

여기에서 우리는 한 가지를 확인해 볼 수 있다. 앞서 이승휴의 정치 이념은 왕권을 강화시켜 왕실을 안정시키는 데 있다고 했지만, 왕권을 강화시키고 왕실을 안정시키려면 백성을 위한 선정(爲民善政: Government for the people)을 베풀어야 한다는 것이었다. 권력의 행사는 국왕이 하되, 권력행사의 목적은 백성을 위한 덕치德治에 두어야 함을 강조한 것이다.

그리고 얼마 뒤(1274년)에는 우사간右司諫으로 양광楊廣·충청도 안렴사按廉使로 나가서는 부패한 관리들 7인을 탄핵하고 가산을 몰수했다가 원한을 사서 동주東州(지금의 철원) 부사副使로 좌천되었다. 이때부터 스스로 '동안거사動安居士'라 일컬었다. "잘못된 정치를 비판하고 관리들의 부정·부패를 막아 백성을 위한 정치를 펴려면, 이만한 일쯤으로 흔들려 소신을 꺾어서는 안 된다."는 스스로의 다짐이 담겨 있는 호였다(김도현, 앞의 글, 김도현·최장섭 등 편, 앞의 책, 28쪽).

그 후 다시 전중시사殿中侍史(관리의 감찰을 맡는 5~6품의 관직)로 임명되어 자리를 옮겼지만 부정·부패를 보면 참지 못해 간쟁을 벌리거나 상소를 올렸다. 그런가 하면 자기를 알뜰히 보살펴 주는 충렬왕에 대해서도 거침없이 비판하고 나섰다.

이렇게 보면 이승휴는 관직생활을 시작하면서 원종과 충렬왕으로부터 유능하고 청렴한 관리로 신임을 받았으나, 지나치리만큼 올곧은 성품 때문에 과격한 상소와 간쟁을 벌이다가 좌천되거나 파면되는 일이 잦았다. 이렇듯 과격한 상소와 간쟁 때문에 이승휴는 반대파의 집중 공격을 받았을 터이니, 국왕도 무작정 그를 비호할 수만은 없었다. 특히 원종과 충렬왕 시대는 부원세력의 발호로 어지러운 상황이었고, 문신 재추관료들과 신진사류 사이에도 알력이 빚어져 혼란스러웠다. 따라서 이승휴의 과격한 상소나 간쟁에 측근 총신들의 반격이 일어났음은 두말할 나위 없었고, 국왕도 일방적으로 이승휴를 옹호만 할 수는 없었을 것 같다.

실상 충렬왕도 즉위 초에는 문신 재추관료들과 손잡고, 원나라와 부원세력들의 영향력을 줄여 보려고 많은 노력을 기울였다. 자신이 태자로 원나라에 머물러 있을 때 받들어 주던 인물들을 중심으로 스스로의 측근세력을 길러 보려고 노력했다. 이러한 시도에 대해 대간臺諫의 간쟁 등 관료들의 반발이 일어났지만, 충렬왕은 반발하는 관료들을 파직·유배 등 강경책으로 대응하면서 측근세력을 길러내는 작업을 계속해 나갔다.

이러한 측근 총신세력의 성장으로 말미암아 당대에 입신해서 가문의 후광이 없는 신진관료들이 직접적인 피해를 입는 실정이었다. 국왕 측근세력의 토지 강점으로 신진관료들은 경제적으로 타격을 입었을 뿐 아니라, 국왕 측근세력에 의한 전주銓注의 문란, 말하자면 관리임용의 문란은 신진관료들의 관인으로서의 지위마저 불안하게 만들었다. 이러한 상황이라, 이승휴의 지위는 어느 누구보다도 불안할 수밖에 없었다.

그럼에도 불구하고, 이승휴는 1280년(충렬왕 6년) 3월에 감찰사의 관원들과 함께 또 다시 국왕의 실정과 국왕 측근 인물들의 전횡을 들어 10개조를 간언했다가 파직당하고 말았다. 이 사건은 국왕 측근 총신들의 성장에 불만을 품고 있던 대다수 관리들의 입장을 대변한 것이었지만, 『고려사절요高麗史節要』에서는 충렬왕의 감찰사 관리들에 대한 파면 조치를 '언로수새言路遂塞'라고 표현했듯이 관료들의 언로를 막은 충격적인 사건임이 분명했다(유주희, 앞의 글, 진성규·김경수 편, 앞의 책, 344쪽 참조). 이로써 이승휴는 16년간의 관직생활을 마감하였지만, 고려 왕실도 백성들로부터 조정으로 올라오는 언로를 막아버림으로써 활력을 잃어버릴 수밖에 없었음은 분명했다.

IV. 삼척 구동에서 『제왕운기』의 저술

이승휴는 감찰사의 전중시사殿中侍史를 마지막으로 16년간의 관직생활을 청산할 수밖에 없었다. 뒤늦게 어렵고 힘든 과정을 거쳐 관직생활을 시작했지만, 올곧은 성격 때문에 편안하고 행복한 관직생활보다는 언제나 부딪치며 불안한 관직생활을 보냈다. 부정·비리를 보면 참지 못하는 성격이라 엄격하게 처리하다 보니 저항에 부딪쳐 불이익을 당했고, 자기를 좋게 보고 키워 주려고 하는 충렬왕에게도 거침없이 상소하고 간쟁을 벌였으니, 파직으로 쫓겨날 수밖에 없었다.

오랜 기간 버티어 온 무신정권 뒤에 왕권을 회복한 고려 조정이 질서와 기강을 바로 잡을 수 없었음은 불문가지였다. 특히 충렬왕 시대에는 국왕이 스스로의 왕권을 확립하기 위해 환관·내료 등 천민출신의 총신들에게 의지하여 온갖 특혜를 주었으니 부정·부패는 만연될 수밖에 없었다. 그러가하면 과거를 통해 등장한 신진관료들은 국왕의 총신·측근들의 부정·부패를 그냥 보아 넘길 수가 없는 상황이었다. 정통관료 출신의 신진사류들과 국왕의 총신·측근들 사이에는 충돌이 빚어질 수밖에 없었는데, 이렇듯 두 세력들 사이의 충돌에서 패배하고 밀려난 것이 신진사류였고, 당시 신진사류의 상징적인 인물이 이승휴였다.

이승휴가 1280년 감찰사 전중시사에서 파직당하고 난 다음, 조정에

서 멀리 떨어진 삼척 두타산 밑 구동으로 내려 왔던 것은 자기를 몰아
낸 국왕의 총신·측근들의 작태를 가까이서 지켜보면서 지내기가 너무
역겨웠기 때문이었는지도 모르겠다. 물론 삼척 구동은 과거에 급제하고
내려와 12년간이나 살았던 정든 고장이기도 하고, 스스로 의지해서 살
아갈 수 있는 전토가 마련되어 있는 고장이기도 했다. 말하자면 스스로
마음의 고향으로 여겼기에 삼척으로 내려 왔음은 두말할 나위 없었다.

이승휴는 삼척 구동에 집을 지어 '용안당容安堂'이라는 당호를 붙였다.
용안당이란 도연명陶淵明의 「귀거래사歸去來辭」에 있는 '심용슬지이안審容
膝之易安(만족할 줄 알면 겨우 무릎을 용납할 정도의 조그만 방이라도 편안하다)'에서 따온
당호였다. 그는 나라의 일이나 세상사에 일체 함구하며, 도연명처럼 전
원생활을 자기 이상으로 삼고 시대 흐름과 무관하게 유유자적한 삶을
영위해 나가려고 했던 것이다.

이우성 교수는 이승휴의 구동생활을 소극적이고 도피적인 생활이었
다고 비판하고 있다. 즉 "그의 사상은 날이 갈수록 도피적이어서 말년
에는 전적으로 불교에 귀의했다. 죽기 6년 전에 그는 용안당이라는 간
판을 간장사看藏寺로 바꾸어 놓고, 약간의 전토마저 거기에 희사했다. 이
러한 사고방식은 그의 처세관에도 여실히 나타났다. … 선비가 되었으
니, 음풍영월吟風詠月을 완전히 제거치 못하나 되도록 글쓰기를 삼가겠
다. 시휘時諱(시대의 거스림)에 저촉되기 쉬운 때문이란 것이다. 과연 그의
시집詩集 산실散失의 이유도 있겠지만, 전체 분량이 얼마 안 되는 데다가
만년의 작이 더욱 적은 편이다. 이 점은 이규보와 참으로 좋은 대조가
되는 것이다(이우성, '고려중기의 민족서사시', 진성규·김경수 편, 앞의 책, 21쪽)."

아닌 게 아니라 이승휴는 삼척 구동으로 내려 온 후 불서를 열심히
읽으면서 보내다가 역사책인 『제왕운기帝王韻紀』와 불교서적인 『내전록
內典錄』을 저술해냈다. 이승휴의 삼척 구동생활이 너무 소극적이고 도피

적이었다고 비판했던 이우성 교수도 『제왕운기』의 저술은 기적과 같은 일로 평가했다. 이우성 교수의 말을 다시 인용해 보면, "이러한 가운데 『제왕운기』와 같은 걸작을 펴낸 것은 생각하면 기적과 같기도 하다. 시휘에 저촉될 염려가 전혀 없는 역사 설화이기에 그는 음풍명월을 완전 제거치 못하는 시에 대한 미련을 여기에서 장가호창長歌呼唱으로 충족시키게 되었던 것일까? 그렇지 않으면 그의 조용한 관조觀照의 세계 안에 지나간 역사가 스스로 영현映現되어 오는 것을 어찌할 수 없이 운율화韻律化시키게 된 것일까? 우리는 그의 일생 동안의 허다한 열력閱歷, 특히 복잡다단한 국제관계 속에서 걸어 나온, 민족의 고난에 찬 역정을 몸소 체험한 그의 인생행로가 이러한 걸작의 심령적 원천이 되었으리라 생각한다. 그가 비록 현실에 눈을 감고 시를 쓰지 않는다고 했지만, 그의 뇌수腦髓 속에 아로새긴 반세기의 민족의 애환은 그에게 역사의식의 생동을 어찌할 수 없게 했음이리라(위의 글, 21~22쪽)."라는 것이다.

1993년 三和寺 경내에
세운 이승휴 유적비

여기서는 이승휴의 파직 후 종교생활과 다시 천거된 관직생활 내지 정치활동에 관해서 언급해 보기로 하고, 『제왕운기』의 저술 내용과 역사관 그리고 한국 사학계에 미친 영향은 다른 항목에서 후술하기로 한다.

우선 이우성 교수께서 문제 삼았던 이승휴의 종교생활부터 살펴보기로 하자. 파직 후 삼척 구동으로 돌아온 이승휴는 앞서 밝힌 대로 용안당을 짓고 난 다음 두타산 동쪽에 자리 잡고 있는 삼화사三和寺로 산길을 따라 왕래하면서

1,000상자의 대장경을 빌려다가 읽었다. 이승휴는 경전공부와 함께 참선에도 열중하여 출가자 못지않게 수행에 정진하는 재가수행자在家修行者였다. 스스로 '동안거사'라고 지은 호에 걸맞은 생활이었다.

이승휴는 선승 몽산덕이蒙山德異의 법어를 받아들이고, '목우사자기'를 늘 곁에 두었으며, 간화선看話禪에 심취한 수행자의 모습 등은 그의 거사적 성향을 보여주고 있다. 그 후 불경을 읽었던 용안당을 간장사라고 간판을 바꾸었을 정도로 이승휴는 불교에 심취했다. 당시 이승휴가 불교에 심취했다는 기록은 여러 곳에서 찾아볼 수 있다. 『동안거사집』의 「촌거자계문村居自誡文」을 보면, "스스로 불서를 가까이 해서 헛되이 날을 버리지 말라(親近佛書無虛棄日)."고 할 정도로 불교에 심취해 있었다(위의 글, 29쪽).

또한 이승휴에 대한 평가에서 "성품이 부처를 좋아했는데, 늘그막에는 부처 섬기기를 더욱 공손히 하였다."고 한 「간장암중창기」나 "부처의 가르침을 지나치게 좋아했다."고 한 『고려사』의 「이승휴전」 기사 등은 불교에 대한 이승휴의 관심과 믿음을 단적으로 표현하고 있다(위의 글, 30쪽).

그리고 불교에 대한 이승휴의 믿음은 개인적인 믿음의 차원이 아니라 국교로 받아들여야 한다고 주장할 정도였다. "우리나라를 이롭게 한다면 어찌 이 도를 통하지 않겠는가? 이미 오천축국(인도)에서 시작되어 장차 중국을 가득 채우려 하고 있다."고 했던 것처럼 불교의 도가 고려에 커다란 힘이 된다고 전제했을 만큼, 국가 발전과 불교를 연결지어 생각했던 면도 없지 않다.

이승휴는 이렇듯 불교에 대한 지극한 관심을 바탕으로 하여 불교에 관한 『내전록內典錄』을 저술했고, 역사서인 『제왕운기』도 이 시기에 저술했던 것이다.

이승휴가 이렇듯 불교에 심취했다고 해도, 그가 완전히 세상을 등지고 숨어 살았던 것은 결코 아니었다. 바로 파직당했던 직후에는, "나라의 안위安危와 조정에서 하는 일의 잘잘못을 입에 올리지 않겠다.”고 스스로 경계하면서 은둔을 다짐했던 것은 파직에 대한 서운함도 있었지만, 자기를 몰아낸 국왕의 총신·측근들의 정치적 보복의 염려도 의식했던 듯싶다.

그러나 시간이 지나면서 파직에서 오는 서운함과 두려움이 없어지자, 이승휴는 윤보尹珤에게, “잘 모르는 자들이 저더러 권세와 이익을 잊지 못하여 당신(尹珤)에게 잘 보이려 한다고 쑥덕거릴까 두려워서 문안편지를 띄우지 못했습니다.”라고 한 것으로 미루어 보면 현실정치에 대한 그의 관심이 여전했음을 짐작할 수 있다. 바로 남들의 눈을 의식했다는 사실은 그만큼 현실에 대한 관심이나 미련이 깊었음을 반증하는 것이기 때문이다. 그밖에도 안집사로 나온 사람의 방문을 받고 며칠씩 함께 어울렸다든가, 고향 부모에게 찾아왔던 국왕 측근을 만나 오랫동안 담소를 나누었다든가, 또는 은퇴한 원로대신인 김방경과 서신을 주고받았든가 하는 일들은 앞서 밝힌 맥락으로 볼 수 있을 것 같다. 비록 은둔했다고 하지만, 이승휴는 여전히 세상과는 일정한 관계를 맺고 있으면서 인생의 말년을 보냈던 것이다.

뿐만 아니라 은거 중이던 이승휴가 1287년(충렬왕 13년)에 『제왕운기』를 찬술했던 것도 현실에 대한 관심에서 비롯된 일이었다. 물론 이승휴는 오래 전부터 은퇴하면 세상에 교훈이 되는 책을 저술하겠다는 희망을 피력한 바 있다. 이러한 꿈을 실현하기 위해 『제왕운기』를 지었다고 할 수도 있지만, 이승휴가 이 책을 찬술한 주된 목적은 고려 왕실이 처해 있는 현실, 말하자면 어떻게 하면 고려의 왕권을 강화해서 왕실을 안정시킬 수 있을까 하는 현실적인 문제를 해결해 보자는 데 있었다. 이 『제왕운기』를 후세에 출간된 송강松江 정철鄭澈의 「사미인곡思美人曲」에 비유하는 까닭도 여기에 있다.

帝王韻紀의 산실인 容安堂

容安堂 남쪽에 있던 葆光亭

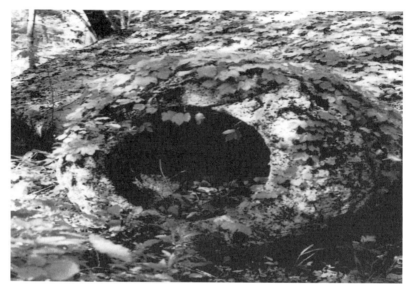

瓢飮淳

葆光亭 앞의 知樂堂 石築

『제왕운기』를 저술한 지 2년 뒤인 1289년(충렬왕 15년)에는 용안당 남쪽에 보광정葆光亭을 새로 짓고, 그 곁에 천정泉亭을 표음정瓢飮亭이라 하고, 정자 아래 지락당知樂堂을 시설해서 구동용계별서龜洞龍溪別墅를 완성했다(위의 책, 31~32쪽 참조).

백발이 성성한 노구로 삼척 구동용계별서에서 신선을 자처하고 살아가던 그가 71세인 1294년(충렬왕 20년)에 홀연히 용안당 간판을 간장사看藏寺로 바꾸어 스님에게 희사하고, 전토도 희사하여 절 운영의 밑천으로 삼게 했다. 아마도 인생에 대한 마지막 정리였는지도 모르겠다.

1296년 1월에 충렬왕은 태상왕太上王이 되고, 충선왕이 즉위하면서 충선왕은 충렬왕에 대한 관료들의 불만을 다독거리면서 그 불만을 스스로의 지지기반을 넓히는 데 활용했다. 말하자면 충선왕은 개혁정치를 단행하면서 지난날 충렬왕의 측근 총신들과 대립했던 관인들을 중용했던 것이다. 이러한 분위기에서 이승휴도 충선왕의 부르심을 받았다. 처음에는 사양했지만, 관직에 있던 아들 이임종李林宗을 내려 보내기까지 하는 충선왕의 성의를 생각해서 개경으로 다시 올라간 그는 사림시독학사詞林侍讀學士(국왕 측근의 학술자문기구, 정4품) 좌간의대부左諫議大夫 충사관수찬관充史館修撰官(실록의 편찬 책임, 정3품) 지제고知制誥(과거시험 담당관)에 임명되었으며, 곧 이어 사림시독학사詞林侍讀學士(국왕 측근 기관으로 정3품), 시비서감試秘書監 좌간의대부左諫議大夫를 거쳐, 동첨자정원사同簽資政院事 판비서사사判秘書寺事(비서감의 판사, 정3품), 숭문관학사崇文館學士(정4품)로 임명되었다(유주희, 앞의 글, 진성규·김경수 편, 앞의 책, 345쪽 참조).

그러나 충선왕의 개혁정치는 충렬왕 대의 환관·내료 등 국왕 측근과 타협하면서 성장했던 사람들이 대거 참여함으로써 그 한계를 드러낼 수밖에 없었다. 이때 참여한 사람들은 대체로 유경柳璥의 문하생들이거나 유경의 천거를 받아 재상직에 오른 원부元傅·허공許珙 등의 문생이라는 공통점을 갖고 있었다. 바로 이들이 충선왕의 개혁정치에 주도적으로 참여했다. 이들은 충렬왕의 측근세력과 대립했다가 파직 또는 유배당했던 사람들이라 결정적인 약점을 지닐 수밖에 없었다. 말하자면 이들은 국왕 측근세력에 대한 불만을 집단적인 형태로 표출하는 것이 아니라, 개인적인 형태로 표출하는 단계에 머물렀다. 이러한 사실은 이들이 정치세력을 형성하는 단계에 이르지 못했음을 보여주는 것이었다(李益柱, '고려 충렬왕 대의 정치상황과 정치세력의 성격', 『韓國史論』 18, 서울대 출판부 ; 진성규·김경수 편, 앞의 책, 345쪽).

이런 이유로 해서, 충렬왕의 측근 세력에 대항했던 관료층은 충선왕 즉위년의 개혁정치에서 큰 역할을 할 수 없었다. 이러한 상황에서 이승휴는 70세가 넘어 현관에 제수되는 것이 국가의 제도에 어긋남을 주장하면서 거듭 사직을 요청하고 물러났다는 데서도 그와 같은 한계를 인식하고 있었던 것으로 보인다. 『고려사절요』 권 22, 충렬왕 24년 8월을 살펴보면, "국왕이 직위에 오를 것을 강요하자, 십수 일에 걸쳐 사퇴하겠다고 애절한 상소를 올리니, 왕도 그것을 부득이 받아들일 수밖에 없었다(… 承休强就職 纏十數日 上書乞退甚切 王不得已從之)."는 기록이 실려 있다. 이를 살펴보면 뜻을 펼 수 없을 듯한 상황 때문에 물러나려 했다고 평하기보다는 만년에 노욕을 부리지 않겠다는 순수한 뜻으로 받아들일 수도 있을 것 같다(유주희, 앞의 글, 진성규·김경수 편, 앞의 책, 346쪽 주28 참조).

이때는 그가 세상을 뜨기 2년 전이었으니, 그의 나이 75세 때의 일이었다. 그리하여 이승휴는 결국 밀직부사密直副使(중추원의 부사, 종3품), 감찰대부監察大夫(감찰사의 책임자, 정3품), 사림학사승지詞林學士承旨(국왕 측근의 학술자문기구, 정3품)로 치사하였으며, 1300년(충렬왕 26년) 나이 77세로 졸했다. 그의 묘가 현재 성주星州에 있다고 하나, 확인할 길이 없다. 저서로는 『제왕운기』와 『내전록』이 있고, 아들 이임종李林宗이 편집한 『동안거사집動

安居士集』이 전해지고 있다. 이승휴는 아들 삼형제를 거느리고 있었는데, 맏아들은 이임종이고, 둘째는 이담욱李曇昱(출가했음)이며, 셋째는 이연종李 衍宗이다.

V. 인간으로서의 특성

무엇보다 이승휴는 그의 약력으로 보면 풍부하고 복잡한 체험의 소유자임을 확인할 수 있다. 77년간의 긴 생애를 통해 겉으로 보면 고관대작을 두루 거쳤고 국왕의 측근으로 있었으나, 『고려사高麗史』 열전列傳 이승휴李承休를 보면 "성품이 정직하여 세상에 바라는 것이 없었으며 불법을 매우 좋아하였다(性正直 無求於世 酷好浮屠法)."고 기록하고 있다. 올곧고 강직한 성품 때문에 늘 평탄치 못한 관직생활이었다는 것이다.

이승휴는 지방의 낮은 관리로부터 어렵게 승진했지만, 올곧고 강직한 성품 때문에 파면과 좌천이 잇따라 관직생활이 평탄하지 못했다. 그는 서장관書狀官으로 이국만리 상전의 나라인 원경元京을 두 번이나 왕래하는 등 다양한 관리생활을 했다. 그가 1차 원행 때에 지어 올린 하례문인 '진사선미陳謝宣美'는 원나라 관리들과 우리의 국왕을 놀래게 만들었다. 2차 원행 때는 원종의 부음을 전하기 위해 원경으로 갔는데, 당시 원경에 머물러 있던 세자(나중에 충렬왕)에게 고려 복으로 갈아입고 상을 맞이하도록 간해서 그대로 시행하도록 만든 일도 있었다.

한편 과거에 급제하자, 그 기쁨을 삼척 구동에 계시던 어머니와 함께 나누기 위해 금의환향을 했다가 몽고군의 5차 침입으로 말미암아 귀경 길이 막혀 12년간 삼척 두타산 밑 구동에서 직접 농경에 종사하면서 어머니를 봉양하기도 했다. 그 후 나이 40세가 지나서야 비로소 관직에

발을 들여 놓을 수 있었으니, 남들보다는 뒤늦게 시작한 관직생활이었음은 두말할 나위 없다.

이렇듯 뒤늦게 시작한 관직생활이었음에도 불구하고, 그가 고속승진을 할 수 있었던 것은 그의 비범한 재주가 바탕이 되었음은 분명하지만, 남모르는 노력이 뒷받침되었음을 간과해서는 안 된다. 실상 그는 별로 알려져 있지 않은 하찮은 가문에서 태어나 외롭고 힘들게 공부해서 과거에 급제했던 사람이다. 말하자면 천신만고 끝에 얻어낸 과거급제였다.

그러니 이승휴는 당시 운이 좋았던 사람임은 분명했다. 집안의 후광도 없었는데, 당시 관계를 주름잡고 있던 최자崔滋의 인정을 받아 과거에 합격했으니, 운이 좋았던 사람임이 분명했다. 그러나 최자에게 인정을 받기까지는 스스로의 피나는 노력과 악전고투를 한 결과였음을 짐작할 수 있다. 요컨대 이승휴는 재주도 뛰어났고, 피나는 노력을 기울이기도 했지만, 운도 억세게 좋은 사람이었던 것 같다.

이승휴는 이렇듯 운이 좋은 사람이었던가 하면, 다른 한편으로는 재수 없는 사람이기도 했다. 왜 하필이면 과거급제의 기쁨을 어머니에게 알려드리기 위해 삼척 구동으로 내려갔을 때 몽고군의 5차 침입을 당했던가. 그로 인해 귀경길이 막혀 벼슬길로 나아갈 수 없었고 삼척 구동에서 12년간을 농사 지어 어머니를 봉양하면서 생활할 수밖에 없었으니, 억세게 재수 없는 사람으로 치부될 수밖에 없을 듯도 하다.

그러나 한편 12년간이나 삼척 구동에서 노비 두세 명을 거느리고 직접 농사를 지으면서 어머니를 봉양했던 농촌생활이 그로 하여금 농촌에서 땀 흘리며 어렵게 살아가고 있는 농민들의 생활을 체험해 볼 수 있게 만든 계기였다. 그리고 나중에 관직에 나갔을 때 농민들의 고된 생활을 이해해서 '위민선정(government for the people)' 내지 덕치주의德治主義로 나아가게 만든 계기가 되었으니, 무조건 불운한 사람으로 규정할 근거라

고만 말할 수 없을 것 같다. 백성들, 특히 농민들의 생활과 고충을 이해
할 수 있는 계기였고, 백성들의 삶을 이해할 수 있는 폭을 넓혔으니, 오
히려 행운이었다고 봐도 될 듯싶다.

요직에 앉아 있는 사람들뿐 아니라 지난날 함께 과거에 합격했던 관
리들에게까지 구관시求官詩를 지어 보내 얻은 관직이었으니, 천신만고
끝에 얻은 관직이라고 하지 않을 수 없다. 이렇듯 어렵게 얻은 관직이었
음에도, 관직에 오르고 난 다음에는 올곧은 성품인 데다가 백성들의 어
려운 생활을 이해할 수 있는 사람이었으므로 국왕이나 관료들의 비리를
보면 참지 못하고 상소하거나 간쟁을 벌이다가 파직되거나 좌천되기 일
쑤였다.

이승휴는 2차 원행 때 당시 세자였던 충렬왕을 극진히 모셨기 때문
에, 충렬왕의 각별한 신임을 받고 있었다. 그래서 그는 감찰사를 거쳐서
우정언右正言의 직책에 올랐다. 그런데 이승휴는 우정언의 직에 오르자,
시정의 득실을 15개조로 나누어 간쟁을 했는가 하면, 우사간右司諫을 거
쳐 양광楊廣·충청도忠淸道의 안렴사按廉使가 되어서는 장리臟吏(부패관리) 7
인을 탄핵하고 그 가산을 몰수했다가 원한을 사서 동주東州(지금의 철원)
부사로 좌천되기도 했다. 드디어 1280년(충렬왕 6년)에는 감찰사의 관원들
과 함께 국왕의 실정과 국왕 측근 인물들의 전횡을 들추어 10개조로 간
언했다가 파직당하고, 삼척 두타산 자락의 구동으로 다시 돌아왔던 것
이다.

삼척 구동으로 돌아온 이승휴는 세상과는 등지고 도연명처럼 용안당
을 건립해 놓고는 두타산 동녘에 있는 삼화사三和寺에서 불서를 빌려 읽
으면서 『내전록』과 『제왕운기』를 저술했다. 이때 삼척 구동에 있는 용
안당에서 저술한 『제왕운기』는 이승휴의 대표작이고, 우리의 역사학 발
전에 크게 공헌한 불후의 명작으로 꼽히고 있다.

그런데 1298년(충렬왕 24년) 1월 19일에 충선왕이 즉위하면서 충렬왕은 태상왕으로 물러났다. 충선왕이 즉위하여 개혁정치를 추진하고자 할 때, 이승휴를 불러들여 사림시독학사詞林侍讀學士 좌간의대부左諫議大夫 충사관수찬관充史館修撰官 지제고知制誥의 직임을 맡겼다. 그러나 이승휴는 70세가 지나서 현관에 제수되는 것은 고려의 제도에 어긋난다고 하면서 거듭 사양하고 물러났다. 물론 이때 충선왕이 추진했던 개혁정치의 한계를 의식했기에 높은 벼슬에서 물러나려고 했음은 앞서도 언급한 바 있다.

그러나 그 해 8월에 충선왕이 물러나고 충렬왕이 복위하면서 그는 이승휴로 하여금 밀직부사감찰대부密直副使監察大夫의 직을 맡도록 배려했다. 바로 이러한 사실은 충선왕이나 충렬왕이 똑같이 이승휴의 문재文才와 이용利用에 있어서 탁월한 능력을 높이 평가했기 때문이다. 또한 나무랄 데 없는 왕에 대한 충성과 절개, 타고난 충간忠諫의 기개를 갖고 있음에도 불구하고 불행히도 때를 만나지 못해 산골에서 허송생활하고 있다고 보았으므로, 70세가 넘은 이승휴를 다시 불러 높은 벼슬자리에 앉혔던 것이다.

충선왕이 이승휴를 불러다가 높은 벼슬자리를 맡겼을 때에는 고령을 핑계 삼아 한사코 거절했지만, 충렬왕이 복위해서 맡기는 자리를 거절할 수 없었던 것은 오히려 시세 변화에 민감하지 않은 그의 의리 때문이었던 것이 아닐까 생각된다.

또한 이승휴는 위대한 정치인이자 청렴한 관리였을 뿐 아니라, 탁월한 문장가이기도 했다. 그는 일찍이 1차로 원나라에 서장관으로 갔을 때 뛰어난 문장력으로 맹활약했음은 앞서 밝힌 바 있었다. 원나라 황제가 고려에서 간 사신들의 하례를 받고 잔치를 베풀고 의복을 내리니, 이승휴가 표를 올려 사례(陳謝宣美)를 했는데 그 글 솜씨가 품위 있고 아름다웠다(偉麗)고 한다. 그리고 날마다 원나라에서 천재로 알려져 있던 한림학사 우현友賢과 더불어 글을 주고받았는데, 우현은 이승휴의 시표詩表를 읽고 마음으로 탄복해서 그 시를 곧 암송했다고 한다.

그리고 이승휴가 원나라 사행을 마치고 귀국하자 국왕이 크게 기뻐하며 쌀 20석을 하사하고, 지은 시문을 읽어 보고는 칭찬해 마지않았다는 것이다(하현강, '이승휴의 사학사상연구', 진성규·김경수 편, 앞의 책, 303~304쪽).

그런가 하면 박두포朴斗抱 교수에 따르면, 목은牧隱·표옹標翁·사가四佳 등 일급 문인으로 손꼽히던 사람들이 이승휴의 시를 칭찬하면서 자기 시집에 실었다고 했는가 하면, 심지어 최해崔瀣가 펴낸 우리나라 최초의 시문학집인 『삼한시집감三韓詩集鑑』에도 이승휴의 시가 실려 있다고 했다. 이승휴는 우리 역사 속에서 문호文豪라고 표현해도 좋을 듯싶다(박두포, '제왕운기 小攷 其一', 진성규·김경수 편, 앞의 책, 86~87쪽 참조).

한편 『제왕운기』는, "사실을 소재로 한 간접 수법을 썼기는 하나, 그것은 우시연군憂時戀君의 충정이 얼마나 넘치는지 송강松江의 「사미인곡思美人曲」 정도가 아니라, 존망위기에 있던 나라의 운명을 두 어깨에 메고 싸움터로 나가며 후주後主에게 올리는 피나는 충신의 글, 「출사표」를 쓴 저 제갈량諸葛亮의 그 마음보다 못할 바 없을 것이다(위의 글, 96쪽)."

이러한 사실로 미루어 볼 때, 이승휴는 일찍부터 시문으로 명성을 떨치고 있었으며, 바로 이러한 시문의 능력이 역사시의 형태로 『제왕운기』의 저술을 가능하게 만들었다고 할 수 있다. 따라서 이승휴는 위대한 역사가일 뿐 아니라 뛰어난 시인이었다고 평할 수 있을 것 같다.

『제왕운기』의 간행과 그것이
한국사학계에 끼친 공헌

Ⅰ. 『제왕운기』의 간행

이승휴의 대표적 저작인 『제왕운기』는 상·하 두 권으로 나뉘어져 있다. 우선 상권은 2,370언의 7언시七言詩로 중국사를 기록하고 있고, 하권은 우리나라 역사를 2부로 나누어 서술하고 있다. 제1부는 「동국군왕개국연대東國君王開國年代」라 하여, 먼저 우리나라의 지리기地理紀를 적고 1,460언의 7언시로 단군왕조부터 발해渤海까지의 역사를 서술했다. 제2부는 「본조군왕세계연대本朝君王世系年代」라 하여, 고려 태조로부터 이승휴가 활동하고 있던 충렬왕 대까지의 역사를 700언의 5언시五言詩로 서술했다.

이 『제왕운기』의 저술은 「자서自序」에 기록하고 있듯이, 1287년(고려 충렬왕 13년)에 완성된 것으로 보인다. 이 시기는 저자인 이승휴가 1280년(충렬왕 6년)에 파직을 당하고, 삼척 두타산 밑에 있는 구동龜洞으로 돌아와서 용안당容安堂을 짓고 살아온 지 7년이 되는 해였다. 이승휴가 『제왕운기』를 지어 충렬왕에게 바친 것이 1287년(충렬왕 13년) 3월이었다고 하니, 『제왕운기』의 저술을 마친 것은 이보다는 먼저였을 것 같다.

그리고 『제왕운기』는 저술된 즉시 간행된 것이 아니라, 약 8~9년의 세월이 흐른 다음에 비로소 간행되었다. 『제왕운기』가 간행된 것은 원정연간元貞年間(1295~1296년)에 진주목晉州牧에서 첫 판이 나왔으니, 8~9년 뒤의 일이었음이 분명하다.

『제왕운기』의 「후제後題」 중에 안렴사按廉使 중산대부中散大夫 병부시랑兵部侍郎 안극인安克仁이 쓴 글을 보면, 원정연간에 왕명에 따라 진주목에서 판을 새겼음을 알 수 있는데, 무엇보다 이 초간본이 충렬왕의 왕명으로 간행되었다는 사실에서 충렬왕이 이 책을 소중히 여겼음을 엿볼 수 있다(河炫綱, '이승휴의 사학사상연구', 秦星圭 · 金慶洙 편, 『李承休硏究論叢』, 三陟郡, 1994, 330쪽).

한편 이승휴는 승제承制 윤보尹珤와 상서尙書 이산李㦃에게 감사의 편지를 보낸 것으로 보면, 이 두 사람들도 『제왕운기』의 간행에 도움을 주었음을 알 수 있다. 또한 실무자인 진주목 서기 정소鄭玿에게도 감사의 글을 보내면서 오자와 탈자를 교정하고 있는 것으로 보아, 『제왕운기』에 대한 이승휴의 애정을 느낄 수 있다(李佑成, '動安居士集解題', 『高麗明賢集』 1권, 성균관대 대동문화연구원, 1973, 12쪽). 이 초간본에는 정소의 「발문」과 부사副使 이원李源의 「후제」가 붙어 있다(송재웅, '제왕운기와 동안거사집의 판본', 진성규 · 김경수 편, 앞의 책, 390쪽).

당시 『제왕운기』의 개판을 주관했던 진주목 부사 이원은 그 「후제」에서 다음과 같이 기록하고 있다. "… 그 문장의 요지를 간추렸으니 충실하기가 구슬을 꿴 실, 그물의 벼리와 같아서 만대의 서로 잇던 역사가 처음부터 끝까지 이에서 벗어나지 않는 것이니, 가히 『통감通鑑』의 정수라고 할만한 것이 아니냐!"고 감탄하고 극찬했다(하현강, 앞의 글, 진성규 · 김경수 편, 앞의 책, 331쪽). 그러나 아쉽게도 이 초간본은 현재 전해지지 않는다.

이렇게 해서 세상에 나온 이승휴의 『제왕운기』는 초간 직후부터 조정 대신들의 관심을 끌었고 당시 역사학계에 끼친 영향도 지대했다. 그런가 하면 이 책에 대한 관심은 충렬왕 당대에만 모아진 것이 아니라, 그 후에도 계속 이어졌다. 『제왕운기』는 충렬왕에게 근계가 되도록 저술된 것이긴 하지만, 우리의 역사와 중국의 역사를 대비시키면서, 단군조선으로부터 충렬왕 대까지의 우리 역사를 꿰뚫어 설명하고 있기에 누구나 읽어 볼 값어치가 있는 소중한 역사서였다.

이승휴의 『제왕운기』의 중간은 저자의 맏아들인 전 밀직사 이임종李林宗이 뜻을 가지고 있었으나 실행에 옮기지 못했고, 저자의 조카사위인 안극인安克仁이 경상도 안렴사按廉使 중산대부中散大夫 병부시랑兵部侍郎의 직에 있으면서 진사 김희金禧가 글을 써서 1360년(공민왕 9년) 경자庚子 5월에 경주(당시는 東京)에서 개판하기에 이르렀다.

안극인은 그 「후제」에서, "해가 오래되어 판이 썩고, 글자가 없어져서 그의 맏아들인 전 밀직사 이임종이 일찍 중간할 생각을 가졌으나 뜻을 이루지 못했다. 조카사위인 안극인은 이 도의 벼슬로서 여가를 타서 그 뜻을 폈다. 이 동경판은 사사 집안에 말미암은 계술繼述에 그치지 아니하고, 대체로 책 속의 알맹이로써 영원한 것을 전하여 뒷사람들이 배우고 보는데 도움을 주고자 할 따름이다."라고 중간의 경위와 그 의의를 밝히고 있다(하현강, 앞의 글, 진성규・김경수 편, 앞의 책, 331쪽).

그리고 이 중간본은 그 후 여러 번 간행된 듯하다. 현재 『제왕운기』는 보물 제418호(위의 글, 390쪽 주6 참조; 이 책은 원래 松隱 李秉直씨 소유였으나 지금은 곽영대씨 소유임. 가장 오래된 판본으로 추정됨), 제895호(위의 글, 390쪽 참조; 소유자는 동국대학교로 1986년 보물로 지정됨), 제1091호(위의 글, 390쪽 참조; 김종규씨 소장본으로 삼성박물관에 소재함. 1991년에 보물로 지정됨) 등으로 지정되어 있다.

이승휴의 『제왕운기』에 대한 관심은 고려 시대에만 국한된 것이 아니었다. 조선왕조 시대에 들어와서도 끊이지 않았다. 그리하여 1417년(조선조 태종 17년) 5월 경주에서 다시 중간되었다. 당시 이 일을 감독했던 경주 유학교수관儒學敎授官 이지李輊는 「발문」에서 삼판을 중간한 경위를 다음과 같이 기록해 두고 있다. "『제왕운기』는 개판한 지가 오래되어 흐릿한 판이 간혹 있으므로 베껴내는 이가 끊어졌다. 영감사令監司 광릉廣陵 이상국지강李相國之剛이 듣고 탄식하여 보후補朽할 뜻을 가졌다. 부윤府尹 이상국승간李相國承幹, 판관判官 반군영潘君泳이 이 책을 나에게 구하기에 공인을 시켜 판을 새겨 몸소 감독해 며칠 만에 전서全書로 다시 보게 되었으니, 어찌 경세지군자經世之君子에게 도움됨이 없으리오."라고 했다(하현강, 앞의 글, 진성규 · 김경수 편, 앞의 책, 331쪽).

이 발문을 통해서 『제왕운기』가 고려 왕조 멸망 후인 조선조 초기에
도 뜻있는 사람들의 주목의 대상이었음을 알 수 있다. 그리고 지금 남아
있는 목판본은 앞서 지적한 바대로 보물로 지정된 세 가지의 책을 제외
하면 대부분이 삼간본으로, 그 소장처는 계명대학교 도서관과 영남대학
교 도서관이고, 개인 소장 자료는 김상기, 백낙준, 권영갑 등이라고 할
수 있다(송재웅, 앞의 글, 진성규 · 김경수 편, 앞의 책, 391쪽 주 9, 10, 11, 12, 13, 14, 15
참조).

이승휴의 『제왕운기』가 조선조 태종 17년(1417년)에 삼간본이 간행되
고 난 다음에는 목판으로 간행되지는 않았지만, 20세기에 들어와서는
영인본影印本으로 간행되었다. 『제왕운기』가 영인본으로 간행된 것은 일
제하인 1939년(소화 14년) 경성京城에서 조선고전간행회 총간 제1호로 발
간됐다. 이때 발간된 영인본의 저본은 1417년에 발간된 삼간본이었다.
그리고 이 영인본은 대부분의 고서목록에 올라 있는 책이며, 그 소장처
는 충남대학교 도서관, 영남대학교 도서관, 성균관대학교 도서관, 서울
대학교 도서관, 동국대학교 도서관, 이화여자대학교 도서관, 한국학중앙
연구원 도서관, 국립중앙도서관 등이다(위의 글, 392쪽 주15, 16, 17, 18, 19, 20
참조).

1945년 8·15 이후에도, 1973년 성균관대학교 대동문화연구원에서 조
선고전간행회 영인본을 저본으로 해서 『고려명현집高麗明賢集』 제1권에
수록하였고, 같은 해에 아시아문화사가 100부 한정판으로 『동안거사집
動安居士集』과 함께 묶어 영인했다. 1974년에는 을유문화사가 박두포朴斗
抱 선생의 역주로 을유문고본 『동명왕편東明王篇 · 제왕운기帝王韻紀』를
간행하면서 그 부록으로 조선고전간행회본을 영인했다.

신활자로 『제왕운기』가 간행된 것은 1943년 최남선崔南善의 『신정삼

국유사新訂三國遺事』의 부록으로 하권만 실었고, 1970년에는 청록출판사
가 황순구黃淳求 편저로 『해동운기海東韻記』를 내면서 역시 하권만 번역
하고 신활자로 원문을 실었는데, 그 저본은 역시 조선고전간행회본이었
다(황순구 편저, 『海東韻記』, 청록출판사, 1970, 346쪽 ; 송재웅, 앞의 글, 진성규 · 김경수 편,
앞의 책, 392쪽).

기타 판본으로는 1973년 촬영한 사진본이 국사편찬위원회에 소장되
어 있으며, 필사본筆寫本(轉字本) 한 책이 한국학중앙연구원에 소장되어
있다.

II. 『제왕운기』를 통해서 본 이승휴의 역사인식과 그 영향

이승휴의 대표작이라고 할 수 있는 『제왕운기』가 한국인들의 역사인
식에 얼마만큼 영향을 미쳤는가, 특히 『제왕운기』가 한국 사학계에 미
친 영향은 어떠했는가를 고찰해 보기로 하자. 무엇보다 책의 출간은 그
것이 일반인들에게 얼마만큼 보급되어 읽혔느냐와, 그 책이 관련 있는
학계에 얼마만큼 공헌했느냐에 따라 평가할 수 있다. 그러나 지난날의
역사책이 얼마만큼 보급되어 읽혔느냐는 정확히 확인할 길이 없으니,
그 책이 관련 학계에 얼마만큼 공헌했느냐에 따라 어렴풋이 평가해 볼
수 있을 듯싶다.

실상 어떤 책이 관련 있는 학계에 얼마만큼 공헌했느냐를 따져 보기
도 손쉬운 일은 아니다. 별로 읽히지도 않고 학자들의 관심을 끌지도 못
하던 책이 어느 날 갑자기 학자들이 다투어 읽고 일반인들에게 널리 읽
히는 경우도 없지 않기 때문이다. 이승휴의 『제왕운기』는 1287년에

저술했지만, 초간이 나온 것은 1295~6년이라고 하니, 저술되고 나서 8~9년 뒤에 간행되었다고 할 수 있다.

물론 『제왕운기』는 1295~6년에 왕명으로 출간되었으며, 충렬왕이 관심을 쏟은 책이었으니 당시 관리들 사이에는 널리 읽혔던 것 같다. 그리고 이 책이 중간된 것은 1360년(공민왕 9년)이었고, 이 중간본은 그 후 여러 번 간행되었다고 하니, 지속적으로 널리 읽혀 왔음을 확인할 수 있을 듯하다. 더욱이 『제왕운기』에 대한 관심은 고려시대에만 국한된 것이 아니고, 조선조에 들어 와서도 끊이지 않아 1417년(태종 17년)에는 3판이 나왔다.

그리고 3판을 내는 데 주도적인 역할을 담당했던 이지는 이 3판의 「발문」에서, "『제왕운기』는 개판한 지가 오래 되어 흐릿한 판이 간혹 있으므로 베껴내는 이가 끊어졌다. … 이상국지강李相國之剛이 이 이야기를 듣고 탄식하며 보교할 뜻을 가졌다. 부윤府尹 이상국승간李相國承幹, 판관判官 반군영潘君泳이 이 책을 나에게 구하기에 공인을 시켜 판을 새겨 몸소 감독해 며칠 만에 전서로 다시 보게 되었으니, 어찌 경세지군자에게 도움됨이 없으리오."라고 했던 것으로 보면, 당시 책깨나 읽는다고 하는 사람들은 이 책을 갖고 싶어 했고 또 읽고 싶어 했던 것 같다.

그러면 이승휴가 저술한 『제왕운기』는 어떤 종류의 책인가를 설명해야 할 단계에 이른 것 같다.

우선 어떤 사람이 이승휴에게 힐난조로 묻기를, "그대가 편수한 『제왕운기』는 모두 7언으로 서술하다가 본조(고려조) 대문에 와서는 5언으로 한 것은 무슨 까닭이냐?"고 했을 때, 이승휴는 답하기를, "시작은 5언으로 하여 마친 것은 7언으로 했다. 지금 제작한 뜻이 본조에서 일어났으므로, 일어난 바를 시초로 해서 마친 것이니, 이는 대저 공부자가 『춘추春秋』를 수찬한 뜻인 것이다."라고 했다(하현강, '이승휴의 사학사상연구', 진성규·김경수 편, 앞의 책, 304쪽).

우리는 이 글을 통해서『제왕운기』를 저술한 이승휴의 직접적인 동기는 본조인 고려 왕조에 있었음을 알 수 있다. 특히 이승휴가『제왕운기』의 저술을 공자가『춘추』를 저술한 것과 비교하고 있는 데서 그러한 사실은 더욱 분명해진다. 이승휴가『제왕운기』를 저술하면서 중심 과제를 삼은 것은 고려의 역사였다. 그러나『제왕운기』의 내용을 보면 고려조의 역사에만 국한되어 있지 않았고, 중국의 역사와 동국(한국)의 역사를 함께 다루고 있다.

『제왕운기』는 상·하권으로 구성되어 있다. 상권에서는 상고시대부터 남송 대에 이르기까지의 중국 역대 왕조의 흥망성쇠를 개관했고, 하권에서는「동국군왕개국연대東國君王開國年代」와「본조군왕세계연대本朝君王世系年代」두 부분으로 나누어서 서술하였다.「동국군왕개국연대」는 단군의 개국으로부터 발해에 이르기까지 우리 역대 왕조의 흥망성쇠를 개관했고,「본조군왕세계연대」는 고려 왕실의 원조遠祖인 성골장군聖骨將軍의 행적으로부터 충렬왕 대에 이르기까지의 중요한 역사적 사실을 다루고 있다.

이러하기에『제왕운기』는 고려 왕조의 역사만을 다루고 있는 역사서들과는 그 내용이 다르다. 예를 들면,『삼국유사三國遺事』는 삼국 및 통일신라까지의 남겨진 유루遺漏의 역사적 사실들을 찾아서 수록하는 것이 주된 목적이었다. 다시 말해서『삼국유사』의 저자인 일연一然의 역사적 관심은 고려 왕조에 있는 것이 아니었다. 고려 이전의 역사적 사실에 대한 관심에서 서술한 것이『삼국유사』였다. 이렇게 볼 때,『제왕운기』와『삼국유사』는 저술 동기 면에서 차이점을 찾아볼 수 있다(하현강, 앞의 글, 진성규·김경수 편, 앞의 책, 306쪽 참조).

그러면 이승휴가『제왕운기』를 저술했던 의도는 고려 왕조를 올바로

이해시키자는 데서 이루어진 것이었는데, 어찌해서 중국의 역사와 동국
(한국)의 역사도 함께 다루고 있는 것일까? 아마도 그것은 고려의 역사를
중국과 동국의 역사들과 대비해서 읽을 때 이해하기 쉽다고 보았기 때
문이었던 것 같다.

　이승휴는 충렬왕에게 올린 「제왕운기진정인표帝王韻紀進呈引表」에서 다
음과 같이 기록하고 있다.

> "쉴새 없이 흐르는 세월에 문득 생각하오니 오직 이 놀랍잖은 글, 이
> 것은 제 평생의 일이옵고 변변치 않은 것이옵니다만, 임금님을 그리워
> 함에 있어서 조금이라도 도움이 되도록 펴본 것이옵니다.
> 　그리하여 옛날부터 지금까지 황제들이 이어온 역사, 즉 중국은 반고
> 盤古로부터 금金까지, 동국은 단군으로부터 우리 본조本朝까지의 그 시작
> 한 근원을 책에서 두루 찾아내어 같고 틀림을 비교하고, 그 요긴함을
> 추려 풍영諷詠으로 글을 이루었사온데, 그 서로 이어지고 주고받으며
> 일어남이 보기 좋고 알기 쉽게 되었사옵니다. 대체로 읽어 이루어 말
> 씀드리는 바는, 마음에 드는 것으로써 취하고 버리시옵소서.
> 　엎드려 바라옵기는 성지聖知를 넉넉히 미루시어 백성들에게 버리지
> 말게 하시고, 잠깐 밝으신 마음을 빌리시어 읽어 보심을 허락하시고,
> 세상에 시행하셔서 뒷사람을 위한 권계勸戒가 되었으면 하옵니다(위의 글,
> 위의 책, 306쪽)."

　위의 글을 통해서 우리는 몇 가지 사실을 확인해 볼 수 있다. 첫째로,
이승휴는 충렬왕이 『제왕운기』를 읽고 어진 정치를 펴나가는 데 도움
이 되게 이 책을 저술했다. 모름지기 국왕이 어진 정치를 하려면 본조의
역사 뿐 아니라, 중국과 동국의 역대 왕국의 흥망지사를 잘 알아야 한다
고 믿었기에 중국과 동국의 역사들도 함께 기술했다.

　둘째로, 이승휴는 일차적으로는 충렬왕이 읽어서 권계로 삼기를 바랐
지만 관료들이나 백성들도 이 책을 읽어서 권계로 삼았으면 하는 바람

도 있었다. 충렬왕만이 읽기를 바랐더라면 상소上疏의 형식을 취해도 되었을 터인데, 저술의 형태를 취한 것은 관료나 백성에게도 읽히고 싶은 마음이 간절했기 때문이었다. 관료나 백성도 함께 읽었을 때 권계의 효과가 크리라는 사실을 이승휴가 몰랐을리 없었다.

셋째로, 이승휴는 역사인식의 바탕을 충의忠義에 두고 있었다. 올바른 충의란 신하나 백성들의 맹목적인 추종을 통해서가 아니라, 국왕의 덕치 내지 선정을 통한 자발적인 복종일 때 비로소 다져질 수 있음을 이승휴는 인식하고 있었다. 요컨대 이승휴는 충의와 권계주의에 입각해서 중국과 동국의 역사적 사실들 중에서 교훈이 될만한 내용들을 간추려서 책으로 엮어냈고, 이 책을 충렬왕은 물론 신하와 백성들도 함께 읽기를 원했던 것이다.

Ⅲ. 『제왕운기』가 한국 사학계에 끼친 공헌

무엇보다도 이승휴가 우리 사학계에 안겨준 으뜸가는 공헌은 『제왕운기』의 하권에서 우리 민족의 자주성 내지 주체성을 강하게 주장했다는 점이다. 이는 오랫동안 지녀온 중화주의中華主義 역사인식에서 탈피하여 고려 왕조의 근원이 자주적이고 주체적임을 밝혀 보자는 데서 비롯된 일이 아닌가 싶다.

『제왕운기』의 하권 서두에

요동에 별천지 있으니,
중조中朝와 확연히 구분되며
큰 파도 넓은 바다(洪濤萬頃)가 삼면을 둘러쌌고

> 북녘에 대륙 있어 실같이 가늘게 이어진 땅,
> 가운데 중방천리 여기가 조선이라오.

라고 시작하고 있다. 이승휴는 우리 민족이 중국과는 확연히 구분되는
땅 별천지에서 독자적으로 나라를 세워 살아왔음을 강조했다(박두포, '제왕
운기 小攷 其一', 진성규·김경수 편, 앞의 책, 58쪽).

 그런가 하면,

> 처음에 어느 뉘 나라를 세웠던고
> 그 이름 석제釋帝의 손 단군님이지.
> 요堯와 같은 해 무진년에 나라 세워

라고 하여, 국조 단군이 요나라의 건국과 같은 해인 무진년에 나라를
세웠다고 주장하면서, 우리와 중국의 건국이 대등하다고 밝히고 있다.
정치적으로나 문화적으로나 중화주의가 팽배하던 시기에 우리 민족의
건국이 중국과 대등하다고 주장한 것은 실로 놀라운 일이었다. 따지고
보면 우리 민족의 자주성 내지 주체성을 논리적으로 강조하려면 첫 단
추부터 제대로 끼워야겠다는 야무진 각오에서 우러나온 주장이 아니었
던가 생각된다.

 뿐만 아니라 우리 역사 속에서 가장 먼저 개국한 군왕으로 단군을 들
고 있으며, 이러한 까닭에 "시라尸羅(신라), 고례高禮(고구려), 남북옥저南北沃
沮, 동북부여東北扶餘, 예濊, 맥貊은 모두 단군의 자손이다."라고 하면서
우리 역사의 전승관계를 설명하고 있다. 우리는 여기서 이승휴가 민족
의 공동시조로서 단군을 명확히 밝히고 있음에 주목할 필요가 있다.

 단군을 우리 민족의 공동시조로 하여 우리 역사의 전개과정을 체계적
으로 파악해 보려는 이승휴의 태도는 우리 사학사상 매우 중요한 의미

를 갖는다. 왜냐하면 이승휴가 이런 일을 처음으로 체계화했기 때문이다(하현강, 앞의 글, 진성규·김경수 편, 앞의 책, 318쪽).

이미 알고 있다시피 『제왕운기』와 거의 같은 시대에 저술된 『삼국유사』에도 그 첫머리에 단군에 관한 기사가 실려 있다. 그러나 『삼국유사』는 단군과 그 뒤의 여러 왕조들과의 역사계승 문제를 전혀 고려하고 있지 않다(하현강, '고려시대 역사 계승의식', 『이화사학연구』 8, 1975 ; 하현강, 위의 글, 위의 책, 318~319쪽 주14 참조).

다음으로 주목해야 할 사실은 단군조선과 기자조선과의 관계를 이승휴는 명확하게 정리하고 있다는 것이다. 우선 『제왕운기』 하권, 「동국군왕개국연대」의 내용부터 살펴보자.

> 주나라 무왕, 그 원년 기묘년 봄에
> 망명해 와 스스로 나라를 세우더라.
> 주무왕이 멀리서 인끈을 보내오니
> 예로써 갚으려고 찾아가 볼 적에
> 홍범구주洪範九疇와 인륜을 낱낱이 물어오더라.
> 41대 손 이름은 준準이라
> 남에게 나라 잃고 백성마저 앗겼도다.
> 928년 오랜 세월 다스리니
> 기자의 남긴 순풍淳風 찬연히 전하는구나.
> 나라 잃은 준왕準王은 금마도로 옮겨 앉아
> 도읍 이뤄 또 다시 임금이 되었도다.
> (박두포, '제왕운기 小敍 其一', 진성규·김경수 편, 앞의 책, 60쪽).

우리 민족의 공동시조로 단군을 인식하고 있는 이승휴는 단군과 기자箕子의 관계를 명백하게 밝혔다. 그는 전조선(단군조선)에서 후조선(기자조선)으로의 역사계승 관계에 대해서는 언급하지 않았다. 오히려 기자조선이 단군조선의 전통을 이어받은 왕조로 생각하고 있지 않았다. 후조선의 기자 관련 기사에 붙어있는 잔주에 따르면 기자의 후조선은 중국 주나라 제후국이었던 것으로 인식하고 있었던 것 같다.

즉 "주무왕周武王이 기자를 가두자, 그는 조선으로 달아나서 나라를 세웠다. 무왕이 얘기를 듣고서 제후로 봉했다. 기자가 수봉受封하고는 신례臣禮를 하지 않을 수 없어서 사례하기 위해 들어가서 뵈었다."는 잔주의 내용을 싣고 있는 것이다(하현강, 앞의 글, 진성규·김경수 편, 앞의 책, 319쪽).

「동국군왕개국연대」의 서두에서 이미 우리 민족이 거주하고 있는 강역疆域은 중조와 두연히 구분되고 있는 것으로 인식하고 있었다. 그런 까닭에 이승휴는 중조의 제후국인 기자의 후조선을 단군조선의 정통正統을 이어받은 왕조로 생각하지 않았다. 이승휴가 역사의 발전과정을 우리 민족 중심으로 인식하려는 주체적인 시각을 갖고 있었다면, 이는 당연히 제기할 수 있는 문제였다. 이승휴는 중국 역대 왕조의 정통계승에 관해서 나름대로의 견해, 말하자면 강역의 현실적인 지배가 정통성의 근원이라는 생각을 가지고 있었다. 그렇지만 단군조선과 기자조선의 정통계승에 관해서는 스스로의 견해를 유보한 채, 단지 역사적인 사실의 전후만을 명시했던 것이다.

한 걸음 더 나아가서, 이승휴는 후조선인 기자조선의 정통계승 문제에 있어서 위만조선衛滿朝鮮을 기자조선의 정통을 계승한 왕조로 여기지 않았다. 우선 이승휴가 고조선을 전조선과 후조선(기자조선)으로 구분하고 있는 데서도 위만조선이 끼어들 여지가 없었지만, 그는 위만조선의 정통성은 전혀 인정하려 하지 않았다. 『제왕운기』의 「동국군왕개국연대」에서 밝힌 내용을 살펴보면 이 점을 분명하게 확인할 수 있다.

한 나라 장수 위만이 연 땅에 나서

고제高帝 12년 병오년丙午年에
준準을 쫓고 그 나라 앗았도다.
손자 우거右渠 때라 그 허물들 쌓이더니
한무제 원봉元封 3년 계유되던 해
군사 풀어 보내 이를 토벌하였구나.
나라 지탱하기 겨우 3대에 88년
조국 등지고 준을 내쫓은 당연한 갚음.

(박두포, '제왕운기 小攷 其一', 진성규·김경수 편, 앞의 책, 60~61쪽).

위의 기술 내용을 살펴보면, "한무제 원봉 3년 계유되던 해에 군사를 풀어 보내 이를 토벌했다."라는 기사 아래에, "국인이 우거를 죽이고 군사를 환영했다(國人殺右渠迎師)."고 잔주로 부기한 것을 보면, 이승휴는 위만을 좋지 않게 보고 있음을 확인할 수 있다(위의 글, 60쪽 참조). 요컨대 이승휴는 위만이 자기 조국인 한漢을 배반하고 준을 내쫓고 나라를 빼앗은 일 때문에, 그 왕조가 정통성을 지닐 수 없다는 태도를 취하고 있었다(하현강, 앞의 글, 진성규·김경수 편, 앞의 책, 321쪽).

이승휴가 고조선에 대한 역사고찰에서 보여준 정통관은 중국 왕조들에 대한 그의 정통관과는 큰 차이가 있다. 그가 중국의 역대 왕조를 보는 데 채택한 정통관의 기준을 고조선 그대로 적용했더라면 아무런 어려움이 없었을 것이다. 그가 단군조선을 동국 최초의 정통왕조로 인식하고 있는 이상, 그 강역을 그대로 이어 받은 기자조선과 위만조선은 정통왕조로 인정받아도 좋았다. 그러나 앞서 언급했듯이, 그가 중국에 적용했던 정통성의 기준과 고조선에 적용했던 정통성의 기준은 서로 달랐다.

중국에 적용했던 정통성의 기준은 그 강역의 현실적인 지배였지만, 고조선에 적용했던 정통성의 기준은 강역을 지배하고 있다는 사실보다는 민족관과 유교적인 가치관이었다. 따라서 중국의 한족이 주체였던 기자조선과 위만조선을 우리나라의 정통왕조로 받아들일 수는 없었다. 그러나 기자조선은 침략이 아니라 망명해서 세운 왕조였고, 그나마 예절을 숭상하고 있었으므로 그 존재는 인정했다. 반면에 위만조선은 우리를 침략하고 권력을 탈취해서 세운 한민족의 왕조였으니, 그 정통성은 고사하고 그 존재 자체도 인정하지 않았다.

Ⅳ. 한사군과 삼한에 대한 이승휴의 역사인식

다음으로 한사군과 삼한에 대한 이승휴의 역사인식을 살펴보기로 하자. 우선 『제왕운기』 하권 「동국군왕개국연대」를 살펴보면,

> 이리하여 땅을 갈라 4군을 두어
> 각 군에 장을 두고 민정을 돌보더라.
> 진번眞蕃 임둔臨屯은 남북에 있고
> 낙랑樂浪 현토玄菟는 동북에 치우쳤도다.
> 서로 시비 터니 정리는 끊어지고
> 풍속은 박해져서 백성은 불안터라.
> 수시로 합산合散하고 부침할 제
> 자연히 분계 되어 삼한三韓이 이뤄졌다.
>
> (동다)
>
> 각자 칭국稱國하며 다툼질하고
> 수여數余 70여 그 이름 어찌 다 밝혀지리.
> 그 중에 어느 것이 큰 나라였던고
> 첫째로 부여와 비류국이 떨치었고.
> 뒤이어 신라와 고구려며

남북의 옥저沃沮와 예穢 맥脈이 따르더라.
이들의 군장들 묻지 마라 그 조상을
모두 모두 단군의 한 핏줄기.

(중략)

진한辰韓 마한馬韓 변한弁韓 사람 솥발같이 마주 서더니
신라·백제·고구려 잇따라 일어났다.
제대로 나눠 군을 이뤄 신라가 일 때까지
연수를 헤아리니 72년 틀림없네.

(박두포, 앞의 글, 진성규·김경수 편, 앞의 책, 61~62쪽).

위에서 밝힌 바대로 이승휴는 부여·비류·신라·고구려·옥저·
예·맥 등이 모두 삼한 땅에서 일어난 것으로 보고 있다. 또한 그는 고
조선·한사군·삼한 등이 같은 강역을 발판으로 삼았던 것으로 인식하
고 있다. 이러한 나라의 군장들이 모두 단군의 후손이라고 인식하게 된
것도 이러한 인식과 무관하지 않았다. 그러나 어찌 되었든 이승휴가 단
군을 우리 민족의 공동시조로 인식하고, 이를 다시 강조하고 있는 점이
주목된다.

V. 삼국과 후삼국에 대한 이승휴의 역사인식

우선 『제왕운기』 하권 「동국군왕세계연대」에 기술되어 있는 내용부
터 살펴보자.

한선제漢宣帝 오봉五鳳이라 그 원년 갑자에
진한 땅에 개국하여 강계疆界를 정했구나.
풍속은 순미하고 곳곳이 태평하니

회황상세義皇上世 이때이니 무엇을 더 바라리.
조야가 서로 공경하니 속임질 전혀 없고
남녀는 화락하며 좌우로 길을 나누도다.
다닐 때 식량 가짐 없고 문 닫는 법 전혀 없네.
화조월석花朝月夕 좋은 시절 손잡고 놀고 놀아
별곡 가사 노래들을 마음대로 지어 읊다.

(중략)

29대라 춘추왕春秋王은
당나라에 청병하여 제려濟麗를 아우르며
유신김공庾信金公은 여기에 공신되고
묘한 병서兵書 손에 얻어 무예에 밝았도다.
문명文名은 어느 누가 중화에서 떨쳤던고
청하공淸河公 최치원崔致遠이 사방으로 이름 날렸다네.
불도에는 원효元曉와 의상義湘이 있어 큰 스님 되니,
깨달은 마음 고불古佛과 부합되네.
큰 선비 설총薛聰님은 이두문자 지어내어
속언俗言과 방언方言까지 문자로 적게 되네.
성현들이 모여 들어 군君을 돕고 정사하니
무지한 천민들이 행하느니 예법이라.
연면하고 오랜 살림 차차로 쇠해가며
궁예弓裔와 견훤甄萱들이 주인 보고 덤비더니
민심이 흉흉하여 돌아갈 곳 어디메요
김부金傅 대왕 잘 했도다 나라 대계
후당 말제 청태淸泰 2년,
을미라 중동철에 아태조에 조공터라.

(중략)

992년 기나긴 천년 세월
56왕 법도를 잘 지켜
지금까지 남은 경사 오히려 끝이 없고
난대봉鸞臺鳳 후손들이 그 영화 이어 받네.
구민할 힘없음 스스로 안 신의 두텁건만

탄식하노라 이 사람은 왕에서 신하된 사연
개벽 이래 많은 사적史籍 찾고 또 찾아도
만유천고 이런 예例 어데서 얻어 볼꼬.

여조麗朝 성은 고요 시호諡號는 동명이라
활 잘 쏘는 그 솜씨로 주몽이 그 이름
부는 해모수解慕漱 그 모는 유화柳花인데
황천皇天의 손 하백河伯의 외손이더라.
부는 청궁으로 소식조차 둔절하고
모는 우발수優渤水 맑은 물가 서성대었다.
부여국 왕자 그 이름 금와金蛙님은
별관 지어 그녀를 모셨더니
닷 되들이 알 하나를 좌협左脇에 낳아 놓아
흐린 날에 사내 아해 깨여나도다.
어린 것 수개월에 말들이 잘 통하고
차차로 커 가매 재기才氣 뛰어나더라.

(중략)

한나라 원제 때 건소建昭 2년 갑신이라
마한 땅 왕검성에 나라 살림 시작하니
하느님이 사람 시켜 궁궐을 지었도다.

(중략)

비류국왕 송양松讓이란 분
개국 선후 점잖게 다투어 오다
큰 비 퍼붓게 하여 표몰漂沒 임의로 하니
거국하여 내부來附하고 충성을 다 하더라.
천상을 왕래하며 어진 정사 달통한데
조천석朝天石 19년 9개월에
승천하고 가신 자취 아득하니
성자 유리類利 달려 와서 왕위를 이어시고
남기신 옥편玉鞭으로 무덤을 이룩터라.
자손들 번성하고 대대로 다스리니

때때로 강수江水와 맑음을 다툴레라.
개소문이란 자 나올 기회 잘도 타서,
영색佞色과 교언巧言으로 총신寵臣이 되었더니
어지러이 국권을 농간터라.
방편으로 양정신하良正臣下 함부로 죽이기와
중외 천권擅權하기 날로 날로 심해지니
백성은 도탄으로 나라가 기울었다.

(중략)

신라왕이 왕사王師를 주걸奏乞터니
이적李勣이 그 행군을 뉘라서 막을소냐
선봉군성 한 번이니 달아나기 바쁘구나.
역년을 헤아리니 모두가 28왕
705년 대체로 편안했다.
그 후 200하고 31년
신라인이 그의 땅을 차지하더라.

(중략)

신라왕 경문景文 서자를 낳았더니
아기 이(齒)가 두 겹으로 목에는 군소리
해군害君할 상 분명하여 집에서 쫓아내니,
흥교사에 자리 잡아 재齋에 나다닐 때

(중략)

까마귀는 무엇을 그릇에 물어다 놓는구나
살펴보니 왕자王字 새겨진 황아黃牙의 사슬(鐵)
속으로 귀이하나 감추어 주고 발설치 않으니
흉간한 마음 숨기고 감추더라.
이름은 선종善宗인데 궁예로 개명터니
양길梁吉에게 투신터라.
당나라 소제 대순원년大順元年 경술년에
후고구려라 이름 짓고 왕기를 세웠도다.
처음에는 신라땅 벽지에 모이더니

굴러 굴러 철원 땅에 나라 세웠도다.
양梁나라 정명 4년 무인戊寅에 이르러
등극한 지 28년 광음光陰 지나,
폭정이 우심하고 못할 일 없더니
우리 태조께 만백성이 돌아왔도다.

백제 시조 그 이름은 온조溫祚요
동명성왕 아들이 분명하나.
그 형 유리類利 달려와서 왕위에 오르니,
마음이 편틀 못해 남으로 옮겼도다.
한 나라 성제成帝 홍가鴻嘉 3년 계묘라,
변한 땅 개국하니 들은 넓고 기름지며,
천시와 지리 인화를 함께 얻었으니,
경영부일經營不日에 천관千官이 구비터라.

(중략)

날들이 가고 차서 의자왕義慈王이 위에 올라,
성색聲色을 못내 겨워 왕의 법도를 잃었도다.
당나라 고종 현경顯慶 5년 경신이라.
신라왕 당군을 청해 와 쳐들어 갈새
소정방蘇定方이 분부하여 웅천 사비泗沘에 내려가,
수륙에서 비 같은 시석矢石 퍼부었네.
수다한 궁녀들은 청류로 떨어지고,
낙화암만 대왕포大王浦에 우뚝이 솟았구나.
돌아보니 600하고 78년
34왕 천복을 누리셨네.
그 후 222동안
신라인 주인이 되었구나.

상주땅 가은현 사람 아자개阿慈介.
한 아들 낳아서 농장에서 일을 할 제,
밭머리에 아해 두고 부부는 밭 가는데.

새가 와서 덮어 주고 범이 와서 젖먹이더라.

장년되어 신라 벼슬 다닐 즈음,

재력이 뛰어나고 성품은 사나운 범.

(중략)

큰 뜻 속에 품고 때오기만 엿보니,

선비 모으고 백성 꼬내기에 일심이더라.

당나라 소종昭宗 경복景福 원년 임자라,

무진성武珍城에 의거해서 왕이 되니,

병강하고 기예氣銳하여 마음대로 횡행터라.

후백제라 이름한 지 45년,

자식이 불량하니 이 일을 어이하리,

그 이름 신검인데 아비를 가두니

금산사 불전문佛殿門을 어느 누가 열어줄까,

넓고 꽃다운 천지간에 촌보도 불능터니,

청태淸泰 3년 병신춘에

파란강 건너서 우리 태조께 돌아왔네.

왕례로 그를 맞아 조정에서 위로하고

모지고 나쁜 자식 군사 풀어 죽였도다.

(박두포, '제왕운기 小攷 其一─東國君主開國年代에 대하여─', 진성규·김경수 편, 앞의 책,
60~70쪽 참조).

우선 신라에 관한 기록을 살펴보자. 처음에 시조인 박혁거세와 석昔
씨·김씨 시조의 신이한 탄생과 왕위 상승相承의 일들을 설명하고 난
다음, 1,000년 동안 번성했던 나라 사정을 노래했다. 말하자면 춘추왕(무
열왕)의 여제麗濟 평정, 김유신의 무예, 최치원의 문장, 원효·의상의 불
도, 설총의 이두 등 신라문화의 우수성을 읊고 있다.

그러나 해가 뜨면 기울듯 1,000년의 왕업도 쇠해 가서 궁예나 견훤같
은 반역자들이 나타나서 질서를 무너뜨리니, 민생은 도탄에 빠져서 나
라를 유지할 수 없는 지경에 이르렀다. 그나마 다행인 것은 신라 경순왕

敬順王이 신라의 천 년 사직을 고려 태조에게 양도한 것이다. 그 결과 전조의 백관들이 핍박받지 않고 대우받을 수 있었다고 이를 찬양했다. 그런가 하면 왕이 신하된 전례 없는 역사를 슬퍼하는 설명도 잊지 않았다.

이승휴의 「신라기新羅紀」에서 우리가 확인할 수 있는 것은 첫째로, 삼한시대의 제군장들이 단군의 후예라고 했듯이, 신라의 군왕들도 모두가 단군의 일족이라고 밝히고 있다는 점이다. 둘째는, 덕을 쌓은 사람이라야 군왕이 될 수 있다는 덕치주의에 입각한 왕도사상을 주장하고 있다는 점이다. 그것은 경순왕(金傅)이 민정을 수습할 수 없음을 스스로 알고 유덕자有德者인 고려 태조에게 왕위를 자진 양도했다는 사실을 극구 찬양한 데서도 확인해 볼 수 있다.

이승휴는 「고구려기高句麗紀」를 통해서 고구려 28왕 705년간의 역사를 읊었다. 앞머리에서는 그 시조인 동명왕(高朱蒙)의 신이한 출생·성장·남도·입국·승천, 그리고 유리의 사위담嗣位譚 등을 순서대로 읊었다. 주몽은 황천의 아들 해모수解慕漱로 말미암아 잉태한 하백河伯의 딸 유화柳花를 어머니로, 부여왕 금와金蛙의 궁정에서 알(卵)로 태어났다. 그는 비상한 재주로 인하여 부여왕(金蛙)의 태자인 대소帶素의 시기를 받았다. 큰 뜻을 품고 부여를 떠난 주몽은 남쪽으로 내려올 때 개사수盖斯水를 물고기들이 만들어 준 다리로 무사히 건넜고, 한원제 건소 2년에 왕검성에서 고구려를 개국했다. 주몽은 천정天政을 베풀다가 재위 19년 9개월에 승천했다. 이때 북부여에 있던 유리가 달려와서 왕위를 이어받으니, 자손이 흥성하고 대대로 나라를 잘 다스렸다는 것이다.

이렇듯 강성했던 고구려도 말년에 이르러서는 쇠퇴해서 멸망의 길을 걸었다. 그 원인은 연개소문淵蓋蘇文이 달콤하고 요사한 말(令色巧言)과 농간으로 국권을 잡고 어진 신하들을 함부로 죽이는 횡포와, 보장왕寶藏王의 거듭된 실정에 있었다. 결국 나라는 어지러워지고 민생은 도탄의 위기에 처했는데, 신라왕이 끌어들인 당의 이적군李勣軍으로 말미암아 결국 패망했다고 결론지었다. 여기서 이승휴가 강조하고 있는 점은 보장왕과 같은 부덕한 왕이나 연개소문 같은 권력을 탐하는 총신이 국정을 도맡으면 그 나라는 망할 수밖에 없다는 덕치주의적 역사관을 펼치고 있음을 확인할 수 있다.

그리고 「후고구려기後高句麗紀」를 기록하고 있는데, 궁예弓裔가 나라를 세워서 후고구려라고 일컬었기 때문에 「후고구려기後高句麗紀」라고 표현했음을 밝혀둔다. 궁예는 28년간 후고구려의 왕으로 자임해 오다가 고려 태조에게 왕위를 바친 내용을 적고 있다.

궁예는 신라 경문왕景文王의 서자로 태어나 이(齒)가 두 겹에 목에서는 군소리(附聲)가 나서 흉상이라 하여 쫓겨나 절간에서 숨어 살았다. 그 후에 왕자주王字柱(왕자가 새겨진 황아의 막대기)를 까마귀로부터 얻어 야심을 품고, 처음에는 북원성北原城 양길梁吉의 부하로 있다가 나중에 철원 땅에서 왕기를 꽂았다. 그러나 혹독하고 포악한 작태 때문에 백성을 잃고 고려 태조에게 쫓겨났다는 것이다. 여기서 우리는 흉악한 왕(凶王), 즉 부덕한 왕(不德王)은 잠시 동안은 일어날 수 있지만, 머지 않아 망하게 된다는 덕치주의 사관을 다시 한 번 엿볼 수 있다.

이승휴는 「백제기百濟紀」에서 백제 34왕, 678년간의 역사를 읊고 있다. 백제 시조 온조왕溫祚王은 고구려에서 유리가 왕이 되는 데 불평을 품고 남쪽으로 내려와 개국한 것이 백제였다. 그는 개국하면서 천시·지리·인화를 바탕으로 선정을 베풀었고, 그의 뒤를 이은 왕들도 왕업을 잘 이어 나왔다. 하지만 의자왕은 주색을 즐기는 실정으로 신라왕이 불러들인 당나라 소정방 군사에게 몰려 대왕포 낙화암의 비사를 남기고 끝을 맺었다는 줄거리이다. 물론 여기서도 부덕한 왕은 망할 수밖에 없다는 이승휴의 덕치주의 사관을 다시 엿볼 수 있다.

이승휴의 「후백제기後百濟紀」를 살펴보기로 하자. 후백제왕 견훤甄萱은 농부의 아들이었는데, 어릴 적에 밭가에 눕혀 놓았더니 새가 와서 날개로 덮어 주고 범이 와서 젖을 먹여주던 비상한 사람이었다. 성장하면서 뛰어난 재질과 성품을 드러냈으며, 선비를 거느리고 백성들을 끌어들여 열성으로 건국했다. 그렇지만 못된 자식인 신검神劍이 모반해서 아버지를 잡아 가두니, 고려 태조에게 귀의하여 신검을 잡아 죽인들 시원할리 만무해서 피를 토하고 죽기 전에 신라 경순왕의 뒤를 따라 고려 태조에게 왕조를 바쳤다는 것이다.

삼국사에 대한 이승휴의 역사인식을 살펴보고 나서 몇 가지만 지적하고 넘어가야 할 것 같다. 첫째는, 누누이 강조했듯이 부덕한 군주는 나라를 올바로 이끌어갈 수 없고 반드시 패망할 수밖에 없다는 사실이다. 둘째는, 신라와 고구려, 그리고 백제에 대해서는 그 정통성을 인정하고 있지만, 궁예의 후고구려나 견훤의 후백제에 대해서는 정통성을 인정하고 있지 않다는 점이다.

셋째는 아쉬운 점인데, 같은 종족인 이웃 나라를 타도하기 위해 당나라의 군사를 끌어들인 신라의 외교정책에 대한 비판이 없었다는 점이다. 같은 종족끼리의 투쟁에서 설사 실패하는 한이 있더라도 외세를 끌어들이는 잘못만은 저지르지 말아야 하지 않겠는가? 같은 종족끼리의 싸움에서 패하더라도 우리 종족의 힘은 이어갈 수 있지만, 외세를 끌어들여서 동족인 이웃 나라를 타도해 버리면, 결국 우리 종족의 힘을 약화시키는 결과를 초래시킴을 왜 지적하지 않았는지 아쉬움을 느끼지 않을 수 없다.

그리고 한 마디만 더 곁들인다면 수·당의 침공에 맞서 싸워 그들을 패퇴시켰던 빛나는 우리 역사에 대한 설명이 없다는 점이다. 우리의 5천년 역사 속에서 우리 민족의 자주성과 주체성을 확인시킬 수 있는 중요한 근거로 제시해 볼 수 있는 것이 수·당과의 전쟁에서의 승리였다.
이승휴가 『제왕운기』를 저술해 낸 중요한 동기 중의 하나는 우리 민족
의 자주성과 주체성을 강조하기 위함이었는데, 어찌해서 수·당과의 전
쟁에 관해서는 언급이 없는지 안타까움을 지워버릴 수가 없다.

VI. 발해渤海에 대한 이승휴의 역사인식

우선 『제왕운기』 하권 「동국군왕개국연대」에 실려 있는 「발해기」의
내용부터 살펴보기로 하자.

> 전고구려 구장舊將 대조영大祚榮
> 태백산太白山 남녘 성에 자리 잡아,
> 주나라 측천무후則天武后 그 원년 갑신에,
> 개국하여 이름지어 발해로 일컫더라.
> 아태조我太祖 8년 을유乙酉에
> 온 나라 손잡고 우리 서울 찾았구나.
> 이런 기를 먼저 알아 귀부歸附한 이 뉘시인고,
> 예부경禮部卿, 대화균大和鈞과
> 사정경司政卿 대리저大理著라.
> 역년歷年 242년,
> 그간에 몇 임금이 수성守成을 잘했던고.
> (위의 글, 70쪽).

이승휴는 발해사를 아주 간략하게 압축해서 설명하고 있다. 전고구려
유장인 대조영이 태백산 남성에서 건국해서 발해라 이름 짓고 백성을
다스려 오다가, 고려 태조 8년에 온 나라 백성들을 이끌고 찾아오기까

지 240여 년간의 긴 역사를 모두 10구句의 간략한 노래로 읊어서 「동국
군왕개국연대」의 대단원을 짓고 있다. 단지 10구의 간단한 시로 이루어
져 있으니, 안타까움을 느끼지 않을 수 없다.

무엇보다 발해를 설명한 자구字句 수를 신라·고구려·백제에 관한
기록의 자구 수와 비교하거나, 후고구려나 후백제에 관한 기록의 자구
수와 비교해 보면 더욱 아쉬움을 느끼게 된다. 발해의 역사는 240여 년
에 이르는데, 2~30년에 끝난 후고구려나 후백제와 대등하게 다루었기
때문이다. 발해의 위상에 걸맞게 역사 기록에도 더 충실했어야 옳지 않
겠느냐는 생각이다.

우선 이 「발해기」에서 한두 가지 밝히고 넘어가야 할 사실이 있다.
첫째로, "태백산 남녘 성에 자리 잡아 개국하여 이름 지어 발해로 일컫
더라."라는 구절 중의 태백산은 지금 우리 한국의 태백산이 아닌가 하
고 오해할 소지가 있다는 점이다. 분명히 밝혀 두지만 「발해기」에 기록
되고 있는 태백산은 지금의 한국 태백산을 일컫는 것이 아니라 중국의
영주營州로부터 동쪽으로 400리쯤 떨어져 있는 곳에 있다. 이 구절의 뒤
에 실려 있는 주석에도, "발해 본거지는 말갈족이 살고 있던 영주 동쪽
이라."고 밝히고 있다(위의 글, 70쪽). 지금의 지명으로 말하면 하얼빈哈爾濱
동쪽을 가리키고 있는데, 이를 인식할 필요가 있다는 것이다.

만약 이를 강원도에 있는 태백산으로 인식한다면, 발해는 우리 역사
의 강역을 지난날의 구고구려로까지 넓히는 것이 아니라, 우리 역사의
강역을 오히려 좁히는 결과를 낳게 될 것이다. 분명히 발해는 고구려가
강성했던 때의 강역을 발판으로 삼아 수립된 나라였음을 인식할 필요가
있다. 발해는 강성했던 고구려의 강역을 발판으로 삼은 나라였기에, 그
역사가 한국역사 속으로 편입되기를 바라는 것이다.

둘째로, 발해를 세우는 데 중심적 역할을 담당했던 사람들은 구고구

려의 장수였던 대중상大仲象과 그의 아들 대조영大祚榮이었고, 그 두 사람을 도와 고구려 유지를 받들어 발해를 세우는 데 협력했던 사람들은 고구려의 유민이었다는 사실이다. 당시 당나라의 지배와 핍박으로부터 벗어나는 데 거란족의 도움을 받은 것은 사실이나 발해의 백성들은 고구려 유민들이 주류를 이루고 있었다. 발해를 건국한 사람들이 고구려의 유장이었고, 발해 백성들의 주류가 고구려 유민이었다면, 발해는 고구려의 후신이고 우리의 역사임은 두말할 나위 없다.

셋째로, 240여 년간 유지해 오던 발해가 "고려 태조 8년에, 온 나라의 백성들이 손잡고 우리의 서울(고려의 수도)을 찾았구나."하는 구절을 살펴보면, 발해의 조정 대신이나 백성이 고구려의 후예였음을 다시 한 번 입증하고 있다. 발해의 조정 대신과 백성이 고구려의 유민이 아니었다면, 나라가 없어질 상황에 닥쳤을 때에 그들이 어찌해서 중국의 수도를 찾아가지 않고 고려의 서울로 찾아왔느냐는 얘기이다.

아주 간단한 「발해기」 속에서도 발해의 백성 스스로가 고구려의 유민으로 의식하고 있었기에, 고구려의 후계라고 자처하고 있는 고려로 찾아왔음을 암시하고 있다. 여기에서 「동국군왕개국연대」 속의 「발해기」를 읊고 있는 작가 이승휴의 깊은 뜻을 헤아릴 수 있을 것 같다. 발해의 땅이며 고구려의 활약 무대였던 만주 벌판까지를 우리의 역사로 노래한 그 작가정신이 놀랍다고 하지 않을 수 없다. 그리고 「발해기」는 물론이고 「후백제기」, 「후고구려기」, 「신라기」에서도 모두가 고려 왕건 태조에게 귀의하는 데 있어서 무력이 사용되지 않은 것은 아니지만, 그렇게 읊지를 않고 왕건 태조가 유덕해서 백성들이 스스로 따르고, 나라를 양도받은 것으로 언급하고 있다는 점이다(위의 글, 77~78쪽 참조).

바로 발해를 우리의 역사 속에 포함시켰다는 데서 이승휴의 역사인식은 매우 돋보인다. 필자가 아는 바로는 이승휴의 『제왕운기』 이전의 역사책들에서는 발해를 우리의 역사 속으로 끌어들이지 못하고, 우리와는 무관한 역사로 간주했다. 그런데 이승휴가 발해를 우리 역사에 포함시켰으니, 이 사실 하나만으로서도 한국 역사학계에 미친 공헌은 지대하다고 할 수 있다.

특히 요즘에 들어와서 중국이 만주벌판을 아우르던 고구려의 역사마저 중국의 역사라고 우기고 나오는 판인데, 10세기 이전에 존립했던 발해를 우리의 역사 속으로 끌어넣은 것은 참으로 혜안이었다고 하지 않을 수 없다. 바로 이승휴와 같은 역사학자가 있었기에 우리의 역사는 흔들림 없이 지켜질 수 있었던 것이 아닌가 생각하게 한다.

VII. 고려 왕조에 대한 이승휴의 역사인식

앞에서 언급했듯이 이승휴는 『제왕운기』 하권에서 우리의 역사를 기술하고 있는데, 이를 다시 둘로 구분하여 설명하고 있다. 하나는 「동국군왕개국연대東國君王開國年代」로 단군조선으로부터 발해까지의 역사서술이고, 다른 또 하나는 「본조군왕세계연대本朝君王世系年代」로 그가 살아가고 있던 왕조인 고려의 역사기술이다. 단군조선부터 발해까지의 역사와 고려 왕조의 역사를 똑같은 비중으로 다루고 있는 것을 보면 고려 왕조의 역사를 얼마만큼 중요시하고 있는가를 보여주고 있는 셈이다.

더욱이 『제왕운기』 상권의 중국 역사나 하권의 「동국군왕개국연대」는 7언시七言詩로 서술하고 있는 데 반해, 「본조군왕세계연대」는 5언시五言詩로 읊고 있다는 점이다. 다시 말하면 '중국역사'나 「동국군왕개국연대」와는 달리 고려조의 역사인 「본조군왕세계연대」가 5언시로 읊고 있다는 사실은 고려조의 역사를 보다 더 중요시하고 있음을 뜻한다고 밝히고 있다. 어쨌든 이승휴는 자기가 살아가고 있던 시대인 고려 왕조의 역사를 중요시했고, 중국의 역사나 고려 이전의 우리 역사인 「동국군왕 개국연대」는 「본조군왕세계연대」의 이해를 돕기 위한 참고자료로서 서술했다고 부연 설명하고 있다.

이승휴가 고려 왕조의 역사인식에 있어서 무엇보다 중요시했던 점은 고려 왕실의 혈통이 매우 존귀함을 애써 강조하려고 했다는 데에서 찾아볼 수 있다.

> 자고로 군왕이 될 사람은
> 어느 뉘 범상凡常할까
> 우리 대왕 가계 보면
> 더 더욱 기이하네.
> 당숙종 잠룡시절潛龍時節(왕위에 오르기 전의 시절)
> 동국산천을 유람하다가
> 팔진선八眞仙 예방하고
> 기숙터라 송악산록松岳山麓
> 성골장군聖骨將軍 손자 집에
> 아리따운 딸 있더니
> 서로 맺어 경강景康을 낳으니
> 활쏘기 으뜸이라.
> 천자인 아버지를 뵈옵고져
> 상선에 몸을 싣고.
> 바다 중앙에 이를 즈음
> 배돌아 머물더라.
> 상인들 놀라고서
> 점괘占卦를 얻고 논의하여
> 외 바위에 그를 두니
> 빠르기 날랜 매라
> 용왕님 나타나서

그 까닭 진언하길
고약한 늙은 들여우
때때로 여기 와서
부처 차림 거짓 부려
고운 소리로 설경說經하면
내 몸에 두통 나는
이 근심 걱정이니
원컨대 신궁神弓 쏘아
이 화를 없애주소.
하던 말과 과약果若하니
한 살로 이를 잡다.
용왕님이 치사하고
용궁으로 그를 맞아
장녀 주어 사위 삼다.
금빛 돼지 청했더니
칠보를 붙여 주다.
서강에 실어 보내고
송악으로 돌아오다
어언 간에 성자 나고
지리성모智異聖母 도선道詵 시켜
명당이라 일러주며
제왕기지 분명하니
이로써 왕성王姓 삼다
세조님 신라 적에
금성현金城縣 성주러니
궁예가 북원에서
그 땅에 개국하여
철원으로 천도하니
백관들 예대로니
궁예조를 섬기었다.
태조님 원수元帥되어
싸움 없이 다 누르니

공업功業은 불꽃 일듯
궁예가 포악 터니
민심은 물이 끓듯
이때에 4공신은
도탄민생 한탄하고
거란해로 신책神冊 3년
주량朱梁으로 정명貞明 4년
무인戊寅년 6월 보름
단연端然히 동거同擧하여
우리 태조 뵈옵고서
대위大位에 추대하다
기약 없이 모인 숫자
3,000의 보군기병步軍騎兵
가뭄에 구름일 듯(望雲)
온 세상 기쁨이라
동정서벌東征西伐 18년에
삼한은 한 굴레라
다스리기 8년간에
문물예악 빈틈없네.
(위의 글, 108~112쪽).

이승휴는 『제왕운기』의 「본조군왕세계연대」의 서두에 왕건 태조가 등장하기까지의 내용을 장황하게 설명하고 있다. 그 요지는 왕건 태조의 혈통이 범상하지 않다는 것이다.

요컨내 이승휴는 당숙종唐肅宗이 잠저시질(왕위에 오르기 전) 송악신으로 유람을 왔다가 송악산 산록에서 유숙했는데, 성골장군聖骨將軍의 손자 집에 아리따운 딸과 인연을 맺어서 경강景康을 낳았고, 그 경강이 천자가 된 아버지를 만나러 배를 타고 가다가 용왕을 도와주니, 그 고마움으로 용왕은 경강을 용궁으로 데려가서 용왕의 딸과 혼인을 시켰다. 바로 경강과 용왕의 딸 사이에서 태어난 아들을 데리고 송악으로 돌아왔는데, 바로 그 아들이 왕王씨 성을 가진 고려 태조 왕건이라는 것이다.

이승휴는 고려 왕조의 선대는 당 숙종과 성골장군의 피를 받은 인물임을 강조하기 위해서 김관의金寬毅의 『편년통록編年通錄』에 수록되어 있는 신이神異한 내용을 그대로 받아들이고 있다. 바로 고려 왕조의 혈통을 신성하게 꾸미기 위해서 신이사관神異史觀에 의존했음을 알 수 있다. 이승휴는 고려의 왕통이 산신계인 성골장군, 당귀성계唐貴姓系인 당 숙종, 수신계인 용녀가 어우러져 이루어진 천수천명天授天命의 특종임을 과시하여 고려 왕실의 우월성을 강조하였다(차장섭, '제왕운기에 나타난 이승휴의 역사관', 진성규·김경수 편, 앞의 책, 193쪽).

그리고 왕건은 철원에서 나라를 세운 궁예를 섬겼는데, 궁예가 포악한 짓을 하니 민심이 물 끓듯 했고, 이때 네 공신들이 왕건을 추대해서 왕위에 오르도록 했다는 것이다. 고려 태조 왕건은 무력으로 정벌해서 나라를 세운 것이 아니라 후덕한 심성으로 신하들이나 백성들이 추대해서 나라를 세우게 되었다는 것이 이승휴의 주장이었다.

그리고 이승휴의 고려 왕조에 대한 역사인식에서 빼 놓을 수 없는 또 하나의 중요한 요소는 권신權臣들의 발호를 막아야 한다는 사실이었다. 고려 왕조의 위기는 바로 권신들의 발호에서 초래되고 있다는 전제에서 어떻게 하든 이를 막는 일에 이승휴는 관심을 쏟았던 것이다. 『제왕운기』하권 「본조군왕세계연대」에 수록되어 있는 다음과 같은 내용은 이러한 사실을 밝혀주고 있다.

김치양金致陽이 음란·방자하니
강조康兆가 서경에서 와서
안종安宗 아들 현종顯宗이 일어났다.

중흥하기 23년.

(중략)

예종睿宗 아들 인종仁宗 55년
이자겸李資謙의 핍박받고
인종의 아들 의명毅明 신종神宗
차례대로 즉위하다.
의종은 재위 25년
정충보鄭忠輔의 화禍가 터져
의관문신衣冠文臣은 잿더미가 되니
경계란庚癸亂이 이것이라
경대승慶大升이 주홍誅凶해서
이의문李義門=旼은 도피했다.
슬프도다 내명 짧아
네가 와서 방자하네.
명종明宗은 28년
손위遜位를 당했으니
이런 악惡 일시이며
권신權臣은 어찌일꼬

(박두포, 앞의 글, 진성규·김경수 편, 앞의 책, 112~115쪽).

이승휴는 중국과 동국의 역대 사적을 기술하면서도 한결같이 강조했던 점은 권신의 발호가 왕조 쇠퇴의 원인이 되니, 이를 경계해야 한다는 것이었다. 특히 「본조군왕세계연대」에서는 이 점을 더욱 강조했던 것 같다. 그는 고려 왕실을 중흥시키기 위한 지상과제는 권신의 발호를 막는 데 있음을 유별나게 강조했다.

강조康兆가 요사한 김치양을 제거하고 현종을 영입한 사실을 찬양하고 있으며, 인종의 왕권이 척신 이자겸에 의해 핍박받은 사실을 분명하게 밝히고 있다. 그리고 이승휴는 정중부의 난을 비판하고 있으니, 그가 무신의 집권을 얼마만큼 못마땅하게 여기고 있었는가를 확인시켜 주고

있다. 끝으로 원종이 임연林衍에 의해 폐위당한 사실을 기록하고 있으
나, 얼마 안 가서 원나라의 도움으로 복위된 사실을 예찬하고 있을 정도
였다.

여기서 우리는 이승휴가 원나라에 대해서 긍정적인 시각을 갖게 만든
한 가닥의 이유를 알 수 있겠다. 주지하다시피 원종 말년에 최씨 정권이
붕괴되어 원종 대에는 형식상 왕정복고가 이루어졌으나 실질적으로는
권신들의 세력이 여전했다. 임연에 의한 원종의 폐위가 그 본보기라고
할 수 있다. 그런데 원나라는 임연의 세력을 누르고 원종을 복위시켰던
것이다. 따라서 이승휴는 왕권을 강화해 주고 권신의 힘을 제어해 주는
원나라에 대해서 호의를 가졌을 법하다(하현강, '이승휴의 사학사상연구', 진성
규·김경수 편, 앞의 책, 327쪽).

이승휴는 고려 왕권에 위해를 가하는 권신세력을 제거한 사람에게는
무조건 호의적인 태도를 지녔다. 이승휴가 고려사 속에서 가장 관심을
기울였던 일은 고려 왕권에 위해를 가할 수 있는 권신의 발호를 막는
방안이었다. 다시 말해서 권신의 발호를 제거할 수 있는 세력이라면 그
세력이 어떤 성격이든 그것을 용납하고 찬양할 정도였다. 여기서 우리
는 이승휴의 현재적 관심이 그의 역사인식에 지대한 영향을 미치고 있
음을 알 수 있다.

Ⅷ. 당대에 대한 이승휴의 현실인식

이승휴가 살아가고 있던 당대에 임연林衍이라는 총신이 나타나서 중
종을 폐위시키는 분란을 일으켰다. 당시 원경에 가 있던 세자는 원나라
천자에게 고해서 임연을 억눌러 아버지인 중종의 복위를 성사시킨 과정

을 기술하고 있다.

원종 16년에
임연이 원종을 폐위시키다.
당시 지금의 폐하는
세자 기품 영위英偉하셔
중조에 계실 적에
국위를 날리시고
압록강을 건너 돌아올세
멋진 풍채 천자 깨쳐
사람 놓아 추구推求하여
고주사告奏使를 찾아내어
천황 앞에 돌아가니
엄숙한 군병호위
난의 까닭 밝혀 묻고
원종을 복위시켰다.
국세는 다시 건곤乾坤해졌고,
일들은 잘 이루어지고,

(중략)

부마駙馬의 영광 얻으니
성하구나 왕가의 이익이여
동궁東宮의 효孝 다 하시니
남면南面하실 복을 받았다.
경륜을 잘 쌓아서
부지런 하니 예도禮度 밝다.
천황의 여동생은 대궐 살림,
왕손은 세자 자리에 있으니
나라 일은 빛이 나고,
황은皇恩은 젖어 오다.
청사靑史는 태평함을 노래하고
백성들은 즐거워 노래 부르니

바라건대 억만 세월
길이길이 부귀 누리기를

　　　　(중략)

기쁠사 좋은 시절
신하 승휴 삼가 적다.

(박두포, '제왕운기 小攷 其二−본조군왕세계연대에 대하여−', 진성규・김경수 편, 앞의 책,
115~118쪽 참조).

　위의 내용을 풀이해 보면, 충렬왕이 원나라 공주와 혼인해서 그 소생
이 세자로 있으니, 고려 왕조의 기반이 튼튼히 다져졌음을 기리고, 이러
한 기반 위에서 고려 왕실의 중흥과 태평성대가 이루어지기를 기대하고
있다. 나아가서 이승휴는 억만년 동안 길이길이 부귀를 누리기를 소망
하고 있다. 요컨대 이승휴는 충렬왕이 원나라와의 긴밀한 관계를 기반
으로 해서 권신들의 발호를 막고 고려 왕조를 중흥시키기를 원하고 있
었던 것이다.

　이승휴가 원나라를 긍정적인 시각으로 보고, 또 이를 찬양하고 있다
는 사실 때문에, 이승휴의 사관을 사대주의 사관으로 보는 견해도 있다.
그리고 사대주의는 반자주적이고 반민족적인 것으로 매도하는 것이 일
반적인 추세이기도 하다. 이러한 주장에 타당성이 없는 것은 아니지만,
우리 역사를 이해하는 데 있어서 이렇듯 단순논리로 설명할 수 없는 문
제도 있다는 것을 알아야 한다. 이승휴가 혹간 원나라에 대해서 사대적
인 태도를 취했지만, 아울러 자주적이고 민족적인 태도를 견지하고 있
었다는 사실도 부인할 수 없다. 이러한 양면성은 서로 모순되는 것이 아
니었다(하현강, 앞의 글, 진성규・김경수 편, 앞의 책, 329쪽).

　무엇보다 이승휴는 우리의 역사를 인식하는 데 있어서, "요동에 중조
와는 두연히 구분되는 또 하나의 별천지가 있으니 … 중방천리 여기가

조선이라오. … 처음에 어느 뉘 나라를 열었던고 그 이름 석제의 손 단
군님이지, 요堯와 같은 해 무진戊辰년에 나라 세워 순舜을 지나 하국夏國
까지 왕위에 계셨도다.”라고 주장함으로써 보다 더 높은 차원에서 민족
적인 자각을 바탕으로 삼고 있었음을 인식할 필요가 있다는 것이다.

그리고 이승휴가 살아가던 당시의 시대상황이 이승휴로 하여금 국수적
이고 배타적인 사고를 지니기 어렵게 만들고 있었다는 점도 고려해야 할
것 같다. 당시 원나라는 역사상 초유의 세계제국을 건설하고 있었고, 충렬
왕과 원나라 공주와의 혼인으로 사돈의 관계였으니, 그 신하된 몸으로 원
나라를 무조건 거부하고 배척할 수만은 없었던 것이다.

유교적 윤리관에 젖어 있던 이승휴로서는 고려 왕조와 사돈인 원나라
를 무조건 배척하는 것은 도리에 어긋나는 것으로 생각할 수 있었다. 오
히려 원나라를 중심으로 한 새로운 세계질서 속에서 우리 민족을 주체로
하는 역사의식을 가다듬고, 원나라의 후원 밑에서 고려의 왕권을 안정시
켜서 나라의 번영을 이룩하는 것이 현실적이고 합리적인 선택이라고 생
각할 수도 있었다.

우리는 여기서 외부의 강대세력과 내부의 민족의식 간의 갈등 속에서
현실 대응에 고민하던 당시 지식인의 정신세계의 한 단면을 엿볼 수 있
다(위의 글, 330쪽).

한 가지 더 지적해야 할 사실은 이승휴가 『제왕운기』를 저술했던 시기
는 13세기 후반으로 아직도 민족주의 이론이 체계화되기 이전의 시기였
다. 그 당시의 일을 민족주의 이론으로 무장된 현실적인 기준으로 평가해
서 사대주의냐 민족주의냐로 재단하는 것은 문제가 있을 것 같다. 민족주
의가 정립되기 이전의 시기에 벌어졌던 현상을 민족주의를 판단하는 오늘
의 잣대로 규정을 짓는 것 자체가 문제인 것이다.

마지막으로 한 가지만 더 지적하고 넘어가야 할 일이 있다. 그것은

다름이 아니라 이승휴의 『제왕운기』가 출간된 데에는 세자이면서도 현실정치에 일정한 영향력을 행사하고 있던 충선왕의 도움이 컸다는 사실이다. 이승휴가 『제왕운기』를 찬술해서 충렬왕에게 「제왕운기진정인표」를 올린 것은 1287년(충렬왕 13년) 3월이었는데, 그것이 간행된 것(초판이 나온 것)은 1295~6년이라고 하니, 원고가 완성되고 난 다음 출간되기까지는 8~9년의 세월이 흘렀다는 것이다.

그러면 어찌해서 원고가 완성되고 나서 8~9년이라는 세월이 흐른 뒤에 출간될 수 있었던 걸까? 당시의 정치상황과 깊은 관련이 있었던 것 같다. 당시의 정치상황이란 단적으로 말해서 부왕父王인 충렬왕과 세자 사이에 갈등이 빚어지고 있었다. 충렬왕은 왕권을 강화하는 방편으로 국왕의 측근세력을 길러내고 있었고, 반면에 세자는 국왕의 측근세력을 척결해야 한다는 주장을 펴고 있었으니, 이 두 사람 사이에 의견 대립이 빚어질 수밖에 없었다.

그런데 이승휴는 국왕과 그 측근세력에 의한 시정의 병폐를 직간하다가 파직당한 사람이었으니, 세자로서는 가까이 하고 싶은 인물이었지만 충렬왕으로서는 달가운 인물이 아니었다. 『제왕운기』의 내용을 보더라도 측근총신들을 길러내서는 안 된다는 충렬왕에 대한 근계적인 내용이었으니, 개혁정치를 부르짖는 세자로서는 기꺼울는지 모르지만 충렬왕으로서는 얼굴 찌푸릴 일이 아닐 수 없었다.

그런데 원의 후원을 등에 업은 세자는 충렬왕 21년(1295년)부터는 전민탈점田民奪占 문제를 처결하는 등 폐정을 시정하는 일에 나섰다. 개혁을 내세워 국내에서 꾸준히 지지기반을 넓혀가던 세자는 모후(齊國大長公主)의 사망을 계기로 충렬왕의 측근세력을 무력화시키는 조치를 단행했다. 마침내 충렬왕으로부터 선위禪位를 받아 왕위에 올랐고, 곧바로 즉위교서卽位敎書를 반포하면서 본격적인 개혁에 들어갔다(충렬왕 24년: 1298

년). 이른바 충선왕의 개혁정치가 시작되었음을 알리는 신호탄이었다(충선
왕의 개혁정치에 관해서는 김광철, '개혁정치의 추진과 신진 사대부의 성장', 『한국사』 19, 국
사편찬위원회, 117~125쪽 참고 ; 변동명, '이승휴와 불교', 한국중세사학회 편, 『한국중세사회
의 제문제』, 2001, 778쪽).

　『제왕운기』의 원고가 완성되어 8~9년이라는 세월이 흐를 때까지 발
간되지 않다가 1295~6년에 발간되었다는 것은 앞의 주장을 뒷받침해
줄 충분한 근거가 될 것 같다. 세자가 현실정치에 영향을 미치기 시작한
것이 1295년부터였는데, 『제왕운기』의 초판 간행이 1295~6년이었다
니, 『제왕운기』를 발간하는 데 세자(뒤에 충선왕)의 영향이 있었음은 분명
한 듯싶다.

이승휴의 국가의식 전개과정

Ⅰ. 이승휴의 민족적 자각

1231년 몽고군의 대규모 침략으로 시작된 항몽전란抗蒙戰亂은 1260년 강화교섭이 이루어지기까지 30년간 고려사회를 뒤흔들고 어지럽혔다. 전란 중 몽고군의 약탈과 행패로 말미암아 고려사회가 입은 피해는 이루 헤아릴 수 없었고, 강화교섭 후에도 고려에 대한 몽고의 압력과 간섭은 극심했다. 특히 이승휴가 활동했던 시기인 충렬왕 대(1275~1308년)에 몽고의 기세는 하늘을 찌를 듯 드세었고, 그것으로 말미암아 고려사회가 입은 피해는 매우 심했다.

바로 이 시기에 몽고는 국호를 중국식으로 원元이라 개칭했고, 남송南宋을 공격해서 멸망시켰다. 이렇게 해서 원은 중국대륙 전체를 지배했을 뿐 아니라, 아시아 대륙에서부터 유럽에 이르기까지 그 세를 미쳐서 이른바 세계제국을 건설하기에 이르렀다.

원나라의 이러한 국력팽창은 바로 이웃하고 있던 고려사회에 지대한 영향을 미쳤음은 두말할 나위 없었다. 당시 몽고군은 30여 년에 걸쳐 고려를 침공함으로써 직접적인 피해를 안겼고, 강화를 통해 전쟁을 종결지은 후에도 심한 간섭을 통해 고려의 왕실과 백성들을 괴롭혔다. 몽고의 침략과 간섭은 고려의 지식인들에게 민족적 자각을 불러일으키게 하는 외적 충격이었음은 두말할 나위 없다. 서유럽의 민족주의는 내적이고 자생적인 자각을 바탕으로 해서 생성되었지만, 서유럽 이외 지역에서는 외적이고 타율적인 충격을 통해서 민족적 자각을 불러일으켰다는 주장이 있다. 이 주장대로 이승휴의 민족적 혹은 국가적 자각은 몽고의 침공과 간섭이라는 외적인 충격을 통해서 일어난 현상이었음을 확인할 수 있다.

우선 충렬왕 때부터 몽고 왕실의 공주를 왕비로 맞아들인 것은 우리 역사상 전례를 찾아볼 수 없는 초유의 일이었다. 충렬왕이 원종의 태자 시절에, 원종이 고려 왕권을 강화하는 방편으로 원나라의 세조에게 간청해서 이루어진 통혼이었다. 불행한 것은 고려의 왕실을 강화시키는 방편으로 성사시켰던 원 왕실과의 통혼이 고려에 대한 원의 간섭을 강화시키는 계기로 작용했다는 사실이다.

원 왕실의 공주와 혼례를 치르고 난 다음 충렬왕이 즉위하자, 고려의 국가적 위신을 손상시키는 사례들이 빈번히 발생했다. 원은 스스로를 종주국으로 받들게 하는 새로운 국제질서를 수립해 나갔고, 반면에 고려 왕실은 잡다한 굴욕적인 요구를 받아들이지 않을 수 없는 상황으로 몰리고 말았다. 부마의 나라라는 허울 속에서 고려 왕실의 예속화는 더 심해졌고, 고려인의 자존심은 여지없이 짓밟히고 말았다.

그 결과 고려의 국가체제는 형편없이 격하되었다. 고려 왕조의 삼성체제三省體制는 첨의부체제僉議府體制로 축소 격하되었고, 왕실과 관련된 용어들도 온통 다 바뀌었다. 이를테면 폐하陛下는 전하殿下로, 선지宣旨는 왕지王旨로, 짐朕은 고孤로, 그리고 태자太子는 세자世子로 바뀌는 수모를 당했다. 그런가 하면 고려의 국사편찬마저 원의 간섭을 받기에 이르렀다(河炫綱, '이승휴의 사학사상연구', 진성규·김경수 편, 『李承休研究論叢』, 삼척군, 1994, 300쪽).

이렇듯이 고려가 외세의 간섭을 받자, 지각 있는 사람이면 누구나 자기 나라가 외세의 간섭에서 벗어났으면 하는 생각을 갖게 되었고, 자기네 왕실이 좀 더 힘을 발휘할 수 있었으면 하는 간절한 소망을 갖기에 이르렀다. 바로 이승휴의 민족적·국가적인 자각은 이러한 소망을 모태로 해서 잉태했던 것이다.

Ⅱ. 이승휴의 중국사행과 국가적 자각

이승휴는 삼별초三別抄의 난이 일어났을 때, 국왕에게 시정의 폐단을 극언極言하다가 파직당하고 삼척 구동의 향리로 돌아갈 채비를 하고 있었다. 그때, 국왕이 순안공順安公 종悰을 황후태자 책봉 축하 사신으로 원나라에 보내기로 결정했는데, 양부兩府는 이승휴를 그 사행使行의 서장관書狀官으로 천거했다.

그 당시 고려 조정은 이승휴가 시정의 폐단을 상소하다 파직된 것을 아쉽게 여기고 있었던 듯싶다. 그래서 양부는 이승휴를 중국사행의 서장관으로 추천했던 것 같다. 이승휴는 스스로 나이 많다는 핑계를 대며 사양했지만, 원종이 강권하다시피 해 서장관으로 보내면서 백금 3근을 하사했다고 한다. 이러한 사실들을 놓고 볼 때, 이승휴에 대한 국왕의 신임도 두터웠던 것 같다.

이승휴는 중국사행의 서장관으로 원나라 궁성에 도착해서 여러 가지를 두루 살펴보았다. 그때 이승휴는 고려의 문화가 원나라 문화에 뒤지지 않음을 인식하기 시작했고, 문장력으로도 스스로가 원나라 관리들보다 못하지 않음(오히려 우수함)을 보여주고 싶었다. 그런데 원나라 황제가 하례를 받고 잔치를 베풀며 의복을 하사하니 이승휴가 표를 올려 사례했는데, 그 글이 품위 있고 아름다웠다는 사실은 앞서 지적한 바 있다.

그 후 날마다 관반 한림학사館伴翰林學士인 후우현候友賢과 글을 주고받았다. 우현은 5세 때 오경에 통달해서 원나라 황제가 불러 학사로 삼았고 신동이라 일컬었던 사람이었다. 그러한 사람이 이승휴가 지은 글을 읽고 탄복하여 그 글을 바로 암송했다고 할 정도였다. 이승휴가 원나라 사행을 마치고 돌아오자, 고려 국왕이 크게 기뻐하며 쌀 30석을 하사하시고, 그의 시문을 직접 읽어 보고는 감탄해마지 않았다고 한다.

원나라의 신동이라는 우현과 글 솜씨를 겨루어 본 이승휴는 무력으로 는 우리가 원나라보다 허약할지 모르지만, 문화적으로는 우리가 원나라 에 뒤질 것 없고, 오히려 앞설 수도 있다는 자부심을 갖기에 이르렀다. 이러한 문화적인 우월감은 이승휴로 하여금 국가적인 자긍심을 갖게 만 들었던 것으로 보인다. 실상 국제관계에서 민족적 혹은 국가적인 자각 은 불평등 의식 속에서 자라나는 것 같다.

그런데 따지고 보면 불평등 의식은 그 자체가 곧바로 민족적·국가 적 자각의 요소가 되지 않고, 불평등이 상대적相對的 가치박탈감價値剝奪 感으로 이행될 때에 비로소 민족적·국가적 자각을 불러일으키는 요인 이 된다. 단적으로 말해서 외국 집단이나 국내 집단이 분배 체계의 합법 적인 할당의 취득을 방해한다면 상대적 가치박탈감, 즉 사람이 얻기를 희망하는 것과 그들이 얻을 수 있는 것 사이에는 차이가 생긴다. 이러한 차이는 공격적인 반응으로 이끄는 집단 좌절감을 자아낸다. 이러한 좌 절감의 원천이 분배 체계의 합법성을 포함할 때에 나타나는 공격적 반 응이 다름 아닌 민족적 자각이다(차기벽, 『민족주의 원론』, 한길사, 1990, 28~29쪽 참조).

위에서 합법적 할당의 취득이라고 하면 경제적 개념, 즉 재화의 분배 할당만을 가리키는 것으로 이해해서는 안 된다. 물질이 아닌 명예나 자 긍심의 할당도 반드시 고려해야 한다. 바로 이승휴가 사행으로 연경에 가서 뼈저리게 느낀 것은 우리가 문화적으로 원나라에 뒤지지 않는데, 어찌하여 연경까지 찾아 와서 굴욕적인 자세를 취해야만 하는가 하는 심리적인 가치박탈감 내지 좌절감이 민족적·국가적인 자각을 불러일 으킨 요인으로 작용했던 것이다.

이듬해 고려 원종의 부음을 원나라 황제에게 알리기 위한 원사행이 결정되자, 1차 사행 때 공로가 돋보인 이승휴가 또 다시 서장관으로 연경에 갔다. 당시 연경에 머물러 있던 태자(나중에 즉위해서 충렬왕)가 호복을 입고 상례를 맞이하려 하자, 이승휴는 태자에게 호복을 입고 고려 국왕의 상례를 맞이할 수 없으니 고려 복으로 갈아입고 국왕의 상을 맞이해야 한다고 세자를 설득했다. 그 결과 세자는 기어이 원나라 황제의 재가를 받아 고려의 복식으로 상을 맞이했다.

이러한 복식에 관한 일화는 사소한 것이지만, 고려의 정신과 전통을 지키는 중요한 일이었다. 만약 태자가 호복을 입은 채로 고려왕(원종)의 상을 맞이했다면, 이미 고려의 정신이나 전통은 소멸되어 버리고 말았을 것이다. 호복이 아닌 고려 복으로 부왕의 상을 맞이했기에, 원의 간섭을 받고 있는 가운데서도 고려의 자주적인 정신과 전통을 지켜낼 수 있었던 것이다. 그래서 필자는 고려 복으로 부왕의 상을 맞이하도록 태자를 설득했던 이승휴의 노력은 고려인들의 민족적·국가적 자각의 한 상징이라고 평가하고 싶다.

Ⅲ. 『제왕운기』를 통해서 본 이승휴의 민족적 자각

이승휴는 『제왕운기』의 상권 「중국군왕개국연대」에서 중국의 상고시대로부터 남송에 이르기까지 중국 역대 왕조의 흥망성쇠를 기록하면서 제왕이 본받고 경계해야 할 정치적 선악과 충효의 행적을 밝히는 데에 역점을 두었다. 하지만 우리 역사의 기술에서는 고유한 전통과 그 계승·발전과정을 밝힘으로써 민족적 자각과 자부심을 드높이고, 그 속에서 고려 왕조의 영광을 찬양하고자 했다(하현강, 앞의 글, 309쪽).

그런가 하면 이승휴가 역대 제왕의 업적에서 가장 중요시하고 있는 점이 있다. 무엇보다도 제왕은 모름지기 큰 포부와 신선한 뜻을 갖고 정치에 임해야 하며, 신하를 멀리해서도 안 되지만 권신들에게 정권을 위임해서도 올바른 정치를 펼 수 없다는 점을 강조했다. 이승휴는 중국 역대 제왕의 치적을 들어, 충렬왕이 제왕으로서 유념해야 할 정치적 자세를 풍유하였다.

또한 이승휴는 중국의 제왕들 중 가장 모범적인 제왕으로서 후한의 광무제光武帝와 당태종唐太宗을 들고 있다.

> 호황虎皇(光武帝)은 근후하고 관인하여,
> 병사들 사이에서 성장하여 시련을 겪어 왔다.
>
> (중략)
>
> 오로지 큰 포부에 창창한 뜻을 가지고,
> 용을 타고 하늘에 올라 깃발을 높이 드니
> 사방의 왕후王侯들이 궁시를 버리고
> 저마다 다투어 보물을 바치며 두려워했다.
>
> (중략)
>
> 태종太宗은 비록 이미 태평성대를 이루었으나
> 정사에 힘쓰고 어진 선비 구하기라.
> 방두房杜는 일월이요 위징魏徵은 거울이니,
> 온 세상 밝게 도와 빛난 하늘 보는 도다.
>
> (위의 글, 310쪽).

이승휴가 광무제의 치적에서 특히 주목했던 점은 한의 왕실을 중흥시킨 공적이었다. 따라서 충렬왕도 광무제처럼 고려 왕실을 중흥시켜 주었으면 하는 간절한 소망을 밝힌 것이었다. 그런가 하면 당태종은 일찍이 동양에서 이상 정치를 실현시켰던 모범적인 제왕으로 칭송받아 왔으므로 이승휴가 그의 치적을 찬양하는 것은 당연한 일이었다. 당태종이 태평성대를 이룩했던 토대는 바로 그가 어진 선비들을 구하기 위한 노력을 기울여서 마침내 방두房杜, 위징魏徵과 같은 어진 신하들의 보필을 받은 덕분이라는 것이다.

이승휴는 충렬왕이 어진 정치를 펼치기 위해서는 보좌진 역할이 매우 중요하다는 점을 강조하기 위해 방두와 위징을 끌어다가 기술하였다. 이렇듯 본받아야 할 사항을 제시하였지만, 국왕이 어진 정치를 펴나가는데 걸림돌이 될 사항도 제시해 주었다. 말하자면 이승휴는 제왕이 본받아야 할 사항과 행해서는 안 될 금기사항을 함께 제시하였다.

『제왕운기』 상권 「중국군왕개국연대」에 기록하고 있는 내용들부터 우선 살펴보기로 하자.

> 차츰차츰 강대하여 시황始皇 때에 이르러서
> 끝내 육국을 아우르니 두려움이 없었더라.
> 이사李斯 조고趙高 집권하여 무엇을 하였던고.
> 제기祭器를 버린 일과 매질에 힘쓰기며
> 분서焚書하고 갱유坑儒하여 생명을 들볶기라.
> 온 나라 근심 걱정 골수에 병들었다.
> 방호防胡하는 만리장성 쌓지를 말 것이지
> 진나라의 세월이 얼마 남지 않았네.
>
> (중략)
>
> 애제哀帝 평제平帝 실정하여 권신이 생겨나니
> 어떻게 한실(漢의 왕실)이 중흥할 수 있을까.
>
> (중략)
>
> 난세간웅 조조는 들소와 한 가지라.
> 공융孔融과 순욱荀彧들이 간한 사람 꺾자 하고
> 입 밖에 말을 내자 그 몸은 죽어갔다.
>
> (중략)

> 황소黃巢가 광명廣明을 비판하는 글을 짓고
> 함원전含元殿은 애오라지 사람이 드물었다.
> 내시들은 또다시 궁중을 짓밟으니
> 제왕의 바른 법령 날로 날로 허물어져
> 주온朱溫에게 위임하여 소제를 하게 했다.
> 양공梁公으로 봉배奉拜하고 태위太尉 벼슬 덧붙이며
> 내린 이름 전충全忠인데 도리어 불충했다.
> 두 임금 시弑하고도 백관을 죽였으니
> 조신들의 얼굴에는 핏기가 없어지고
> 입으로 어느 누가 이 일을 의논하리.
> (위의 글. 312쪽).

위의 글을 통해서 이승휴가 강조하고 있는 점은 제왕이 실정을 하고 권신이나 간신들이 발호하면, 그 왕조는 중흥할 수 없고 쇠퇴할 수밖에 없다는 것이다. 이승휴가 이런 주장을 폈던 까닭은 바로 그 당시 고려 왕실이 기강을 바로 잡지 못하고 왕권이 허약했기 때문이었다. 권신이나 간신들이 득세하면 그 왕실은 어지럽게 마련이고, 쇠망할 수밖에 없음을 중국 역사 속에 실례를 찾아 제시하였다. 또한 권신이나 간신들이 득세하면 바른 말하던 사람이 입을 다물고 만다는 사실도 확인시키고 있다.

여기서 지적하고 싶은 또 한 가지는 중국 역사 속에서 빛나고 잘한 일들보다는 그릇되고 잘못된 일들을 훨씬 많이 열거하고 있다는 사실이다. 이승휴가 본받아서는 안 될 일을 더 많이 열거하고 있는 이유는 무엇일까? 중국 역사 속에서 우리가 경계해야 할 일이 더 많다는 사실을 밝힘으로써, 우리의 역사가 더 우수하다는 사실을 확인시키고자 하는 속셈이 있었던 것이다.

실상 자기의 우월성을 밝히는 방식은 두 가지가 있다. 하나는 자기가

잘한 일을 부각시키는 방법이고, 다른 하나는 상대방이 잘못한 일을 강
조하는 방법이다. 상대방의 잘못한 일을 들추어내는 방식보다는 자기가
잘한 일을 부각시키는 방법이 점잖고 좋은 방법임은 분명하다. 그러나
상대방이 우월하다고 뽐내는 상황에서는 자기가 잘한 일만을 강조해서
는 별 효과를 기대할 수 없다. 오히려 상대방의 잘못을 지적하는 것이
더 효과적일 수도 있다. 이승휴가 「중국군왕개국연대」에서 중국의 역대
제왕들이 저지른 잘못을 부각시키고 있는 속셈을 짐작해 볼 수 있다.
한 가지만 더 지적하고 넘어가자.

> 무종武宗은 조귀진趙歸眞의 말을 잘못 듣고
> 세상의 여러 절들을 부수라고 명하고는
> 중들을 핍박하여 환속하게 만들어
> 신명神明이 공노하니 어느 뉘 비호할고.
> (앞의 글, 314쪽).

위의 글은 비교적 어진 정사를 펼쳤다고 알려진 당태종의 회창파불會
昌破佛을 못마땅하게 생각하고 있다. 당나라의 쇠망이 신명神明의 비호를
받지 못했기 때문이라고 단언함으로써 이승휴 스스로가 독실한 불교 신
자였음을 드러냈다.

IV. 원에 대한 정통성正統性 인정과
이승휴의 중국관 변화

이승휴는 우선 원나라가 중국의 정통 왕조임을 인정하였다. 이승휴는
중국 왕조들의 정통성을 중국 대륙의 현실적인 지배권으로 보고 있었으

니, 당시 중국을 지배하던 원나라에 대해 정통성을 부여하는 것은 너무나 당연했다. 그러나 고려 왕실이 부강해져서 원나라의 간섭으로부터 벗어나기를 소망하고 있는 이승휴가 원나라에 대해서 무조건 정통성을 인정하고 있는 것은 조금은 이상스런 점이 아닐 수 없다.

물론 원나라는 가히 세계 제국을 건설하려는 판세였으며, 고려 왕실과는 사돈관계에 있었으니, 원나라에 대해 정통성을 인정해 주는 것은 어느 정도 당연하다. 고려 왕실을 강성하게 만들어 자주성과 주체성을 지녀야 한다고 주장해 왔던 이승휴가 현실적인 판단에 치우쳐 원나라의 전통성을 인정하는 것은 어쩔 수 없는 일이다. 하지만 한 걸음 더 나아가 원나라를 예찬까지 한다는 것은 이해하기 어렵고 어색하게 느껴질 수밖에 없다.

다시 『제왕운기』 상권 「중국군왕개국연대」에 기록되고 있는 내용을 살펴보자.

> 명창明昌 중에 천병이 일어나니 다투어 어찌하리
> 여수汝水에 연진煙塵 잠기고 공정空鼎이 끓으니
> 오로지 우리 상국 대원大元이 일어나서
> 그 많은 백성들을 노래하게 하였으니
> 성덕聖德의 높고 넓음 어찌 다 이르리오.
> 우리 임금 같은 덕망 널리 널리 미쳐있어
> 세상의 모든 나라 사신을 보내오고
> 중화의 넓은 천지 모두가 집지執贄하다.
> 토지는 광대하며 인민은 많으니
> 개벽開闢한 이래로 이런 나라 처음이라.
> (위의 책, 315쪽).

당시 이승휴는 원나라를 경이의 대상으로 보고 있었다. 원나라에 대

한 이승휴의 태도가 이러했던 것은 원나라 왕실과 고려 왕실과의 관계
때문이었음은 두말할 나위 없다. 당시 충렬왕은 원나라의 공주를 왕비
로 맞아들였고, 그 사이에서 태어난 아들이 세자로 있었다. 이승휴는 고
려 왕실과 원 왕실과의 이러한 관계를 긍정적으로 보고 있었음이 분명
했다. 그리고 원나라와의 밀접한 관계는 권신들의 발호를 막고 왕실을
강화시킬 수 있는 좋은 계기가 된다고 믿었기 때문이었던 것 같다(하현강,
앞의 글, 315쪽 참조).

  이승휴의 원에 대한 호의적인 태도는 건국 이래 고려 왕조의 전통적
인 북방 민족관과는 판이하게 달랐다. 고려 왕건 태조가 여진족을 '인면
수심人面獸心'이라고까지 비하했던 데 반해, 이승휴는 원나라를 찬양까지
했으니 고려의 북방 민족관이 매우 달라졌음을 확인할 수 있다. 요컨대
이승휴가 활동하고 있던 당시 몽고족으로 대표되는 북방민족의 강성은
이승휴로 하여금 한족漢族 중심의 중화중심中華中心의 역사인식에서 벗어
날 수 있게 만들었고, 중국 왕조의 역사적 변천을 새롭게 보는 안목을
갖게 만들었던 것 같다.

V.「동국군왕개국연대」를 통해서 본
이승휴의 국가관

  우선『제왕운기』하권「동국군왕개국연대」에 기술되어 있는 기록부
터 살펴보기로 하자.

> 요동에 별천지가 있으니
> 중조中祖와 확연히 구분되는 곳.

> 큰 파도 바다가 삼면을 둘러 있고
> 북녘으로 대륙과 가늘게 이어진 땅
> 중방천리中方千里 여기가 조선이라오.
> 강산의 형성形成은 천하에 이름 있고
> 경전착정耕田鑿井 어진 고장 예법의 나라.
> 화인華人(중국인)이 이름지어 소중화小中華라고
> 처음에 어느 뉘 나라를 열었던고
> 그 이름 석제釋帝의 손 단군님이시지.
> 요堯와 같은 해 무진년戊辰年에 나라 세워
> 순舜을 지나 하국夏國까지 왕위에 계셨도다.
> (박두포, '제왕운기 小攷 其一―동국군왕개국연대에 대하여―', 진성규·김경수 편, 앞의 책,
> 58~59쪽).

적어도 동아시아권에서는 중국과 대등한 역사를 가진 나라가 없는 것
으로 인식되어 왔다. 그런데 이승휴는 단군이 중국의 요나라와 같은 해
인 무진년에 단군조선을 수립한 것으로 기록하고 있다. 중국 왕조와 구
분되는 별천지(또 하나의 나라)가 있었는데 그것이 다름 아닌 단군조선이라
는 것이다. 더욱이 단군조선은 중국의 요나라와 같은 해인 무진년에 세
워졌다는 것이다.

이승휴의 이러한 주장은 우리 조선의 역사를 중국과 대등한 위치로
끌어 올림으로써 조선의 자주성을 내세울 근거를 마련해 주었다는 데
큰 의미가 있다. 말하자면 단군조선과 요나라가 같은 해에 건국했다는
이승휴의 주장은 우리의 역사가 중국 역사에 뒤지지 않는다는 짐을 밝
히려고 생각했다는 것이다.

무엇보다 역사는 연륜을 중요시하게 마련이어서, 연륜이 오랜 역사
앞에서는 열등감을 느낄 수밖에 없다. 바로 이승휴는 우리의 역사가 중
국과는 별개이고 또 중국과 대등함을 밝힘으로써, 우리 역사에 대해 자

부심을 느낄 수 있도록 했다. 이런 주장이야말로 우리 백성들로 하여금 민족적·국가적인 자각을 할 수 있는 문을 열어 준 것이라고 일컬어도 지나침이 없을 듯싶다.

그래서 필자는 이승휴의 이러한 주장을 우리 백성들로 하여금 민족적 자각을 할 수 있도록 이끌어 준 첫걸음이라고 평가해 주고 싶다. 이승휴의 이러한 주장이 없었다면, 우리는 중국 역사 속에 편입되어 자주성과 주체성을 주장할 근거를 찾을 수 없었을 것이다. 이승휴의 주장은 우리에게 민족적 자각을 할 수 있는 기틀을 마련해 주었고, 우리 역사의 자주성을 주장할 수 있는 근거를 마련해 주었기에 높이 평가하지 않을 수 없다.

이승휴의 주장은 단군을 우리 민족의 공동시조로 받들었다는 면에서 돋보이지만, 단군과 그 뒤에 출현했던 왕조들 사이의 관계도 명확히 밝히고 있다는 점도 높이 평가받을만 하다. 상대적으로 평가해 보면『제왕운기』는 거의 같은 시대에 출간된『삼국유사三國遺事』보다는 훨씬 돋보인다.『삼국유사』는 단군조선에 관한 내용을 기록하고 있지만, 단군조선과 그 뒤에 나타난 여러 왕조들과의 관계를 밝히고 있지 않다. 그러나『제왕운기』는 단군조선과 그 뒤에 출현했던 왕조들과의 관계도 체계적으로 정리해 놓고 있었기에 훨씬 돋보인다.

『제왕운기』하권「동국군왕개국연대」의 기록을 보면, "우리 강역 안에 수립된 나라들은 모두가 단군의 후손들이 세운 나라였지만 기자箕子조선과 위만衛滿조선은 단군의 자손들이 세운 나라가 아니라 중국(주나라) 사람들이 세운 나라였기 때문에 결코 정통성을 부여할 수 없다."고 했다. 앞서 지적했다시피 중국 왕조들의 정통성은 현실적인 지배권에서 찾았지만, 우리 왕조들의 정통성은 현실적인 지배권보다는 혈통을 더 중요시했음을 확인할 수 있었다. 기자조선이나 위만조선은 단군의 후손들이 세운 나라들이 아니라 중국 사람들이 세운 왕조들이었기 때문에 무조건 정통성을 부여할 수 없다는 것이다.

　같은 중국 사람이라고 하더라도 기자는 주나라로부터 망명해 와서 홍범구주洪範九疇를 통해 예의를 알고 선정을 베풀었기 때문에 그 존재는 인정하였다. 반면에 위만은 연나라 땅에서 태어나 고제高帝 12년 병오년에 준準을 내쫓고, 그 나라를 빼앗았기 때문에 손자 대에 이르러 멸망할 수밖에 없었다고 하면서 정통성은 고사하고, 그 존재 자체도 인정하지 않았다.

　여기서 한 가지 덧붙여 설명해야 할 것이 있다. 기자의 홍범구주에 관한 설명이다. 기자는 홍범구주 때문에 예의를 편 사람으로 알려졌다. 기자는 무왕을 위해 홍범을 다음과 같이 진술했다는 것이다. "기울어지지도 말고 삐뚤어지지도 말아서 선왕의 올바른 의리를 준수한다. 자기 마음에 좋아하는 것을 짓지 말아서 왕의 도를 준수하며, 싫어하는 것을 짓지 말아서 왕의 길을 준수한다. 기울어지지도 말고 당을 짓지도 않으면 왕도가 넓어진다. 당을 짓지도 말고 기울어지지도 않으면 왕도가 평평하게 된다. 뒤지지도 말고 기울어지지도 않으면 왕도가 바르고 곧게 된다. 그 극에 모이게 되어 끝내 표준 있는 데로 돌아가리라(정명헌·이지영, 『선비의 소리를 듣는다』, 사군자, 2005, 92쪽)."

　『서경』의 편명篇名에 홍洪은 대大요 범範은 법이니, 천하를 다스리는 큰 법이라는 뜻인데, 모두 9조로 되어 있어서 홍범구주라 칭한다. 원래는 우禹임금 때 낙수洛水에서 나온 신구神龜의 등에 있었다는 9장章의 문장이라는 것이다(위의 책, 93쪽 주1 참조).

　다시 『제왕운기』 하권 「동국군왕개국연대」의 기록을 살펴보기로 하자.

　　　후조선의 조祖 그 이름은 기자

주나라 무왕 그 원년 기묘己卯 춘(봄)
망명해 와서 스스로 나라를 세우더라.
주무왕이 멀리서 인끈을 보내오니
예로써 갚으려고 찾아가 뵈올 적에
홍범구주와 인륜을 낱낱이 물어 오더라.

(중략)

한나라 장수 위만 연燕 땅에서 나서
고제高帝 12년 병오년에
준을 내쫓고 그 나라 앗았도다.
손자 우거右渠 때 그 허물이 쌓이더니
한무제 원봉元封 3년 계유되던 해
군사軍師 풀어 보내 이를 토벌하였구나.

(박두포, 앞의 글, 59~60쪽).

위만조선 다음에는 한사군漢四郡을 설치해서 각 군마다 장을 두어 민
정을 돌보게 하였다. 진번眞蕃 임둔臨屯은 남북에 있고, 낙랑樂浪 현토玄
菟는 동북에 치우쳐 있어서 서로 다투고 나오니 정리는 끊어졌고, 풍속
은 박해지니 백성들은 불안해했다. 서로가 합쳤다 헤어졌다 하여 부침
하다 보니, 자연히 경계가 생겨서 삼한이 이루어졌다. 삼한에는 여러
현들이 있었는데, 저마다 나라라고 떠들어대며 싸움질 벌리고 있어서
그 수가 70여 개나 되니, 어찌 그 이름을 다 밝힐 수 있겠는가라고 통탄
했다.

『제왕운기』 하권 「동국군왕개국연대」에 기록되어 있는 그 뒤의 내용
들을 그대로 옮겨보자.

그 중에 어느 나라가 큰 나라였던고.
첫째, 부여와 비류국沸流國이 떨쳤고,
다음으로 신라와 고구려였으며,

남북의 옥저沃沮와 예맥濊貊이 따르더라.
이들의 군장들 묻지 마라 그 조상을
모두 단군의 한 핏줄기.

(중략)

진한辰韓·마한馬韓·변한弁韓 사람 끝내 대치하더니
신라·백제·고구려 잇따라 일어났다.
나름대로 나눠 군을 이루어서 신라가 일 때까지
연수를 헤아리니 72년 틀림없네.

(박두포, 위의 글, 62쪽).

위의 원문에서 주목되는 내용은 70여 개나 되는 군소국가들 중에서
기억할만한 나라들은 부여·비류·신라·고구려·옥저·예맥 등이고,
이러한 나라들의 수장은 모두가 단군의 후손들이라고 읊고 있었다는 점
이다. 특히 단군조선의 강역 안에서 수립된 나라들은 모두가 단군의 후
손임을 새삼 언급함으로써 중국의 역사와는 확연히 구분되는 우리 역사
가 이어져 내려 왔음을 강조하고 있었다는 사실이다.

그 중에서도 고구려 건국의 주역 동명왕에 관한 서술을 보면 신이적
神異的인 내용을 많이 담고 있다. 여기에는 중국과 국경을 맞대고 끊임없
이 항쟁을 벌였던 고구려를 돋보이게 만들려는 의도가 있었던 듯싶다.
고구려의 역사를 돋보이게 하려는 생각이 있었기 때문에, 동명왕을 신
이한 건국신화로 미화시키지 않았는가 한다.

동명왕의 신이한 건국신화는 이규보李奎報의 「동명왕편東明王篇」을 인용
한 것이다. 신라의 시조인 박혁거세朴赫居世도 신이한 설화로 설명하고
있지만, 동명왕과 비교해 보면 훨씬 간단하다. 백제의 온조왕溫祚王은 아
예 신이한 설화로서 설명하지도 않았다. 동명왕을 박혁거세보다 더 신이
적인 건국 설화로 자세하게 설명한 것을 보면 중국과 인접하고 있는 고

구려의 역사를 위대하게 꾸미고 싶은 생각이 있었던 것 같다. 특히 삼국의 건국과정을 설명하면서 고구려에 더 큰 비중을 두었던 것은 우리의 주체성을 강조하기 위해서였음은 두말할 나위 없다.

물론 신라의 춘추왕이 당나라에 청병하여 고구려와 백제를 멸망시켜 삼국을 통일시킨 일을 찬양하지 않은 점도 이러한 맥락으로 설명할 수 있다. 그렇지만 이승휴가 문화적인 면에서 신라를 삼국들 중 으뜸으로 평가하고 있는 것은 스스로 신라계에 속하고 있음을 드러내고 있는 것이 아닐까 생각된다. 신라의 최치원崔致遠이 학문적으로 이름을 떨쳤다고 기술하였고, 불교계에서는 원효元曉와 의상義湘이 큰 스님이었다고 밝혔으며, 신라의 설총薛聰은 이두문자吏讀文字를 지어내어 속언과 방언까지도 문자로 적어낼 수 있었다고 칭송했다.

『제왕운기』 하권 「동국군왕개국연대」에서 다시 한 번 확인해 보기로 하자.

> 29때 춘추왕은 여제麗濟를 아우르며
> 유신김공庾信金公은 여기에 공신되고
> 묘한 병서 손에 얻어 무예에 밝았도다.
> 문명文名은 어느 누가 중화에서 떨쳤던고
> 청하공淸河公 최치원이 사방으로 이름 날렸다네.
> 불도에는 원효와 의상이 있어 큰 스님되니
> 깨달은 마음 고불古佛과 부합되네.
> 큰 선비 설총님은 이두문자를 지어내니
> 속언俗言과 방언方言까지 문자로 적게 되네.
> 성현들이 모여들어 군君을 돕고 정사하니
> 무지한 천민들도 행하느니 예법이라.
> (박두포, 앞의 글, 63~64쪽).

한편 이승휴는 고구려가 망한 것을 연개소문이 나타나서 국권을 손아귀에 쥐고 제멋대로 휘두르니 백성은 도탄에 빠졌고, 나라의 터전이 무너졌다고 하였다.

> 연개소문이란 자 때를 잘 타고 나와
> 영색佞色과 교언巧言으로 총신이 되더니
> 어지러이 국권을 농간터라.
> 방편으로 어진 신하 함부로 죽이기와
> 안팎으로 권력 휘두르기 날로날로 심해가니
> 백성은 도탄으로 나라는 기울었다.
> (위의 글, 66쪽).

고구려를 위기로 몰아넣은 것은 연개소문이 고구려의 총신으로 등장해 권력을 남용한 결과였음은 부정할 수 없는 사실이다. 이런 부정적인 측면 때문에 연개소문이 스스로의 패기와 전술로 당나라의 침공을 막아낸 공적이 있음에도 불구하고, 이에 대하여 한 마디 언급도 없는 것은 이승휴의 지나친 편견이라고 지적하지 않을 수 없다. 중국과의 대결 속에서 이 나라의 국력이 강성해지기를 바랐던 사람이라면 수·당의 침략에 맞서 싸운 연개소문의 전과는 긍정적으로 평가해야 마땅한 일이었다. 또한 신라가 형제 나라들을 치기 위해 당나라 군사를 끌어들인 일을 비판하고 있지 않으니 이승휴의 삼국사 설명은 공정성을 잃고 있다.

한편 백제의 멸망은 의사왕義慈王이 주색에 빠져 왕의 법도를 잃었기 때문이라고 기술하고 있는 것은 사실이기에 그렇다손 치더라도, 신라왕이 당군을 청해 와서 소정방蘇定方의 명령으로 웅천熊川·사비泗沘로 군사들을 몰고 가 수륙 양편에서 화살과 돌을 퍼부으니 삼천궁녀들은 낙화암에서 떨어졌고, 백제는 멸망했다는 사실을 남의 일 다루듯 할 수 있

느냐는 것이다. 이렇게 볼 때 이승휴는 신라인으로서의 편협한 부족의
식에서 벗어나지 못했다는 의구심마저 갖게 한다.

괴로운 일이지만, 『제왕운기』하권 「동국군왕개국연대」의 해당 기록
을 그대로 옮겨 보기로 하자.

> 나달이 가고 차서 의자왕 위에 올라
> 색에 취해 왕의 법도를 잃었도다.
>
> 신라왕 당군唐軍을 청해와 쳐들어 갈새
> 소정방이 분부하여 웅천·사비로 내려가
> 수륙 양편에서 화살과 돌을 비같이 퍼부었네.
> 수다한 궁녀들은 청류淸流에 떨어지고
> 낙화암만 대왕포大王浦에 우뚝 서 있구나.
>
> (위의 글, 68~69쪽).

한편 후고구려와 후백제의 사적은 각기 고구려와 백제의 기사 말미에
덧붙여 서술하고 있고, 그 왕조들이 고려 태조 왕건에 의해 멸망·통합
된 것으로 기술했다. 실상 후고구려나 후백제는 하나의 왕조로서의 체
모를 갖추지 못했으니, 덧붙여 기술한 것을 탓할 수는 없다.

그런데 특기할 만한 일은 발해渤海에 대해서는 아주 간단하지만 『제왕
운기』에서 언급하고 있었다. 바로 발해를 우리 역사에다 처음으로 편입
시킨 것이 『제왕운기』라는 사실이다. 실상 이승휴가 『제왕운기』에서 발
해사를 우리 역사 속으로 편입시키기 이전에는 발해가 우리 역사와는
무관한 것으로 인식되고 있었다. 발해사를 우리 역사 속으로 편입시켰
음은 이승휴의 공적이라고 하지 않을 수 없다.

『제왕운기』하권, 「동국군왕개국연대」에 기록되어 있는 내용을 다시
한 번 살펴보자.

전 고구려의 구장舊將 그 이름은 대조영大祚榮
태백산 남녘성에 자리 잡아
주나라 측천무후則天武后 그 원년 갑신에
개국하여 이름 지어 발해로 일컫더라.
우리 태조 8년 을유에
온 나라 손잡고 우리 서울 찾았구나.
이런 기틀 먼저 알아 귀부歸附한 이 뉘신고
예부경禮部卿 대화균大和鈞, 사정경司政卿 대리저大理著라.
역년은 242년
그간에 몇 임금이 수성을 잘 했던고
(위의 글, 70쪽).

극히 짧은 내용이다. 그러나 이 글에서 주목해야 할 점은 발해를 건
국한 사람이 옛 고구려의 장수였던 대조영임을 분명히 밝히고 있다는
사실이다. 고구려의 옛 장수인 대조영이 세운 나라이므로 발해사는 우
리 역사에 편입시켜야 한다고 주장한 것이다. 나중에 발해 백성들이 중
국으로 가지 않고 고려 태조에게 돌아온 것으로 미루어 보더라도 발해
는 분명 우리 역사 속에 자리매김해야 한다는 것이다.

여기서 반드시 지적해야 할 일이 한 가지 더 있다. 발해를 건국한 곳
이 '태백산 남녘'이라고 기록한 그 태백산은 지금 한반도의 태백산 남녘
이 아니라 중국 영주營州의 동쪽에 자리 잡고 있는 태백산임을 이해해야
한다. 지금으로 말하면 백두산 북쪽 만주벌판에 있는 큰 산이다. 발해가
옛 고구려의 강역에 세운 나라였음은 누구나 다 아는 일이다. 발해가 옛
고구려의 강역에 세운 나라였기에 우리 역사 속으로 편입시킬 값어치가
있는 것이다.

Ⅵ. 이승휴의 고려 왕조에 대한 인식과 민족적 자각의 한계

이승휴는 『제왕운기』 하권을 「동국군왕개국연대」와 「본조군왕세계연대」 둘로 나누어서 서술했다. 이와 같은 서술체계는 저자가 『제왕운기』를 저술함에 있어서 고려 왕조의 역사에 큰 비중을 두고 있었음을 제시해 주고 있다. 그도 그럴 것이 역사서술의 궁극적인 목적은 자기가 살아가고 있는 당대에 교훈을 얻고자 함이니, 이승휴도 자기가 생활하던 고려시대의 역사에 큰 비중을 두고 있음은 당연한 일이었다.

이승휴의 고려 왕조에 대한 역사인식에 있어서 매우 중요시했던 일은 고려 왕실을 강성하게 만드는 것이었다. 강한 고려 왕실에만 관심을 쏟다 보니 먼저 왕실 혈통의 존귀함을 강조하였다. 이러한 사실은 이승휴가 「본조군왕세계연대」의 서두에, 당숙종이 잠저潛邸 시절 고려 송악산 근방을 유람했다고 적고 있으며, 이러한 사실이 역사적 기록과 부합되고 있음을 증명하고자 하는 태도를 취했던 데서 잘 나타나 있다. 고려 왕조의 선대가 당숙종의 혈통을 이어받은 후손이라는 것이다(하현강, 앞의 글, 진성규 · 김경수 편, 앞의 책, 325쪽 참조).

고려 왕조의 혈통이 존귀함을 강조하기 위해서 당숙종의 혈통을 이어받은 것으로 설명하고 있는 데서 오히려 우리 민족의 우수성을 포기하고, 당나라에 대한 종속성을 드러내고 있다고 하겠다. 우리 고대사의 설명에서는 단군의 혈통을 자랑으로 삼았는데, 어찌해서 고려 왕실에서는 당숙종의 혈통을 이어 받은 것을 자랑하고 있는지 이해하기 어렵다. 고려 왕조에 대한 역사인식에서는 우리 민족의 우수성을 내버리고, 오히려 중국에 대한 종속성을 드러내고 있는 것 같아 아쉬움을 떨쳐버릴 수 없다.

   그리고 고려의 세계연대는 고려 왕실의 선대세계先代世系로 알려져 있
는 성골장군聖骨將軍으로부터 세조까지의 『고려사』의 「고려세계高麗世系」
에 부록되어 전하는 김관의金寬毅의 『편년통록編年通錄』의 기사 내용과
비슷하다. 이로 미루어 볼 때 이승휴는 『편년통록』류의 자료들을 이용
하여 선대세계先代世系의 사적을 작성한 것으로 보이며, 따라서 신이神異
한 내용을 그대로 수록하게 되었던 것 같다.

   우선 『제왕운기』 하권 「본조군왕세계연대」에 기록된 내용부터 살펴
보자.

> 우리 대왕 가계 보면
> 더 더욱 기이하네.
> 당숙종 잠룡시절
> 유상遊賞하기 동국산천
> 팔진선八眞仙 예방하고
> 기숙터라 송악 산록
> 성골장군 손자 집에
> 아리따운 딸 있어서
> 서로 맺어 경강景康 낳으니
> 활쏘기 으뜸이라
> 천자인 아버지 뵈옵고져
> 상선에 몸을 실고
> 바다 가운데 이를 즈음
> 배돌아 머물도다.
>
>   (중략)
>
> 용왕님 나타나서
> 그 까닭 진언하길
> 고약한 늙은 야호野狐
> 때때로 여기 와서
> 부처 차림 거짓 부려

고운 소리 설경說經하면
내 몸에 두통 나는
이 근심 걱정하니
원컨대 신궁神弓 쏘아
이 화를 없애 주소
하던 말 이러하니
한 살로 이를 잡다.
용왕님이 치사하고
수궁으로 그를 맞아
장녀 주어 사위 삼다.

(중략)

어언 간에 성자聖子 나고
지리성모智異聖母 도선道詵 시켜
명당이리 일리주며
제왕기지帝王基地 분명타니
이로써 왕성王姓 삼다

(중략)

백관百官들 예대로니
궁예조弓裔朝 섬기며
태조님 원수 되어
싸움 없이 다 누르니
공업功業은 불꽃 일듯
궁예가 포악터니
민심은 물이 끓듯
이때에 네 공신들이
민생도탄 한탄하여

(중략)

무인년戊寅年 6월 보름
단연히 함께 일어나
우리 태조 뵈옵고서

대위大位에 추대하다.
3천의 보군기병
기약 없이 모인 숫자
가뭄에 구름 맞듯
온 세상 기쁨이라.
동정서벌東征西伐 18년에
삼한은 한 굴레라.

(박두포, 위의 글, 108~112쪽 참조).

그리고 고려 왕건 태조에서 원종까지의 역대 군왕들의 사직을 그 재
위연수를 중심으로 역사적 변천을 기술하였다. 이 과정에서 특히 주목
할 점은 이승휴가 권신들의 폐단과 고려 왕실의 위기를 조목조목 들면
서, 이를 경계하고 있었다는 것이다.『제왕운기』하권「본조군왕세계연
대」에 기술되어 있는 내용을 살펴보자.

경자景子 목종穆宗 13년간
김치양金致陽 요망 방자하니
강조康兆가 서경에 와
안종安宗 아들 현종顯宗이 즉위했다.

(중략)

문종文宗 아들 숙종 천명받아
11년간 좋은 정사
숙종 아들 예종睿宗 18년은
조야에 선비 흔하고
예종 아들 인종仁宗 55년에
이자겸李資謙의 핍박 입고
인종 아들 의종毅宗 명종明宗 신종神宗
차례로 즉위하다.
의종왕 25년

정중부鄭仲夫의 화禍 터져 나와
의관문신 해 입으니
경계란庚癸亂 이것이라.
경대승慶大升이 주흥誅兇하니
이의민李義旼은 도피했다.
슬프구나 내 목숨
네가 다시 와서 방자하네
명종明宗은 28년
손위遜位를 당했으니
이런 악 일시이며
권신權臣은 몇 명이 나왔던고
신종 8년 누리시고
그 아들 희종熙宗 같은 햇수
명종 뒤는 명종 혈통
대대로 천의天意를 누리더라
강종 3년 뒤 고종高宗님은
47년 다스리다.
원종元宗 16년에
임연林衍이 폐위시키다.
(위의 글, 114~115쪽 참조).

앞에서 지적했던 대로, 이승휴가 중국과 동국의 사적事績을 기술하면서 일관되게 역점을 두고 있는 것은 권신들의 발호가 왕조 쇠퇴의 원인이니 이를 경계해야 한다는 것이었다. 특히 「본조군왕세계연대」에서는 이 점을 더욱 강조하고 있다. 즉 고려 왕실을 중흥시키려면 무엇보다 권신들의 발호를 막아야 한다는 것이 이승휴의 일관된 주장이었음을 확인할 수 있었다.

앞에서 인용한 원문을 다시 한 번 살펴보면, 강조가 요사한 김치양을 제거하고 현종을 즉위하도록 만든 일을 찬양하였고, 인종의 왕권이 이

자겸에 의해 핍박받은 사실을 부정적으로 보고 있다. 그런가 하면 정중
부의 난을 비판함으로써 그가 무신의 집권을 얼마만큼 못마땅하게 여겼
던가를 밝히고 있다. 그리고 다음에 기술하는 원문에서 확인할 수 있지
만, 원종이 임연에 의해 폐위된 사실을 기록하면서 뒤이어 원나라의 도
움으로 복위된 사실을 예찬했다.

　여기서 우리는 이승휴가 원나라에 대해서 긍정적으로 생각하고 있는
한 가닥의 이유를 알 수 있을 것 같다. 익히 알고 있다시피 고종 말년에
최씨 정권이 붕괴되어 원종 대에 이르러서는 형식상이나마 왕정복고가
이루어졌다. 그러나 실질적으로는 권신들의 세력이 여전했다. 바로 임
연에 의한 원종의 폐위가 그 단적인 예이다.

　그런데 원나라는 임연의 세력을 억누르고 원종을 복위시켰다. 따라서
이승휴는 왕권을 강화시키고 권신들의 세력을 제거해줄 원나라에 대해
서 호의를 가졌을 것이다. 실상 정치적인 선택이란 선과 악 사이의 선택
이 아니라 '덜 나쁜 것(the less evil)'의 선택이라고 할 때, 이승휴가 권신들
의 발호를 제어해 주는 원나라를 덜 나쁘게 생각하고 호의를 지녔던 것
은 있을 법하다는 생각이 든다. 더욱이 이승휴는 당시 고려의 정치상황
에서 최악은 권신들의 발호라고 여겼기 때문에, 권신들의 발호를 억제
해 주는 원나라에 대해 호의를 지닐 수 있었을 것이다.

　다시 말해서 권신들의 발호를 막을 수 있는 세력이라면, 그 세력이
어떤 성격의 세력이든 이를 용납하고 찬양할 만큼, 권신들의 발호를 막
는 일에 쏟은 이승휴의 집념은 매우 강했던 것이다. 이승휴의 고려 왕실
에 대한 현재적 관심이 그의 역사인식에 지대한 영향을 미치고 있었음
을 알 수 있다(하현강, 앞의 글, 328쪽 참조).

　그러나 여기에서 이승휴의 민족적·국가적 자각의 한계를 엿볼 수
있는 것 같아 아쉬움을 느끼지 않을 수 없다. 자기의 적대세력을 제어해

주는 세력이라면 비단 외세라고 하더라도 손을 잡을 수 있다는 의식 속에서는 올바른 민족적·국가적 자각을 기대하기가 어렵다. 올바른 민족적·국가적 자각이라는 것은 설사 국내의 파쟁派爭에서 패배하는 한이 있더라도, 외세만은 끌어들이지 않겠다는 야무진 각오 속에서만 기대해 볼 수 있는 것이다. 그런데 이승휴는 국내 권신들의 발호를 막기 위해 원의 간섭을 호의로 받아들였으니, 그의 민족적·국가적 자각에는 엄연한 한계가 있었다고 할 수밖에 없다.

그런데 또 한 가지 이해하기 어려운 일은 우리 역사상 가장 대표적인 권신세력이었던 최씨 정권에 대해서는 이승휴가 혹독하게 비판하지 않았다는 사실이다. 그 까닭은 최씨 정권에서 과거에 급제한 이승휴의 개인적인 의리 때문이었는지, 아니면 이승휴가 살아있던 당시까지만 하더라도 최씨 정권에 대한 비판은 금기사항이었는지 알 수가 없다(위의 글, 328쪽). 그러나 그것이 개인적인 의리 때문이든, 금기사항이든 공정하지 못한 태도였음은 분명하다.

이렇게 볼 때, 이승휴가 활동하던 충렬왕 대의 고려사회를 그는 어떻게 인식하고 있었던가를 살펴보는 것은 흥미롭고 의미 있는 일인 듯싶다. 『제왕운기』하권 「본조군왕세계연대」에 실려 있는 내용을 또 살펴보기로 하자.

원종 16년에
임연이 폐위시키다.
이때에 금 폐하는
세자 기품 영위英偉하셔
중조에 계실 적에
압록강두 돌아올 세
멋진 풍채 천자 깨쳐

(중략)

천황 앞에 돌아가니
엄숙한 군병호위
난의 소유所由 밝혀 묻고
원종왕 보위를 되찾게 했다.
국세는 다시 건곤해졌고
일들은 잘 맞아서

(중략)

뒤이어 부마되는 영광 입으니
성하구나 빈왕의 이익
동궁의 효 다하시니
남면南面하실 복을 받아
경륜을 잘 펴시고
우근憂勤하여 예도禮度도 밝았다.
천매天妹는 대궐 살림
제손帝孫은 세자 자리에 있으니
나라 일은 빛이 나고
황은皇恩은 젖어온다.
청사는 태평송을
창생은 노래 부른다.
원컨대 억만 세월
길이길이 부귀하길

(중략)

양梁 당唐 진晉 한漢 주周 나라들과
송宋 금金 등 다 밍헀으니
오래도록 백성들을 거느리니
이보다 어진 나라 어디에 또 있을꼬
기쁠사 좋은 시절
신하 승휴 삼가 적다.

(박두포, 앞의 글, 115~118쪽 참조 ; 하현강, 앞의 글, 329쪽 참조).

위의 내용을 풀이해 보면, 임연에 의해 폐위된 원종을 세자의 노력으로 복위시켰음을 밝히고 있다. 그리고 무엇보다 충렬왕이 세자시절에 원나라 공주와 혼인해서 그 사이에서 태어난 아들이 새로운 세자가 되었으니, 고려 왕실의 기반은 전례 없이 튼튼해졌음을 축복했다. 또한 이러한 기반 위에서 고려 왕실은 중흥하고 태평성대가 이루어지리라고 이승휴는 믿고 있었고, 고려 왕조가 억만년 동안 부귀를 누릴 수 있기를 기원하고 있었다. 요컨대 이승휴는 충렬왕이 원나라와의 혼인관계를 통해서 권신들의 발호를 막고, 고려 왕실을 중흥시킬 수 있기를 축수하고 있었던 것이다.

일부 사람들은 이승휴가 원나라를 긍정적으로 보고 있을 뿐 아니라 찬양까지 서슴지 않았던 사실 때문에, 그를 사대주의자로 매도하기도 한다. 실상 고려 왕실이 원나라와의 통혼을 통해 두 나라의 관계를 다진 것은 분명했지만, 오히려 고려 왕실은 이로 말미암아 원나라의 지배 내지 간섭을 더 받았던 측면도 없지 않았다. 민족의 자주성과 자존심을 저버리는 태도를 사대주의라고 한다면, 당시 이승휴의 태도는 사대주의로 지탄받을 수도 있었다.

그 당시만 하더라도 우리의 대외관계는 주로 중국과의 관계였으니, 우리 민족의 자주성이나 주체성은 중국과의 관계에서 규정될 수밖에 없었다. 이러한 때에 중국 대륙을 지배하고 있던 원나라에 대해 긍정적인 시각에서 칭송했던 것은 사대주의로 규탄 받아 마땅할 듯싶다.

그러나 우리의 역사를 인식하는 데 있어서 이렇듯 단순논리로 규정해도 될까하는 의문의 여지가 남는다. 무엇보다 이승휴가 활동하고 있던 13세기 말은 민족주의적인 정서가 감지될 수 있었을는지 모르지만, 민족주의라는 개념이 성립되어 있던 시기는 아니었다. 요컨대 이승휴의 민족의식·국가의식을 오늘날 민족주의를 보는 시각으로 판단하는 것 자체가 문제일 수 있고, 무리일 수도 있다는 것이다.

앞서 언급했던 대로, 이승휴는 원나라에 대해서 사대적인 태도를 취하고 있는 부분도 있었지만, 이와 아울러 자주적이고 주체적인 태도를 견지하는 면도 있었던 것이다. 그리고 이러한 양면성은 서로 모순되는 것이 결코 아니었다(하현강, 앞의 글, 329쪽 참조).

무엇보다도 이승휴는 우리나라의 역사인식에 있어서 유별난 자주성과 주체성을 지니고 있었다. 앞서 밝힌 바대로 이승휴는『제왕운기』하권「동국군왕개국연대」첫머리에,

> 요동에 별천지가 있으니
> 중조와 두연히 구분되는 곳
> 큰 파도 바다가 삼면을 둘러있고
> 북녘으로 대륙과 이어진 땅
> 중방천리 여기가 조선이라오
>
> (중략)
>
> 처음에 어느 뉘 나라를 세웠던고
> 그 이름 석제의 손 단군님이지
> 요와 같은 해 무신년에 나라 세워

라고 하는 높은 차원의 민족적 자각을 갖고 있었다. 말하자면 중국과는 별개인 단군조선이라는 나라가 따로 서 있었음을 밝혔던 것이다. 이승휴가『제왕운기』를 저술했던 1280년대인 고려 후기만 하더라도, 중국 대륙 뿐 아니라 세계를 지배하고 있던 원제국에 의한 새로운 중화주의 中華主義가 동아시아 전체를 휩쓸던 시기였다. 이렇듯 거센 격류 속에서도 이승휴는 중국의 요나라와 대등한 단군조선의 존재를 밝혔으니, 보다 높은 차원의 민족적·국가적 자각이라고 하지 않을 수 없다.

　이렇듯 높은 차원의 민족적·국가적 자각을 밝히고 난 다음에, 현실
적 지배세력인 원을 받아들이고 찬양한 일쯤은 낮은 차원의 전술적인
측면을 고려한 결과였다. 실상 이승휴가 활동하고 있던 시대의 상황이
그로 하여금 원에 대해 배타적이거나 저항적인 사고를 지닐 수 없게 만
들었던 것은 아닐까 생각해 보게 만든다.

　따지고 보면 민족주의에도 배타적이고 저항적인 민족주의가 있고, 방
어적이고 자기보호적인 민족주의가 있다. 이승휴가 활동하고 있던 시대
의 고려사회는 그로 하여금 배타적이고 저항적인 민족적·국가적 자각
보다는 방어적이고 자기 보호적인 민족적·국가적 자각을 요구하고 있
었던 것은 아닐까 하는 생각을 갖게 한다.

　그 당시의 국가의식이란 국민들과 함께 하는 민족주의에는 이르지 못
한 단계였고, 국왕이 주체가 되는 국가주의적인 성격을 띠고 있던 상황
이었다. 더욱이 원나라는 이미 역사상 초유의 거대한 세계제국을 건설
하였고, 게다가 충렬왕과는 혼인을 통해 혈연적인 관계를 맺고 있었다.
따라서 이승휴는 스스로가 받들어 모시고 있는 충렬왕을 생각해서라도
원나라를 배척하거나 욕할 수는 없었을 것이다.

　그래서 이승휴는 원나라를 중심으로 하는 새로운 질서 속에서 우리를
주체로 하는 역사의식을 가다듬고, 원나라의 후원 아래 유교적 가치관
을 바탕으로 고려 왕실의 안정과 국가의 번영을 이룩하려고 노력했던
것 같다. 국민이 주체가 되는 민족주의에 이르지 못하고, 국왕이 주체가
되는 국가주의 내지 국왕주의 단계에서의 민족적 자각은 제약과 한계를
지닐 수밖에 없었다. 우리는 여기서 외부의 강대세력과 내부의 민족의
식의 갈등구조 속에서 현실대응에 고민하던 당시 지식인들의 정신세계
의 한 단면을 엿볼 수 있다(위의 글, 330쪽).

　이승휴가 2차 사행으로 원나라에 갔을 때 호복을 입고 상례를 치르려

는 세자(뒤에 충렬왕)를 설득해서 고려 복으로 갈아입고 상례를 치르도록
만들었던 일은 민족적·국가적 자각에 바탕을 둔 혜안이었다고 할 수
있다. 더욱이 이승휴는 세자를 설득해서 원나라의 세조로 하여금 고려
가 독자적인 제도와 관례를 유지할 수 있도록 하는 조칙을 발표하도록
하였는데, 이러한 일도 이승휴의 민족적·국가적 자각에서 우러나온 판
단이었음이 분명하다.

Ⅶ. 현대 민족주의 이론에서 본
이승휴의 민족적 자각

  민족주의란 내셔널리즘(nationalism)의 역어인데, 내셔널리즘이란 내이션
의 독립·통일 및 발전을 지향하고 추진하려는 사상과 운동의 총체라
고 할 수 있다. 내셔널리즘의 담당자를 내이션의 세 뜻, 곧 국가·국
민·민족 중 어느 것으로 보는가에 따라 내셔널리즘은 국가주의·국민
주의·민족주의라고 번역할 수 있다(차기벽, 『한국 민족주의의 이념과 실태』, 한길
사, 2005, 25쪽).

  이러한 내셔널리즘을 올바로 이해하려면 내셔널리즘의 발전과정을
고찰해 보아야한다. E. H. 카(Car)는 *Nationalism And After*(이원우 역, 『민족주
의론』)에서 근세 이후 내셔널리즘의 발전과정을 세 단계로 나누어 설명
하고 있다.

  제 1단계는 중세적 기독교 세계의 뒤를 이어 각지에 성립한 이른바
절대주의 국가의 성립을 기점으로 하여 시작된다. 절대주의 국가들이
강행한 중상주의重商主義 정책이 가져온 국가들 간의 격심한 경합에서
근대적 내셔널리즘의 싹을 찾아볼 수 있다.

그러나 이것은 싹에 불과하며, 그것과 근대적 내셔널리즘의 결정적인 차이는 국민적 요소를 결하고 있다는 데서 찾을 수 있다. 곧 국가의 부강을 겨냥하는 국가중심적인 정책은 비록 무력 충돌을 초래하는 경우가 있더라도, 국민의 복지를 위해서가 아니라 군주 개인의 야망과 이해를 위해서였으며, 군주의 백성에 대한 강제는 있어도 백성들의 자발적인 협력은 없었다.

프랑스혁명은 이러한 군주체제에 대하여 백성, 즉 민중이 축적된 경제력과 자각한 정치이념에 의거해서 그 체제를 뒤엎은 것이었다. 즉 민중 스스로가 민중을 위하여 정치권력을 행사하려고 일으킨 혁명이었다. 이를 계기로 비로소 국민이 성립되었고, 근대적 내셔널리즘의 확고한 기초를 확립할 수 있었다. 나폴레옹은 이러한 국민들을 거느리고 다른 나라를 침공해서 유럽 지역 전역을 지배할 수 있었다. 나폴레옹은 혁명적인 자유·평등·우애를 국내적으로 유지하면서, 그것을 유럽에 전파하려는 프랑스 국민들의 여망과 전폭적인 지지 하에 무력을 행사했던 것이다.

제2단계는 나폴레옹전쟁 전후 처리로서의 빈체제(큰 나라들의 국가적 이기주의에 의거해서 유럽을 정치적으로 재편성한 회의)에 대한 반동으로 시작해서 제1차 세계대전의 발발로 절정에 이른다. 이 시기 내셔널리즘의 특색은 제1차 세계대전에 의해서 상징될 수 있다. 1870년부터 점차적으로 성립한 국민국가의 권력증대 요구와 세계적으로 확대된 경제권과의 모순이 빚어낸 전쟁이 바로 제1차 세계대전이었다.

산업혁명의 진전에 따르는 자본주의 발달은 세계의 원료 공급기지 및 제품 시장의 단일 경제권을 성립시켰다. 경제면에서 이렇듯 인터내셔널한 현실과 절대주의 국가의 유산을 계승하고 있는 나라들은 국가 중심적인 권력 확대를 요구하였다. 이러한 요구는 결과적으로 영국의 유럽 대륙에 대한 관심, 독일을 중심으로 하는 범게르마니즘의 출현, 그리고 러시아를 중심으로 한 범슬라비즘의 등장을 초래하여, 이 삼자의 이해가 복잡하게 뒤얽혀 마침내 발칸에서 전쟁을 일으키게 된다.

제3단계는 민족자결주의를 중요한 원칙으로 하여 제1차 세계대전의 전후 처리를 한 베르사이유 체제의 성립으로 시작되었다. 베르사이유 체제는 몇몇 강대국들의 국가적 이해 때문에 희생되거나 분단되고, 아니면 종속이 강요된 소수민족들의 복잡한 요구가 미증유의 세계대전을 불러일으킨 데에 대한 반성으로 나타났다. 따라서 그것은 민족의 권리를 존중하고, 민족을 정치단위로 하는 세계의 재편성을 목표로 삼은 것이었다.

그러나 이론적으로는 전란의 재발을 예방하는 최선책으로 출현한 민족자결주의도 전승국들의 이해, 특히 그 현상유지의 요구 때문에 거꾸로 독일인들이 유럽 각지의 소수민족의 비애를 되씹는 사태를 초래했다. 그 뿐 아니라 일본이 한국의 독립을 허용하지 않았던 것처럼 미국, 영국, 프랑스도 각기 소유하고 있던 식민지를 해방하여 독립시키지 않았다.

이렇게 보면 내셔널리즘은 근세 초기 절대주의 국가에서는 주로 군주의 개인적인 욕망의 갈등으로 인한 국가들 간의 경합을 통해서 싹트고, 프랑스혁명 이후에는 국민들의 일치된 요망으로 추진되었다. 혁명을 치르거나 국민들이 정치에 참여하고 난 후에야, 국민들의 요구를 토대로 해서 내셔널리즘은 추진되기에 이르렀다. 국민들의 요구를 기반으로 하지 않고 국왕의 의지에 따라 국왕을 위해서 일어난 전근대적 내셔널리즘은, 그 주체가 국왕 개인이었으므로 소수 국왕 측근들의 관심은 불러일으켰지만 폭넓은 국민 대중의 관심을 불러일으킬 수는 없었다.

따라서 이승휴가 살아가던 13세기 후반 고려 왕조 말의 우리네 내셔널리즘은 전근대적인 성격을 띨 수밖에 없었고, 백성들의 호응과는 무관한 것이었다. 당시 이승휴가 간절히 소망했던 것은 오로지 국왕의 권력 증대였고, 국왕의 권력을 증대시키려면 간신들의 발호를 막아야 한다는 것이었다. 백성들의 의사나 이익은 고려하지 않고 오로지 국왕 중심의 정치운동이었다.

따지고 보면 민족주의는 내이션(nation)을 바탕으로 해서 일어난 이념이거나 운동이었는데, 내이션을 우리말로 번역하면 국가·국민·민족이라고 할 수 있다. 민족주의를 그 모태라고 할 수 있는 국가·국민·민족과 연관지어 본다면 국가주의와 국민주의의 단계를 거쳐서 비로소 민족주의로 발전해 왔다고 할 수 있다.

그런데 민족주의의 맹아라고 할 수 있는 국가주의는 13~14세기에 등장했던 영국의 튜더 왕조와 프랑스의 발로아 및 부르봉 왕조를 바탕으로 출현했고, 뒤이어 러시아·독일·이탈리아 등의 왕조들도 국가주의로 내달았다. 바로 유럽에서는 이러한 나라들이 절대군주 체제를 확립함으로써 근대 민족국가로 나아가는 발판을 다졌다. 그러나 절대군주 체제는 국가주의였을망정 민족주의는 아니었다.

절대군주 체제를 수립한 나라들은 내이션을 위해서가 아니라 군주 내지 왕실의 권세와 영광을 위해서 영토를 확장했고, 그것에 대한 지배권을 강화하기 위한 기구를 창설했다. 따라서 그것은 내셔널리즘(민족주의)이라기보다는 국가주의(etatism)였다고 하는 것이 옳겠다(B. C. Shafer, Nationalism: Myth and Reality, Harcourt Brace and World, New York, 1955, pp.67~68 ; 차기벽, 『民族主義 原論』, 한길사, 1990, 57쪽 참조).

이렇게 볼 때 고려 후반 이승휴 시대의 국왕 중심의 정치이념을 민족주의라고 표현할 수 없을 것 같아 필자는 '민족적 자각 혹은 국가적 자각'이라는 표현으로 대치했다. 안타까운 일은 민족주의의 맹아라고 할 수 있는 절대군주제의 수립은 유럽에 뒤지지 않았는데, 그 다음 단계인 국민국가를 거쳐 민족국가로 발전하는 과정을 밟지 못했다는 점이다. 우리는 국왕주의 혹은 국가주의에 머물러 있을 뿐, 국민주의를 거쳐 민족주의로 발전해 가지는 못했던 것이다.

방향을 바꾸어서 검토해 보기로 하자. 오늘날 민족주의를 대별해 보면 서구형 민족주의와 비서구형 민족주의로 구분할 수 있을 것 같다. 그런데 서구형 민족주의는 시민계급을 추진세력으로 하여 자유롭고 합리적인 근대 민족국가를 형성하려는 운동이었기 때문에, 전적으로 내부적·내재적인 힘의 전개과정, 다시 말하면 '안에서의 자유'를 위한 투쟁이었다. 이에 반해 비서구형 민족주의는 자생적으로 일어나지 못하고 외부와의 접촉을 통해서, 말하자면 외부의 힘의 자극을 받아서 일어나는 운동이었다. 따라서 비서구형 민족주의는 스스로를 방어하려는 운동 아니면 다른 민족의 지배로부터 해방을 쟁취하려는 운동으로 나타났다.

따라서 비서구형 민족주의는 '안에서의 자유'보다는 '밖으로부터의 독립'을 지향하게 마련이었다. 비서구형 민족주의는 역사적 권리와 전략상 필요에 의해 공격적 배타주의가 되고, 이를 위해 개인의 자유보다는 국가의 권력을 찬양하는 경향으로 나아갔다. 이러한 경향은 그 후 중동구형 민족주의의 특징이 되었다(車基壁, 著作集 2, 『한국민족주의 이념과 실태』, 한길사, 2005, 40~41쪽).

이러한 민족주의의 유형으로 볼 때, 우선 지리적으로 보더라도 이승휴의 민족적·국가적 자각은 비서구형임은 말할 나위 없다. 지리적인 요인만이 아니라 그 성격상으로도 이승휴의 민족적·국가적 자각은 비서구형으로 규정할 수밖에 없다. 서구에 속하는 나라이면서 비서구형 민족주의로 나아가는 나라도 있었다. 그 대표적인 나라가 독일과 이탈리아라 하겠다. 독일과 이탈리아의 민족주의는 자유주의와는 조화를 이루지 못하고 점점 더 서구의 합리주의를 배척하면서 침략과 지배를 중심사상으로 삼는 편협한 민족주의로 성장하기에 이르렀다(위의 책, 42쪽).

한편 아시아·아프리카 민족주의는 서구와의 접촉을 통해서 촉발되었고, 마침내 그 지배를 물리치고 '밖으로부터의 독립'을 쟁취했다는 의미에서 중동구형 민족주의와 궤를 같이 한다고 할 수 있다.

그러나 우리 한국은 서구의 지배 하에 있었던 것이 아니라 아시아 국가의 지배 하에서 독립을 쟁취했기 때문에 아시아·아프리카 국가의 민족주의와는 성격을 달리하고 있다. 한국은 오랫동안 중국의 간섭 하에 신음하다가 20세기에 들어 와서는 또 다시 아시아 국가인 일본의 지배를 받는 불운을 겪어야만 했다. 따라서 한국의 민족주의는 그 성격으로 보면 비서구형 민족주의이면서도 지배세력이 아시아 국가였으므로, 비서구형 민족주의와는 또 다른 성격을 띠고 있다. 이제 한국도 민주혁명을 통해 국민국가의 단계를 거쳐 올바른 민족주의를 향해 힘차게 전진하고 있다. 그러나 아직도 불행한 일은 남북으로 갈라져 별개의 국가체제를 지니고 있다는 사실이다.

이승휴의 역사관

Ⅰ. 머리말

1287년(고려 충렬왕 13년)에 이승휴가 저술한 『제왕운기』는 상·하 두 권으로 구성되어 있다. 상권은 중국사를 7언시七言詩로 기술했고, 하권은 우리나라 역사를 「동국군왕개국연대東國君王開國年代」와 「본조군왕세계연대本朝君王世系年代」로 나누어 전자는 칠언고시七言古詩로, 후자는 오언고시五言古詩로 서술했다.

상권의 중국사는 고대사부터 원元까지를 기록했고, 하권의 「동국군왕개국연대」는 지리기地理紀에 이어서 단군조선檀君朝鮮부터 발해渤海까지의 역사를 기술했으며, 「본조군왕세계연대」는 왕건王建 고려시조부터 충렬왕忠烈王 대까지를 기술했다. 우리의 역사를 단군조선에서부터 자기가 살고 있던 시대까지 두루 서술한 역사책은 귀한데도, 이승휴의 『제왕운기』는 김부식金富軾의 『삼국사기三國史記』만큼 대접을 받고 있지 못한 것 같다. 따지고 보면 『삼국사기』는 단군조선에 대해서는 언급이 없고 삼국시대만을 서술하고 있지만, 이승휴의 『제왕운기』는 단군조선부터 저자가 살고 있던 고려 중기까지를 서술하고 있는데도, 『삼국사기』에 비하면 소홀히 다루어지고 있다는 것이다.

이승휴의 『제왕운기』가 『삼국사기』보다 소홀히 다루어지고 있는 것은 혹 일제 식민지 지배 하에서 판을 쳤던 식민사관의 영향 때문이 아닐까 하는 생각도 해보았다. 일제가 한국을 지배하면서 가장 어려웠던 일은 한국의 역사가 일본의 역사보다 더 길다는 사실이었다. 일본의 역사는 2,700여 년인 데 비하여 한국의 역사는 4,300년이 넘었다. 2,700여 년의 역사를 지닌 일본이 반만년에 달하는 역사를 가지고 있는 한국을 지배하려니 버겁지 않을 수 없었을 것이다. 일본은 배에 가까운 역사를 지닌 한국을 지배하려니, 역사의 콤플렉스를 느끼지 않을 수가 없었다.

일본은 그들의 역사가 한국보다 오래 되었다고 우길 근거가 없으니, 한국의 역사를 깎아내리고 싶었을 것임은 불문가지였다. 그런데 『삼국사기』에는 단군조선에 대한 설명이 없었는 데 반해 『제왕운기』에는 단군조선이 중국 요나라와 같은 해 무진년戊辰年에 수립되었다고 기록되어 있을 뿐 아니라, 단군조선과 후조선의 관계도 체계적으로 설명하고 있으니, 한국의 역사를 깎아내리고 싶었던 일제로서는 『제왕운기』가 골치 아픈 존재일 수밖에 없었다. 그래서 20세기에 들어 와 일본이 지배하기 시작하면서부터 『제왕운기』는 보급 면에서 제약을 받을 수밖에 없었고, 식민지 사관에 물들어 있던 자들은 근거 없는 신이적神異的인 내용이라고 배척하기에 이르렀다.

차장섭車長涉 교수에 따르면 다른 사서들, 특히 『삼국사기』에 비해 『제왕운기』가 소홀히 다루어지고 있는 것은 "사료적 가치를 기준으로 역사서를 평가하고 있기 때문이다. 그러나 사서의 현대적 의의는 역사서의 사료적 가치 이외에 그 역사서에 반영된 역사관을 중요시하지 않으면 안 된다."고 했다(차장섭, '제왕운기에 나타난 이승휴의 역사관', 진성규·김경수 편, 앞의 책, 179쪽).

그래서 이 글은 『제왕운기』에 나타나 있는 역사관을 『삼국사기』·「동명왕편」·『삼국유사』 등과 비교하면서 검토해 보기로 한다. 특히 이승휴의 『제왕운기』는 앞서 저술된 사서들과는 어떤 관계에 있었고, 후세의 사서들에게는 어떠한 영향을 미쳤는가를 역사관을 중심으로 고찰해 봄으로써 그것의 사학사적 위치를 보다 더 정확히 자리매김해 보자는 것이다.

『제왕운기』에 나타난 이승휴의 역사관을 살펴보려면, 그의 생애·정치사상·정치활동 등 폭넓은 검토가 있어야 하겠지만, 이러한 문제들은 앞서 검토해 보았으므로 여기서는 이승휴의 역사관만을 중점적으로 고찰해 보기로 하겠다. 여기서 한 가지 더 지적해 두고 싶은 것은 13세기 고려 중기의 역사가였던 이승휴를 현대적 역사 이론을 잣대로 삼아 평가하는 것은 아무래도 무리인 듯싶다는 생각이 지워지지 않는다는 사실이다.

Ⅱ. 고려건국 후의 국제관계

10세기에 접어들면서 동아시아는 동요하기 시작했다. 당唐제국이 멸망하고 난 다음 송宋이 대신 들어섰지만, 당이라는 세계제국의 멸망은 그때부터 동아시아가 소용돌이에 휘말리게 되었음을 의미하는 것이었다. 한족漢族을 중심으로 했던 세계제국의 지배가 붕괴되자 그 내부에 소용돌이가 일기 시작했으며, 또한 그 주변에 움츠리고 있던 여러 민족들도 독자적인 움직임을 보이기 시작했다.

여러 민족들 중에서도 북방계 민족들, 특히 거란契丹 · 여진女眞 · 몽고蒙古족들이 연달아 동아시아의 무대를 휩쓸고 나왔다. 이러한 동아시아 정세의 변화 속에서 한반도 내의 우리 민족 안에서도 큰 변화가 일어나기 시작했다. 당이 멸망한 지 얼마 되지 않아 신라가 붕괴되기에 이르렀고, 송악군松嶽郡 귀족 출신인 왕건王建이 한반도를 통일하여 고려왕국高麗王國을 수립했으며, 대외 관계에서도 매우 진취적인 자세를 취하고 나섰다.

왕건은 건국 후 신라와 후백제를 흡수하기도 전에 누차 평양을 방문하고 북쪽 변방을 순시했다. 왕건의 이러한 활동은 한반도의 통일에만 머물지 않고, 고구려의 고토古土를 되찾자는 데 있었다. 그러나 거란이 만주대륙을 차지해서 남방을 노리고 있는 한 고려의 꿈은 실현될 수 없었다. 따라서 고려는 건국 초기부터 북방족과 대항 관계에 있을 수밖에 없었다. 거란의 침략에 대한 용감한 항전은 양규楊規·강감찬姜邯贊 등의 민족적 영웅을 출현시켰으나, 거란이 대요大遼로 성장해서 중국의 송까지 제압하고 나오자 고려도 어쩔 수 없이 요를 받들어 신사臣事(신하로 자임)할 수밖에 없었다.

뒤이어 여진女眞이 대금국大金國으로 등장했을 때, 고려의 사정은 더욱 곤혹스러웠다. 여진의 아골타阿骨打는 고려를 '아우의 나라'라고 일컫는 등 거만한 태도를 취하고 나왔다. 이에 대해 당시 감찰어사監察御使 김부의金富儀(김부식의 동생)는 한·당·송의 중국 천자도 온갖 굴욕을 참아가면서 흉노匈奴·돌궐突厥·거란 등에게 화친했다는 사례를 들어 여진의 요구를 받아들이기를 주장했다(이우성, '고려중기의 民族敍事詩', 진성규·김경수 편, 『李承休研究論叢』, 삼척군, 1994, 6~7쪽). 하지만 조정공론은 금나라 사신의 목을 베자는 과격파가 있어서 금나라의 요청을 거부했다.

그러나 금이 거란을 멸망시키고 나자 고려에 대한 거만은 더욱 심해져 고려에 대해 신례臣禮(신하로서의 예의)를 요구하기에 이르렀다. 이때 일반 관료들은 금의 요구를 불가하다고 주장했는데, 오직 이자겸李資謙 일파만은 '사대하는 것이 선왕의 도(以小事大는 先王之道)'라고 우기면서 사신을 보내자고 주장했다는 것이다.

당시 이자겸은 앞서 밝혔던 김부의와 함께 고려 전기의 대표적인 귀족이었다. 이들 경원 이씨慶源李氏·경주 김씨慶州金氏의 문벌귀족들은 모두 신라의 대관 혹은 왕족의 후예로서 고려 전기, 특히 문종부터 인종에 이르기까지 7대 약 77년간 고려의 정치를 좌우했다. 이러한 귀족들은 인종 대에 이르면 모든 진취성을 상실하고 오직 비굴한 외교책으로 일시적인 편안만을 도모했다.

　귀족들은 국가의 자주성에 대해서는 아랑곳 하지 않았고, 요나라에 바치던 신례로써 다시금 금나라를 섬겼다. 그런데 예나 지금이나 대외적으로 비굴했던 귀족들은 대내적으로는 권력을 기탄없이 행사하고 나섰다던 것이다. 심지어 외세 의존적(사대적)인 귀족들이 때로는 국권을 노리기까지 했는데, 그러한 전형적인 예가 '이자겸의 난'이었다.

　이자겸은 왕궁을 습격하여 불태웠으나(1126년) 공모자인 탁준경拓俊京의 역습으로 이자겸은 죽고, 이씨 일문은 추방당했다. 이렇듯 이씨 일문의 몰락은 귀족정치가 쇠퇴하는 전조였다. '이·탁의 난'으로 많은 궁전이 불에 탔고, 아름다웠던 도성은 잔해만 남았다. 도성은 불길하고 음산한 분위기였으며, 이러한 분위기 속에서 음양지리의 미신이 난무하였다.

　바로 이러한 상황에서 승려인 묘청妙淸을 중심으로 한 평양천도운동平壤遷都運動이 전개되었다. 이 천도운동은 음양지리의 미신에 기초를 두고 있었다. 주의 깊게 보아야 할 일은 귀족정치에 대한 불만과 귀족들의 비굴한 외교에 대한 강한 반발이 그들 의식의 저류를 이루고 있었다는 사실이다. '묘청의 난'의 주모자들은 평양천도를 통해서 국가를 유신하고 중흥공신中興功臣이 되자는 것으로, 개성에 전통적 생활기반을 갖고 있는 귀족 세력을 억누르고 금나라에 대해 저항함으로써 고려의 자주성을 확보해 보자는 것이었다.

　이 사건은 당시 천도파의 금나라에 대한 저항의식이 얼마나 강렬했던가를 알려주고 있다. 또한 술수가들의 책략에 의해서만이 아니라 널리 민중의 심리와 연결되어 있었음을 보여주는 것이기도 했다.

　"위로는 천심에 응하고 아래로는 백성의 바람에 따른다(上應天心 下順人望)."는 것을 단순한 허식어로만 볼 수는 없다. 적어도 금나라를 제압하자는 민족적 적개심에 있어서는 그 당시 민중의 심리가 귀일될 수 있었기 때문이다. 이러한 칭제건원稱帝建元의 주장은 금나라에 대항하는 고려인의 자주의식의 발로라고 하겠으니, 실은 당시 동아시아 풍운 속에 기멸무상起滅無常한 민족·국가들이 얼마든지 칭제건원을 실행했던 것으로, 결코 고려만의 당돌한 생각은 아니었다. 도리어 그러한 시대적 환경 속에서 고려가 자극받아 자주적 의식에 도달했던 것이다(이 시대의 동아시아 각 지역의 '칭제건원'의 유행에 관해서는 이병도 박사의 「고려시대의 연구」 제2편 제4장 제3절 주9에 자세히 설명되어 있다; 이우성, 앞의 글, 진성규·김경수 편, 앞의 책, 9쪽).

그러나 천도에 따라 정권이 바뀔 것을 두려워했던 김부식金富軾(김부의의 형)을 비롯한 일당은 천도를 극력 저지했고, 천도파가 평양에서 반란을 일으키자 김부식이 총수가 되어 난을 평정했다. 이자겸을 비롯한 이씨 일파는 몰락했으나 김부의·김부식을 비롯한 김씨 일파가 여전히 귀족의 중심세력으로 정권을 장악하였다. 김씨 일파가 있는 한 고려 조정의 부패한 정치와 비굴한 외교는 시정될 수 없었다. 민중의 심리와 아무 연결도 없는 정치·외교가 귀족정권에 의해서 타성적으로 유지되고 있을 뿐이었다.

더욱이 이러한 혼란 속에서 무인정변, 말하자면 '정중부鄭仲夫의 난'이 발발했다(1170년). 이 정변은 귀족정권을 일거에 무너뜨리고 귀족문신들을 살육함으로써 신라 이래의 귀족들을 모두 제거해 버렸다. 정중부의 난에 뒤이어 권력을 장악한 최씨 정권은 4대에 걸쳐 세습되면서 몽고의 침략을 받았다. 그 당시에 입은 피해는 이루 헤아릴 수 없었다.

몽고가 금나라를 멸하고 일어나자 동아시아의 정국은 송두리째 뒤흔들렸고, 고려의 운명은 풍전등화처럼 위기에 몰렸다. 최씨 정권은 외교적 절충을 해 보았지만 아무런 성과가 없자 몽고에 굴하지 않기로 결의했다. 최이崔怡의 지휘 하에 왕실과조정은 생활필수품을 배에 싣고 강화도로 천도하여 27~8년간의 대몽항전을 계속했다.

고려의 무인정권, 특히 최씨 정권은 귀족정치 체제의 폐쇄성에 비해 보면 상대적으로 넓은 기반 위에 있었고, 강고한 결속과 과감한 조치로써 국내 모든 힘들을 동원하여 활용할 수 있었다. 오히려 고려의 정권이 부패하고 무력했던 귀족들에게 맡겨져 있었더라면 몽고군의 침략 앞에 진작 멸망했거나, 아니면 요·금에게 보여주었던 비굴한 외교적 추태를 몽고에게도 계속 노출시켰음이 분명했다.

몽고의 침략은 그 범위도 넓었을 뿐만 아니라, 약탈행위의 잔인함과 흉포함이 전 세계의 전쟁사상 그 유례를 찾아보기 어려울 정도였다. 유럽·아시아 대륙에 걸쳐 몽고군이 가는 곳은 모두가 도살장으로 바뀌었고, 몽고군이 스치는 도시나 문화는 모두가 잿더미로 변하고 말았다. 이러한 침략에 대하여 가장 끈질기게 버티면서 견디어 왔던 곳이 러시아민족·중국민족 그리고 우리 조선민족이었다. 당시 고려에서는 몽고족을 '달단완족達旦頑族'이라고 일컬었는데, 그것은 몽고인을 단지 이민족이라고만 생각한 것이 아니라 야만족이라는 의미까지 곁들였던 것이다.

몽고인의 잔인 흉포함은 말할 것도 없고, 그들의 미개함은 금수나 다를 바 없었다. 당시 천하의 모든 민족들이 숭상했던 불법佛法이 있다는 사실도 모르고 있었다. 그러므로 불상과 불경을 닥치는 대로 파괴하고 불살랐다. 당시 '불법佛法'이란 종교적인 불교에 국한된 말이 아니고 보다 널리 문명을 상징하는 말이었다. 실제로 불법을 떠나 고려의 문명을 말할 수 없을 만큼 고려인들에게 불법은 소중한 것이었고, 국가적 보물인 대장경판大藏經板은 문명의 구체적인 재산이었다.

고려인들이 본 몽고인들은 조국의 침략자인 동시에 문명의 파괴자였다. 이민족의 침략으로부터 조국을 방어하고 야만인의 파괴로부터 문명을 수호한다는 것이 고려의 대몽고전쟁의 의식이었다. 전쟁의 와중에서도 국력을 기울여 6,500여 권 17만여 면의 대장경판을 제작한 것도, 12도徒의 사학私學의 재건을 위한 운동이 전개된 것도, 세계 최초의 금속활자를 발명하여 상정예문詳定禮文이라는 경국經國의 전장典章을 각인한 것도, 특이한 안료와 수법으로 세계적인 공예품인 청자기를 만들어낸 것도 다 이러한 의식의 소산이었다(이우성, 앞의 글, 11쪽).

그러나 보다 더 중요한 것은 이 전쟁기간에 각 지방의 장졸과 민중의 영웅적인 전투였다. 박서朴犀는 귀주에서, 김경손金慶孫은 정주에서, 송문위宋文胃는 죽주에서, 최춘명崔椿命은 자주慈州에서 모두 몽고병사의 철통 같은 포위에 조금도 굴함이 없었으며, 주야를 가리지 않는 치열한 공방 전 끝에 마침내 몽고군을 격퇴시켰던 것이다. 이러한 전공은 장수들의 뛰어난 지휘력도 있었지만, 그보다는 지방민중의 일치된 항전의 결과였 다. 우리의 역사 속을 살펴보면 나라로부터 아무런 혜택도 받지 못한 민 중이 나라가 위기에 처하면 나라를 구하고자 목숨 걸고 앞장서는 경우를 많이 찾아볼 수 있다. 바로 대몽항전에 민중이 참전했던 경우도 그러한 예에 속한다고 볼 수 있다.

충주의 경우를 들어 보자. 70일 동안의 포위 끝에 군량마저 떨어져 성은 함락되기 직전이었는데, 김윤후金允侯라는 수장은 민중 앞에서 귀 천을 막론하고 공을 세운 자는 상을 주겠다면서 노비문서를 불살라 버 렸다. 이에 노비들은 고무되어 필사적인 전투를 전개해서 몽고군을 깨 끗이 패퇴시켰던 것이다. 이러한 사실들을 미루어 생각해 볼 때, 우리 민중은 나라가 위기에 처하면 발 벗고 나서 나라를 구하는 일이 허다했 음을 알 수 있다.

그런데 최씨 정권이 무너진 후 낡은 사고에 젖어 있던 고려 왕실과 반 동적인 관료들은 몽고에 항복하고 개경開京으로의 환도를 결정했다. 그리 고 난 다음 몽고군의 감독 하에 강화도성江華都城을 파괴하면서 흘린 고려 군 병사들의 한 맺힌 눈물과 넘어지는 성벽의 진동소리에 피눈물을 뿌리 던 당시 민중의 한은 어떠했던가를 짐작하게 만들었다.

당시 삼별초三別抄의 군대는 몽고에의 항복을 거부하고 진도·제주도를 근거로 삼아 몽고에 대한 항전을 호소하고 나오니, 전라도·경상도 지방의 민중들은 이에 호응해서 일제히 봉기하고 나섰다. 당시 민중의 봉기는 삼남지방의 지방 수령들로 하여금 앞을 다투어 합류하게 만들었고, 이와 반대로 민중의 뜻에 따르지 않는 수령들은 민중의 손에 죽음을 면할 수 없었다. 그런데 이러한 민중의 봉기에 대해서 고려 조정은 어떻게 대처했던가. 삼별초군과 민중의 민족적 저항에 대해서 고려 조정은 관군으로 하여금 적군인 몽고군과 합세해서 민중의 저항을 토벌하고 나섰다. 몽고군과 연합해서 우리의 삼별초군과 민중을 제압한 고려 조정의 반민족적 처사는 몽고에게 모든 결정권을 맡겨 버리는 슬픈 운명의 귀결이기도 했다.

이리해서 고려 초 내세웠던 우리 민족의 진취적인 기상은 거란·여진 양이민족에 의해 꺾이고 말았다. 몽고의 침략에 대해서는 장기간 항쟁했으나 끝내는 항복하고 말았다. 거란·여진의 양이민족에 의해 우리의 진취적인 기상이 꺾인 것은 구귀족 집권 세력들의 부패·무능의 소치였고, 몽고군에게 항복한 것은 왕실과 반동적인 관료들의 배신 때문에 빚어진 결과였다.

우리는 여기서 간과해서는 안 될 중요한 사실을 지적하지 않을 수 없다. 외적의 침입이나 간섭이 장기화되면, 국내 정치세력들 사이에도 외세의 침략이나 간섭을 받아들이자는 세력과 외세의 침략이나 간섭에 대항하여 끝까지 항쟁해야 한다는 세력이 나타난다는 것이다. 지난날 당나라 군대가 침입했을 때, 침략군과 화이를 맺자는 사대주의 세력이 나타났는가 하면, 끝까지 항쟁해야 한다는 자주 세력도 출현했던 것이다.

20세기에 들어와서 일제의 침입이 자행되었을 때에도 일제와 화의를 맺어 일제의 침략을 받아들이자는 친일 사대주의자들이 있었는가 하면,

어떤 고초를 겪더라도 우리의 자주성을 포기해서는 안 된다는 민족주의자들도 있었다. 이렇게 볼 때 외세의 침입이 있거나 외세의 지배가 장기화하면 그 나라 안에서는 반드시 사대론자와 민족주의자가 분립해서 세다툼을 벌릴 수밖에 없다는 것이다. 이러한 분립·대치는 정치세력들 사이에서만 나타나는 것이 아니라, 학계 안에서도 사대론자와 민족주의자로 갈라져 대립을 빚게 마련이다. 특히 정치학계나 역사학계에서 이러한 대립은 첨예하게 나타났다.

그러면 고려 중기에 들어서면서 거란족과 여진족의 침입에 뒤이어 몽고군의 침입과 간섭이 심해지자, 고려 조정의 정치세력들 사이에 분립·대립이 빚어진 것은 두말 할 나위 없지만, 몇 안 되는 사학자들 사이에도 대립이 빚었다. 그러면 고려 중기에 이르러 외적의 침입을 계기로 사학자들 사이에 사대주의와 민족주의로 갈라져 대립했던 양상은 어떠했던가를 고찰해 보기로 하자.

III. 고려 중기의 역사논쟁

우선 고려 중기에 들어와서 거란족·여진족·몽고족들의 잇따른 침입과 간섭을 받으면서 당시 역사학자들 중에는 침략세력에 아첨하는 사대주의를 표방한 사람이 있었는가 하면, 민족의 자주성을 부르짖는 민족주의를 주장하는 사람도 있었다. 여기서 시대주의자라고 하면, 일신의 안위만을 생각해서 침략세력에 아첨하고 아부하는 자들을 가리킴은 이론의 여지가 없었다. 그렇지만 민족주의적인 자각을 한 사람이라면 외세침략에 저항하면서 민족의 자주성을 지키기 위해 노력을 기울이는 사람을 가리킴은 분명하나, '민족주의'라는 용어에 대해서는 여러 가지 주장들이 엇갈리고 있음을 지적하지 않을 수 없다.

'민족주의'란 근대에 이르러 비로소 성립되었다는 견해가 지배적이다. 근대 이전의 중세나 고대에는 '민족주의'가 존재하지 않았다는 것이다. 유럽에서는 프랑스 혁명을 치르고 난 다음에나 엿볼 수 있었고, 우리나라에서는 개화기에 이르러서야 확인할 수 있었다고 한다. 우리의 소박한 생각으로서는 나라의 독립과 자주성을 지키기 위한 노력이 '민족주의'이고, 그러한 노력을 기울인 사람이 '민족주의자'라고 여겨왔는데, 결코 그렇지 않다는 것이다. 단적으로 말해서 강감찬姜邯贊이나 이순신李舜臣은 애국자임에는 틀림없지만, '민족주의자'라고 일컫는 데는 문제가 있다는 것이다.

차기벽車基璧 교수에 의하면, 민족주의는 근세 초기의 절대주의 국가, 주로 군주의 개인적인 욕망의 갈등에 의한 국가들 간의 경합을 통해 싹터 나왔고, 프랑스혁명 이후에는 국민들의 일치된 욕망으로 추진되었다는 것이다. 이렇게 보면 민족주의의 초기라고 할 수 있는 절대주의 시대는 국가주의 시기이고, 프랑스혁명을 거치고 나서는 국민주의 시기라 하겠다. 종국에는 국민주의와 민족주의가 나란히 나아가지만 민족주의가 역사의 동인으로서 새로 등장했다는 의미에서 민족주의의 시기라고 할 수 있다는 것이다(차기벽, 저작집 2, 『한국 민족주의의 이념과 실태』, 29쪽 참조).

요컨대 "민족주의는 국가·국민·민족으로 그 담당자를 옮김에 따라 국가주의·국민주의·민족주의의 양태를 지니면서 전개되지만, 세계 제2차 대전 후에는 민족해방이라는 현안문제를 해결하기 위해 아시아·아프리카 후진지역에서 민족주의가 노도와 같이 일어났다."는 것이다(위의 책, 29쪽). 돌이켜 보면 유럽에서의 민족의식은 중세 말기부터 수세기 동안 장구한 기간에 걸쳐 서서히 성숙한 것이지만, 민족주의라는 이데올로기와 운동이 역사적 동력으로 된 것은 19세기 이후의 일이었다.

그 직접적인 동기가 된 것이 프랑스혁명이며, 그 전개의 무대는 주로 유럽 대륙 국가들이었다.

프랑스혁명에 대한 간섭전쟁의 과정은 우선 프랑스 시민들에게 애국심과 인민주권의 원리와의 결합을 가져 왔고, 이어 나폴레옹의 침략은 유럽 제국의 구체제를 파괴한 반면에 여러 민족들의 광범위한 저항운동을 야기했다. 이것을 계기로 대내적으로는 정치적 지도권을 일부 소수 특권 귀족층의 독점에서 해방시켜 '국민적'으로 확대하려는 이상, 그리고 대외적으로는 오랫동안 국제사회의 조직 원리로 통용되어 온 왕조주의王朝主義를 타파하여 내이션을 기반으로 하는 독립 국가를 형성하려는 지향, 이 양면의 동향이 마침내 국민적 지기 결정이라는 통일적인 관념에로 합류해 갔던 것이다(丸山眞男, 『現代政治の思想と行動』(增補版), 未來社, 1963, pp.274~275 ; 차기벽, 『民族主義 原論』, 한길사, 1990, 31~32쪽).

민족주의의 운반체인 내이션은 국가, 국민, 민족이라고 제각기 달리 일컬어지고 있었다. 그런가 하면 '민족주의'라는 용어는 국민주권, 말하자면 국민이 정치의 주체로 등장한 이후에나 성립된 것이니, 13세기의 고려시대를 논하면서 '민족주의'라는 용어를 사용하는 것이 과연 타당하냐는 의문이 제지되지 않을 수 없다. 따라서 고려시대의 정치상황을 논하면서 '민족'이라는 용어를 사용하는 것은 가능할지 모르지만, '민족주의'라는 용어를 사용하는 것은 망설여진다. 민족주의라는 용어가 쓰일 수 있는 시기는 19세기였는데, 13세기의 정치상황을 설명하면서 '민족주의'라는 용어를 사용하는 것은 아무래도 무리라고 생각된다. 그래서 민족주의의 싹이 트던 절대왕조 시대를 '국가주의' 시대, 혹은 '제왕주의' 시대로 표현했으면 어떨까 제안해 보기로 한다.

그러면 본론으로 다시 돌아가서 고려 중기에 거란·여진·몽고가 잇따라 침공했던 시기에 고려의 사학자들은 당시의 사태를 어떻게 인식하고 있었으며, 어떤 태도를 취했는지 확인해 볼 필요가 있을 것 같다. 고려 중기에도 알려지지 않은 많은 역사가들이 있었겠지만 일일이 다 살펴볼 수 없으니, 여기서는 그들 중 역사서를 남겨 오늘을 살아가고 있는 우리들로 하여금 살펴볼 수 있게 만들어 준 네 분만을 골라 보기로 하자.

첫째는 『삼국사기三國史記』를 지은 김부식金富軾이고, 둘째는 『동명왕편東明王篇』을 지은 이규보李奎報이며, 셋째는 『삼국유사三國遺事』를 저술한 일연一然이며, 마지막은 『제왕운기帝王韻紀』의 저자이자 이 글의 주제인 이승휴李承休에 관해서 순서대로 살펴보기로 한다. 이 글의 성격상 앞의 세 사람에 관해서는 요점만 간추려 보고, 이 글의 주제인 이승휴에 관해서 중점적으로 살펴볼 수밖에 없음을 먼저 밝혀 둔다. 그리고 앞의 세 사람들 중에서도 김부식보다는 이규보나 일연에 관해서 좀 더 상세하게 설명할 필요가 있을 것 같다. 왜냐하면 이규보와 일연은 이 글의 주제인 이승휴와 자주적인 역사관이란 면에서 맥을 같이 하고 있기 때문이다.

우선 김부식에 관해서 살펴보기로 하자. 앞서 고려 건국 후의 국제관계를 설명하면서 지적한 바 있지만 김부식은 당시 감찰어사監察御使로 있을 때, 한・당・송의 중국 천자도 온갖 굴욕을 참아가면서 흉노・돌궐・거란 등과 화친했다는 사례를 들어 여진의 요구를 받아들이기를 주장했던 김부의金富儀의 형이었다.

또한 김부식은 금나라 사신의 목을 베자는 조정공론을 무시하고 '사대하는 것이 선왕의 도'라고 우기면서 사신을 보내자고 주장했던 이자겸李資謙의 일파였다. 당시 이자겸은 김부의(김부식의 동생)와 함께 고려 전기의 대표적인 귀족이었다.

이자겸은 경원 이씨慶源李氏를 대표한 문벌귀족이었고, 김부의는 경주 김씨慶州金氏를 대표하는 문벌귀족이었다. 이들은 신라의 대관 혹은 왕족의 후예로서 고려 전기, 특히 문종 대부터 인종 대에 이르기까지 7대에 걸쳐 77년 고려의 정치를 좌우했던 사람들이었다. 이들 귀족들은 인종 대에 이르면 이미 진취성을 상실하고 오직 비굴한 외교책으로 일신의 평안만을 도모했다. 그들은 국가의 자주성에 대해서는 무관심했고, 요나라에 바치던 신례臣禮로써 다시금 금나라를 섬겼던 자들이었다.

바로 이 무렵에 김부식이 편찬해 낸 책이 『삼국사기』였으니, 그 책이 사대적인 색깔을 지녔음은 두말할 나위 없었다. 『삼국사기』는 김부식이 문하시중을 맡고 난 후 감수국사監修國史로 활약하면서 11명의 사관들을 거느리고 약 3년간의 노력 끝에 인종仁宗 23년에 편찬한 사서였다. 따라서 『삼국사기』는 한 사가에 의한 저술이 아니고, 국왕의 명령 하에 고려 조정이 주관해서 펴낸 사서임을 확인할 수 있다. 말하자면 『삼국사기』는 역사가 개인의 저술이 아니라 국가의 사관들이 편찬한 관찬사서官撰史書라는 것이다. 여기서 『삼국사기』가 관찬사서임을 밝히는 이유는 그 사서를 저술함에 있어서 어떤 한 사람의 의견이 주도적으로 개입되기 어렵다는 근거가 될 것 같아서, 실은 그렇지 않다는 것을 말하고 싶기 때문이다.

당시의 관의 위계질서로 보아서는 역사편찬에 참여한 사관들이 책의 편찬을 총괄하고 있는 감수국사의 뜻에 거역할 수 있는 상황이 아니었음을 미리 밝혀두고 싶다. 더욱이 『삼국사기』의 편찬을 총지휘했던 김부식은 앞서 밝혔듯이 전통적인 문벌귀족인 데다가, 당시 실권을 행사하던 인물이었다. 따라서 『삼국사기』는 다른 관찬사서들보다는 감수국사의 의견이 많이 반영된 사서였음은 두말할 나위 없다.

일부 학자들은 김부식의 논찬의 내용이 중국 사서들에 의존했으며, 유교적이고 중국적인 예절관과 윤리관으로 짙게 물들어져 있는 것은 널리 알려진 사실이라고 인정한다. 그러면서도, "김부식의 형식주의적인 예법론이나 중국에 대한 사대적 태도, 또 현실을 소홀히하는 원칙론적인 윤리관은 결코 전후대의 다른 사가들의 그것보다 더 고루한 것이 아닐 뿐 아니라 도리어 객관성·합리성은 더 풍기고 있다고 할 수 있다(고병익, '삼국사기에 있어서의 역사서술', 이우성·강만길 편,『韓國의 歷史認識』상, 창작과비평사, 1976, 45쪽)."는 주장의 논거로 이용되고 있기 때문에 부연해서 설명할 수밖에 없다.

또 일부에서는 다른 사료들이 없어서 중국 사료나 신라의 사료들에 의존할 수밖에 없었다고 변호하고 있으나, 우리나라 역사를 편찬하면서 중국 사료들을 그토록 많이 이용한 것은 사대주의적인 체질 때문이었다고 하지 않을 수 없다. 특히 신라사에서는 40명의 인물들에 대해 언급하면서도, 고구려사에서는 8명의 인물들에 대해서만 언급하고 있는 것은 선의로 해석하기 어렵다는 것이다.

『삼국사기』는 유교적인 정치이념을 강조하기 위한 이데올로기를 가지게 되었던 바, 그 결과는 우리 전통문화의 왜소화와 빈곤화였다. 이에 대한 반발로서 12세기 말에는『동명왕편』, 그리고 13세기 후반에는『삼국유사』가 출간되었다(정창렬, '해제', 이우성·강만길 편,『韓國의 歷史認識』하, 창작과비평사, 1976, 549쪽). 바로 김부식의 『삼국사기』는 유교적·전제적인 귀족정권의 독선적인 승리의 기념물과 같은 것으로 편찬되었다고 보는 것이 옳다는 것이다(이기백, '삼국유사에 보이는 일연一然의 역사인식에 대하여', 위의 책, 131쪽).

다음으로 이규보에 관해서 살펴보기로 하자. 이규보는 황여현黃驪縣(지금의 여주)에서 출생한 사람인데, 그의 조상 중에 크게 알려진 사람은 없었다. 그의 부친 이윤수李允綏는 개경에서 관리로 있었다. 당시 고향인 여주에는 이씨 일족이 살았는데, 호장戶長 교위校尉 등의 향리직에 종사하고 있었다. 이윤수도 이러한 토착세력을 배경으로 해서 개경에서 관리직을 맡고 있었다. 또한 그는 개경에서 관리생활을 하고 있으면서도 여주에 약간의 전토를 가지고 있었다고 한다.

그러가 하면 이윤수는 개경 서쪽에 얼마간의 전토에다 초당을 지어 놓았는데, 후일 아들인 이규보에게 상속하였다고 한다. 이러한 사실들을 고려해 보면, 이윤수는 당시 지방에서 진출해 온 사람으로 가계나 관직도 대단치 못한 처지였지만, 일정한 토지와 7~8명의 노예를 소유하여 새로운 조건에 적응하면서 상승할 기반을 닦아 놓고 있었던 것이다.

이규보는 무신정변이 발발하기 2년 전쯤인 1168년에 개경에서 출생한 것으로 추측된다. 무신정변이 일어난 이듬해인 4살 때, 부친이 성천成川으로 전출했다가 4년 만에 중앙으로 돌아왔다. 그 후 다시 수원의 외직으로 나가기까지 10여 년간을 이규보는 개경에서 살았다. 당시 개경이란 무신정변으로 정국이 소용돌이치고 있던 시기였고, 유혈이 빈번한 소란의 수도였다.

이규보의 천재적 자질은 9세 때에 이미 신동이라 알려졌고, 14세 때에는 문헌공도文憲公徒에 적을 두고 성명제誠明齊에서 열심히 공부해 두각을 나타내었다. 그러나 16세 때와 18세 때, 그리고 20세 때 세 번에 걸쳐 사마시司馬試에 응시했으나 낙방하고 말았다. 그의 연보에 의하면, 그는 소년 시절부터 술을 좋아하고 방종하면서 풍월을 일삼았기 때문에 연달아 낙방한 것이라고 했다.

그러나 천재적인 문학 소년이었던 이규보는 자기의 감흥을 자유롭게 읊조리는 풍월시風月詩를 즐겼을 뿐 부자연스러운 과거 문체에는 흥미를 느끼지 못했던 것 같다. 이러한 성격은 과거에 오른 후에도 당국자의 환심을 얻지 못해서 오랫동안 불우한 생활을 겪어야만 했다. 이 불우한 시간들이 그에게는 문학수양을 위한 가장 뜻깊은 시기였다(이우성, 앞의 글 ; 진성규·김경수 편, 앞의 책, 16쪽).

이규보는 당시 국내 정세의 소란스러움과 요遼·금金 이래의 비굴한 외교관계 속에서 살아왔다. 거기에 자기 자신의 개인적인 불우가 겹치자 그의 타고난 방달放達한 안광과 명석한 두뇌, 그리고 비관적인 체질은 현실에의 충동과 문학에의 침잠沈潛을 통하여 시대정신을 체득하고 민족의 맥박에 심호흡을 가했다. 그의 역사적인 명작인 『동명왕편』은 바로 이 시기의 소득이었다. 그는 24세 때 부친을 여의고 개경 근처에 있는 천마산天磨山에 우거하면서 백운거사白雲居士라 자호하면서 「백운거사어록白雲居士語錄」과 자서전을 지었고, 그 다음 다음 해(1193년)에 구삼국사舊三國史를 얻어 『동명왕편』을 지었던 것이다(위의 글, 16쪽).

그는 스스로를 백운거사白雲居士라고 일컬었으나, 그의 생각은 은둔적인 것이 아니라 현실에 적극적으로 참여하고 싶어 했다. 그가 29세 되던 해에 최충헌崔忠獻이 정권을 잡고 질서를 잡아가자, 이규보는 관료로 진출하기를 열망했다. 정중부鄭仲夫 일파는 구귀족을 추방하고 문화를 말살하는 정책을 폈지만, 최충헌은 신진사류新進士類를 주변에 끌어들여 문화를 발전시키려 했다. 이규보가 신진사류의 틈에 끼여 최충헌의 저택을 드나든 것이 최씨 정권과 긴밀한 관계를 맺는 계기가 되었다.

이규보는 최충헌·최이崔怡 양대에 걸쳐서 자기의 특기인 문학으로 최씨 정권에 협력했다. 후세의 사가들은 그를 최씨 문객이라고 비난했지만, 당시 그의 눈에는 최씨 부자가 국가의 간성으로 든든하게 여겨졌던 것 같다. 강화도를 보루로 삼아 몽고에 대해 장기간의 항쟁을 펼치고 있는 최씨 정권을 마음속으로부터 지지하고 있었다. 강화 천도에 임하여 최이의 신속한 일처리를 칭찬했던 것도 이 때문이었다(위의 글, 17쪽 참조).

이규보로서는 강화도 시대가 문학적인 활동 면에서나 관직생활 면에서나 가장 화려했던 시기였다. 이규보가 지은 시와 산문의 대다수는 국난의 극복과 민심의 위무慰撫에 관한 내용이었는데, 거의가 이때의 산물이었다. 그의 명성이 높아질수록 관직도 승진해서 어느 덧 재추宰樞의 반열에 올랐지만, 그의 사생활은 검소했다. 강화도로 천도한 후 모든 사람들이 다투어 저택을 짓고 전토를 마련했지만, 그에게는 한 칸의 집도, 한 평의 땅도 없었다. 그의 생활은 오로지 박봉에 의존했고, 관직으로 나간 후에는 때때로 최이의 도움을 받았지만, 끝내 빈궁을 면하지는 못했다.

그러나 이규보의 외적(몽고)에 대한 불굴의 저항정신은 살아 있었다. 그는 죽을 때까지 몽고에 대한 저주와 나라 일이나 민생에 대한 울분으로 문학적 정열을 연소시켰다(위의 글, 17쪽 참조). 이렇듯 외적 몽고에 대한 저주와 나라 일에 관한 울분 속에서 시도 썼고, 「동명왕편」도 저술했던 것이다. 이규보가 군사정권인 최씨 정권에 협력했던 것은 최씨 정권이 외적(몽고)에 대해 항전하면서 우리의 자주성을 지키려 했기 때문이었다.

하현강河炫綱 교수는 "고려의 역사 계승의식을 보다 더 세분하면서, 특히 그 변화·발전을 통하여 고려인의 한국사 자체에 대한 의식의 확대와 성장을 추적하는 데 역점을 두었다. 그리하여 무신란 이후 역사 계승의식의 변화에 특히 주의를 기울였다. 무신정권 밑에서의 신라계통 세력의 몰락으로 말미암은 가치관, 국가이념의 공백을 메우기 위하여 고구려 계승의식이 일원적으로 성립되었으며, 그 표현이 「동명왕편」이다."라고 했다(하현강, '고려시대의 역사 계승의식', 『이화사학연구』 8집, 1975 ; 이우성·강만길 편, 『한국사의 역사인식』 하, 552~553쪽). 이규보가 「동명왕편」을 서술한 진의를 파악할 수 있게 하는 글이라고 생각된다.

동시대의 신진사류였던 이규보가 고구려 창국創國의 영웅 동명왕의 사적을 시로 읊은 것이 「동명왕편」이다. 이렇게 볼 때 「동명왕편」의 찬술은 "자국의 역사전통에 대한 강렬한 자부의식의 체현體現이었다."고 할 수 있다(김태영, '삼국유사에 보이는 일연의 역사인식에 대하여', 이우성·강만길, 앞의 책, 135쪽). 민중의 아픔에는 무관심하며 독선적이고 사대적인 문·무 귀족들과는 달리, 신흥 사류층은 보다 넓은 차원의 국가의식과 우리의 역사전통에 대한 자부심을 지니고 있었다. 그러한 국가의식과 전통에 대한 자부심을 시로써 읊은 것이 다름 아닌 「동명왕편」이었던 것이다.

이어서 『삼국유사』를 저술한 일연에 대하여 살펴보기로 하자. 『삼국유사』는 당시 경북 오관산 영통사의 주지였고, 대표적인 교학승인 일연이 왕명에 따라 편찬해낸 일종의 불교사였다. 오랫동안 지속되어 온 문무 귀족정치에 대하여 비판하고 저항했던 사람들은 주로 신진사류였지만, 신흥 선승禪僧들 중에도 부패하고 낡은 귀족정치를 비판하고 나선 사람들이 있었다. 당시 승려들 중에 귀족정치를 비판했던 대표적인 사람이 학승으로 알려져 있던 일연─然인데, 바로 그가 1281년(충렬왕 7년)에 편찬해낸 사서가 『삼국유사』였다.

일연의 『삼국유사』는 김부식의 『삼국사기』보다는 140년 뒤에, 그리고 이 글의 주제인 이승휴의 『제왕운기』보다 15~6년 전에 간행되었다. 『삼국유사』는 현실에 대해 비판적이었던 일연에 의해서 서술되었다는 면에서 보면, 이승휴가 시정에 관해 상소하고 간쟁을 하다 파직당한 후 삼척 두타산 구동으로 귀향해서 읊은 『제왕운기』와 궤軌를 같이한다고 할 수 있을 것 같다.

먼저 『삼국유사』의 저술동기부터 살펴보자. 문무귀족들에 의한 독선적인 전제정치와, 몽고와의 30여 년간에 걸친 항쟁으로 입은 고통과, 뒤이은 원의 간섭 등으로 우리네 민중 속에서는 저항의식이 싹 트기 시작했다. 이러한 민중의 저항의식은 신진사류들과 진보적인 선승들을 통해 돌파구를 마련하였다. 이렇듯 심화된 민중의 저항의식을 신진사류가 대변한 것이 이규보의 「동명왕편」과 이승휴의 『제왕운기』였고, 선승이 대변한 것이 일연의 『삼국유사』였다.

이렇게 볼 때 고려 후기에 접어들면서 편찬된 사서들 중에서 『삼국사기』는 당시 독선적이고 사대적인 귀족들을 대변했다고 하면, 「동명왕편」과 『삼국유사』와 『제왕운기』는 민중의 저항의식을 대변했다고 할 수 있다. 『삼국유사』는 그 저술동기로 보면, 당시 우리네 민중 속에서 들끓고 있던 저항의식을 대변했다는 면에서 「동명왕편」과 『제왕운기』와 궤를 같이 했다고 할 수 있다.

그러나 『삼국유사』는 「동명왕편」과 『제왕운기』와는 내용 면에서 차이가 있다. 『삼국유사』는 「동명왕편」과 『제왕운기』와는 달리, 민중의 저항의식을 대변했다 하더라도 불교와 연관시켜서 대변했던 것이다. 한마디로 일연의 『삼국유사』는 "불국토사상佛國土思想을 토대로 삼고 있었다. 가령 그 기이편의 초두에 실린 바, 국사의 시작을 알리는 단군의 출처부터가 불국천佛國天인 환인桓因 · 제석帝釋으로 되어 있음이 그것을 말해주고 있다. 그리고 신라의 왕통이 불타의 종성種姓인 찰리종刹利種이라는 점 … 등은 모두 신라가 곧 전세불시대 이래의 불국토였음을 긍정하는 기사이다."라는 것이다(김태영, 앞의 글 ; 이우성 · 강만길 편, 앞의 책, 138쪽).

뿐만 아니라 『삼국유사』에는 거의 전편에 걸쳐 귀천 · 빈부 · 승속의 인간은 물론, 천지 산천의 자연이나 용호龍虎 · 신귀神鬼 · 나아가서는 조수鳥獸 · 초목의 미물에 이르기까지 모두가 성분을 달리하는 대립 투쟁의 존재로서보다는 다함께 선량한 이웃으로서 불국토 질서의 실현에 참여하는 존재로 파악되어 있다(위의 글, 139쪽).

『삼국유사』는 무엇보다 서민의 생각이나 의식을 대변했다는 점이 특이하다. 서민의 생각을 아주 재미있고 해학적으로 대변했다. 삼장三藏을 통달했고 신문왕 대에 국로國老로 추앙받던 경흥憬興이 의장을 갖추어 입고 말을 타고 대궐로 가던 도중에, 건어乾魚가 든 광주리를 짊어진 거지 행색의 한 거사를 만나자 다음과 같이 꾸짖었다.

"너는 승의를 입고서 어찌 부정한 물건을 짊어지고 있느냐?"고 꾸짖었더니, 그 거사는 "두 다리 사이에 산 고기를 끼고 다니는 것보다 시장에서 파는 마른 고기를 등에 지고 있는 것이 무엇이 잘못된 것이냐?"는 등의 서민설화를 많이 싣고 있었다(일연 저, 장백일 역해, 『삼국유사』, 하서, 1999, 441쪽). 이것도 귀족 승려에 대한 서민거사의 저항의식의 발로라고 할 수 있다. 이렇듯 『삼국유사』는 억압적이고 사대적인 귀족정치에 대한 민중의 저항의식을 대변했던 것이다.

그러나 뭐니뭐니 해도 『삼국유사』는 우리 역사의 자주성과 우리 문화의 우수성을 강조하려는 의도를 역력히 드러내고 있다. 우리 국사의 시작을 단군조선으로 잡아 중국 역사의 시조라는 요堯와 같은 시대에 수립되었다고 주장하고 있다. 실상 당시 고려의 지배층은 유교적인 예교禮敎의 시초를 기자에서 찾았고, 그럼으로써 국사의 시작을 은연 중에 중국과 연결시키려 하고 있었던 듯하다(김태영, '朝鮮初期 祀典의 성립에 대하여', 『역사학보』 58집, 1973, 126쪽 ; 위의 글, 141쪽).

그러나 『삼국유사』의 국사의식은 이와는 극히 대조적이다. 오히려 기자조선을 단군조선 속에 흡수시켜 놓았다. 『삼국유사』 기이편紀異篇에서는 삼국 이전의 여러 국가들을 각기 별개의 항목으로 기술하고 있지만, 기자조선에 관한 항목은 없으며, 단지 단군조선의 말미에 약간 언급하고 있을 따름이다. 『삼국유사』는 중국에 대한 우리 역사의 대등성과 자주성을 역설하고 있음은 이민족의 압제를 물리칠 수 없었던 당시의 상황으로서는 바로 저항적인 국가의식의 표현이었다고 할 수 있을 것이다.

『삼국유사』는 신이神異한 설화들을 많이 게재하고 있는데, 그 신이편 서두에서 일연은 중국 고대 제왕들의 신이한 일들을 소개한 후에, "이러한 즉 우리 삼국의 시조가 모두 신이에서 태어난 일이 무엇이 괴이하랴?"고 하면서 중국에 비한 우리 역사의 전통과 독자적인 대등성을 주장하고 있다(위의 책, 144쪽). 당시의 사서들이 모두 신이적인 내용들을 담고 있었지만, 『삼국유사』의 경우는 신이적인 내용이 특히 두드러진다. 『삼국유사』는 삼국의 시조들 뿐 아니라 수성守城 군왕들, 나아가서는 일반 서민들의 일에 이르기까지 신이를 근거로 해서 설명하고 있다고 할 수 있다.

Ⅳ. 자주적인 국가주의 사관을 바탕으로 한 이승휴의 고대사 서술

우선 여기서 자주적인 '민족주의 사관'이라는 표현을 쓰지 않고 '국가주의 사관'이라는 표현을 쓴 이유부터 설명하고 넘어가자. 앞서 지적했다시피 '민족주의'라는 용어가 쓰이게 된 것은 19세기 이후의 일이었는데, 13세기 고려 중기의 이승휴를 설명하면서 '민족주의'라는 용어를 사용하는 것이 부담스럽기 때문이다. 그래서 이 글에서는 '민족주의 사관'이라는 용어 대신 '국가주의 사관'이라는 용어를 사용해 보았다. 왜냐하면 13세기에도 '고려'라는 국가는 존재했고, 고려를 사랑하고 아끼는 '국가주의'는 있었기 때문이다. 그래서 논쟁을 불러일으킬 여지가 있는 '민족주의 사관'이라는 용어 대신에 '국가주의 사관'이라는 용어를 선택했음을 밝혀 둔다.

이승휴가 『제왕운기』를 저술한 동기는 우리나라의 자주성과 우리 문화의 우수성을 강조함으로써 중국과는 구분되는 우리 나름의 역사를 지니고 있음을 강조하자는 데 있었다. 우리는 우리 나름의 독특하고 우수한 문화를 향유하고 있었고, 우리 나름으로 우수한 문화를 발전시켜 왔다는 것이다. 동아시아에 위치한 대다수의 나라들은 중국의 보살핌 속에서 태어나고 자라왔지만 우리는 중국과는 별도로, 그리고 중국과 똑같은 시기에 나라를 세워 우리 나름의 역사를 키워 왔다고 서술했다. 이러하니 이승휴가 『제왕운기』를 통해 밝히고 있는 역사관은 자주적인 '국가주의 사관'이었다고 할 수밖에 없을 것 같다.

앞서 몇 번이나 인용했지만 단군조선의 성립에 관한 『제왕운기』의 주장을 되풀이 인용해보자.

> 요동遼東에 별천지 있으니
> 중조中朝와는 두연斗然히 구분되는 곳.
> 큰 파도(洪濤萬頃) 삼면에 둘러 있고
> 북녘으로 대륙과 이어지는 땅
> 중방천리 여기가 조선朝鮮이라오.
> 강산의 형승形勝은 천하에 이름 있고
> 밭 갈고 우물 파는 어진 고장 예법의 나라.
> 화인華人이 이름 지어 소중화小中華라고
> 처음에 어느 뉘 나라를 세웠던고
> 그 이름 석제釋帝의 손 단군님이지.
> 요堯와 같은 해 무진戊辰년에 나라 세워.
>
> (박두포, '帝王韻紀 小攷 其——東國君王開國年代에 대하여–', 진성규·김경수 편, 앞의 책, 58~59쪽 참조).

이러한 내용을 보면, 『제왕운기』는 중국과는 확연히 구분되는 곳인 요동에 단군조선이라는 나라가 따로 있었는데, 중국인들이 소중화라고 일컬을 만큼 아름답고 예법이 서 있는 나라였다고 한다. 그리고 그 나라는 석제의 손 단군님이 요나라와 같은 해인 무진년에 세운 단군조선이라는 것이다. 중국 주변에 있던 동아시아의 대다수 나라들은 중국이 두려워서 굽실거리고 있는 상황이었는데, 이승휴는 요동에 중국과 대등한 단군조선이 있었다고 했으니, 이보다 더한 독립성과 자주성을 어디서 찾아볼 수 있겠는가. 이승휴가 『제왕운기』를 서술한 역사관은 독립적이고 자주적인 '국가주의 사관'이었다고 해도 지나침이 없을 듯싶다.

한편 이승휴가 『제왕운기』를 서술하면서 중국사를 상권으로 하고, 한국사를 하권으로 미룬 것은 한국사를 중국사에 종속시킨 것이 아니냐는 주장을 펴는 사람들도 없지 않았다. 그러나 『제왕운기』 하권 마지막 부분을 보면, 중국사를 7언으로 서술하고, 고려 본국을 5언으로 서술한 이유를 분명히 밝히고 있다. 이승휴의 설명에 따르면, "시작詩作은 5언에서 시작하여 7언으로 마치는 것이다. 지금 제작한 뜻이 본조에서 일어났으므로 일어난 바를 시초로 하기 위함이다."(최장섭, 앞의 글, 181쪽)라고 하여 『제왕운기』의 저술 목적이 우리나라 역사, 특히 고려 본조에 있음을 분명히 했다.

무엇보다 주목해야 할 점은, 『제왕운기』는 우리 조선이 단군을 시조로 하는 하나의 겨레로 이루어진 나라임을 강조하고 있다는 사실이다. 『제왕운기』를 저술하던 당시 몽고의 간섭은 고려의 국가적 위기를 절감하게 만들었고, 국가적 위기를 맞은 고려사회에서는 신라·고구려 등 특정 왕조의 계승자가 아닌 같은 조상의 동일한 후손이라는 겨레의식을 갖게 만들었다.

고려시대 역사 계승의식의 변화는 13세기에 이르러 두드러졌음을 확인할 수 있다. 특히 무신란 이후 역사 계승의식의 변화가 뚜렷이 나타난다. 무신정권 하에서 신라계통 세력이 몰락함으로써 가치관·국가이념의 공백을 메우기 위해 고구려 계승의식이 다시 싹 트기에 이르렀으며, 그 표현이 「동명왕편」이었음은 앞서 밝힌 바 있다. 당시 원의 지배 하에서 자주의식의 강화를 계기로 하여 같은 조상, 같은 후손으로서의 공동체 의식, 그 공동체는 다른 것과는 구별되는 독자적인 세계라는 역사적 자각으로 비약했던 바, 그 표현이 『삼국유사』와 『제왕운기』였다는 것이다(정창렬, 앞의 글, 553쪽).

이승휴는 단군신화를 서술하고 시라尸羅, 고례高禮, 남북옥저南北沃沮, 부여扶餘, 예맥濊貊은 모두 단군의 후손이라고 했고, 부여왕인 비류沸流는 단군과 하백녀河伯女 사이에서 태어난 자식이라 하여 그 시조를 단군이라 했으며, 따라서 비류국도 단군의 후손이라고 했다. 그리고 삼한 70여 나라들도 모두 단군의 한 핏줄이라고 했는데, 삼한은 곧 삼국이라고 했으니, 신라·고구려·백제 등 모두가 단군의 후손이라고 강조했다. 그리고 신라가 고려로 귀의했던 해는 고려 태조 18년이고 단군 원년부터 치면 3288년이라 하여 고려 역시 우리 단군을 시조로 삼고 있는 나라라고 했다.

이와 관련된 『제왕운기』의 내용을 다시 한번 살펴보자.

> 땅을 갈라 사군四郡을 두어
> 각 군에 장을 두고 민정을 돌보더라.
> 진번眞蕃·임둔臨屯은 남북에 있고
> 낙랑樂浪·현토玄菟는 동북에 치우쳤도다.
> 서로가 시비터니 정리情理는 끊어지고
> 풍속은 박해져서 백성은 불안터라.
> 수시로 합산合散하고 부침할 때
> 자연히 분계되어 삼한三韓이 이뤄졌다.
>
> (중략)
>
> 각자가 칭국稱國하고 다툼 벌리니
> 수여칠십數餘七十 그 이름 어찌 다 밝히랴.
> 그 중에 어느 것이 큰 나라였던고
> 첫째로 부여와 비류국이 떨치었고.
> 둘째로 신라와 고구려며
> 남북의 옥저와 예맥이 따르더라.
> 이들의 군장들 묻지 마라 그 조상을

모두 모두 단군의 한 핏줄기.

(중략)

진한辰韓·마한馬韓·변한弁韓 사람 솥발같이 마주 서더니
신라·고구려·백제 잇따라 일어났다.
제대로 나눠 군을 이뤄 신라가 일 때까지
연수를 헤아리니 72년 틀림없네.

(박두포, 앞의 글, 62쪽).

이승휴의 『제왕운기』는 민간 신앙적 입장에서 이전부터 전승되어 오던 단군신화檀君神話를 그대로 수록하고 있으며, 『삼국유사』와 비슷하게 개국연대도 중국과 대등한 무진년으로 기술하고 있었다. 그런가 하면 중국인 위만衛滿의 찬탈을 토討라는 용어로 징계하여 가짜조선(僞朝)으로 보고 있어, 단군조선에서 기자조선箕子朝鮮으로 연결되고, 그것이 다시 삼한으로 이어지는 상고사의 역사 계승의식을 암시하고 있다(유경아, '이승휴의 생애와 역사의식', 진성규·김경수 편, 앞의 책, 158~159쪽).

한사군과 삼한 열국에 관한 서술에서도 『제왕운기』와 『삼국유사』는 차이를 보이고 있다. 『삼국유사』는 단군의 후예들이 세운 소국들과 중국인에 의해 설치된 군국郡國들에 대한 구분이 명확하지 않으며, 삼한의 백성들을 단군족으로 연결시키지도 못하고 있다(위의 논문, 159쪽). 그런 데 반해 『제왕운기』는 한사군을 중국이 지배한 시대로 이해하고 있으며, 그것의 설치로 인하여 단군족의 국가 활동이 전적으로 단절된 것이 아니라 제한된 지역과 시기에 국한된 것으로 이해하고 있다. 또한 한사군의 설치로 인해 단군족에게 끼친 해독을 강조하고 있어서 민족 중심의 역사의식을 느끼게 한다(하현강, '고려시대 역사 계승의식', 이우성·강만길 편, 『韓國의 歷史認識』上 ; 유경아, 위의 글, 159쪽).

무엇보다도 이승휴는 역사인식에 있어서 중요한 요소라고 할 수 있는 정통관正統觀을 중국사를 고찰할 때와 한국사를 고찰할 때에 달리 적용하고 있다는 것이다. 중국 역대 왕조의 정통성은 종족과는 상관없이 중국 대륙에 대한 현실적인 지배를 가장 중요한 요소로 꼽았지만, 한국 역사를 고찰할 때에는 우리 겨레가 아니면 제아무리 큰 영역을 지배하고 있더라도 정통성을 인정해 주지 않았다. 구체적으로 말하면 중국사에 있어서의 정통성은 종족(한족이든 거란족이든 여진족이든)과는 상관없이 현실적으로 중국 대륙을 지배하고 있는 국가라면 정통성을 부여해 주었지만, 한국사에 있어서는 단군의 후손인 우리 겨레가 아니면 우리 강토를 지배하고 있다고 하더라도 정통성을 부여할 수 없다는 주장이었다.

이승휴는 단군의 후손이라는 겨레 중심의 정통관을 지니고 있었기에 중국인의 지배 체제였던 기자조선이나 위만조선에 대해서는 정통성을 부여하지 않으려고 했다. 그런가 하면 같은 중국인의 지배 체제라고 하더라도 기자조선은 우리의 체제를 무력으로 정복해서 세운 것도 아니고, 홍범구주弘範九疇를 통해 예의를 밝혔기 때문에 설사 정통성은 부여하지 않더라도 그 존재는 인정해 주었다. 그렇지만 무력으로 정복해서 강압으로 세운 위만조선은 그 존재마저 인정하지 않았다. 이렇게 볼 때 우리의 고대사를 보는 이승휴의 역사관은 철두철미하고 빈틈없는 겨레 중심 또는 국가 중심의 역사관이었다고 할 수 있다.

다른 한편 이승휴의 『제왕운기』는 발해渤海를 우리 역사 속으로 끌어들인 최초의 역사서라는 데에 큰 뜻이 있다. 『제왕운기』에 실려 있는 내용은 아주 짧고 간단하다. 그러나 발해를 우리 역사서에 처음으로 실었다는 점에서 그 의미는 참으로 크다고 하지 않을 수 없다. 그 내용을 여기에 다시 옮겨 보기로 하자.

전 고구려의 남은 장수 그 이름은 대조영大祚榮

> 태백산 남녘 성에 자리 잡아,
> 당나라 측천무후則天武后 그 원년 갑신에,
> 개국하여 이름 지어 발해로 일컫더라.
> 아태조我太祖 8년 을유에
> 온 나라 손 잡고 우리나라 찾았구나.
> (박두포, 앞의 글, 70쪽).

아주 짧은 내용이지만, 중요한 내용은 다 밝히고 있다. 우선 누가 세운 나라인가 하면, 고구려의 옛 장수인 대조영이 세운 나라임을 분명히 했다. 그 나라를 세운 곳은 어디냐 하면, 태백산 남녘성을 근거로 해서 세운 나라임을 확인하였다(여기서 태백산이라고 하면 지금의 강원도 태백산을 가리키는 것이 아니라 요하에서 동쪽으로 멀리 떨어져 있는 곳을 가리키고 있음). 그리고 발해를 세운 것은 언제인가 하면 당나라 측천무후 원년 갑신이라고 했다. 아주 짤막하지만 국가 수립의 중요한 요건들은 분명히 밝히고 있다.

그런가 하면 발해라는 나라는 언제 어떻게 종말을 고했는가도 명확히 했다. 고려 왕건 태조 8년에 종말을 고했다고 밝혔다. 어떤 방식으로 종말을 고했는가 하면 발해의 조정 대신들과 백성들이 함께 고려로 귀의했다고 확인해 주었다. 발해의 조정과 백성들이 중국으로 가지 않고 고려로 귀의한 것은 그들이 고려의 백성들과 똑같이 단군의 후손이기 때문임을 암시하고 있다.

필자는 이승휴가 『제왕운기』를 통해 우리의 고대사를 어떻게 보았는가를 살펴보았다. 실상 역사서란 자기가 살아가고 있는 시기 이전의 과거사를 기술하는 것이지, 자기가 살아가고 있는 시기의 일들까지 기술하는 것은 아닌 듯싶다. 물론 기록의 수단인 문자가 발달됨에 따라, 사관史官들이 등장해서 역사적인 자료의 수집으로 당시의 일들을 기록해 두는 경우가 있었다. 그러나 이러한 작업은 사료의 수집이지 역사서의 저술은 아니었다.

앞서 밝힌 김부식의 『삼국사기』나 이규보의 「동명왕편」 그리고 일연의 『삼국유사』 등은 하나 같이 삼국시대나 고구려의 건국시기, 말하자면 자기가 태어나기 이전에 벌어졌던 과거사의 정리였지, 자기가 살아가고 있는 당대의 일들을 정리하고 평한 것은 아니었다. 그런데 이승휴의 『제왕운기』는 중국과 우리의 과거사뿐만 아니라 자기가 살고 있던 당대의 일들까지 함께 서술했다. 바로 이런 면에서 『제왕운기』는 다른 역사서들과는 차이점을 드러내고 있다. 과거사의 정리보다는 당대에 일어난 일들을 통해 당시의 국왕에게 권계적勸戒的인 교훈을 주자는 데 더 큰 비중을 두고 있음을 확인할 수 있다.

그런데 한 가지 짚고 넘어가야 할 사실은 과거사의 평가나 재조명이 당대에 일어난 일들을 정리하고 평가하는 것보다 제약이 심하지 않고 보다 더 자유롭다는 것이다. 바꾸어 말하면 과거사의 평가나 재조명보다는 자기가 살아가고 있는 당시의 일들을 정리하고 평가하는 일이 훨씬 어렵고 제약도 많다는 것이다. 특히 자기가 살아가고 있던 당대의 국왕인 충렬왕에게 권계적인 교훈을 제공해 주기 위해서 서술한 것이 『제왕운기』였으니, 그 서술과정에서 얼마나 많은 제약을 받고 얼마나 많은 고민을 했을까를 고려하면서 이승휴를 평가해야 할 것 같다.

V. 13세기 고려와 원나라와의 관계

이승휴는 과거에 합격해서 그 기쁨을 모친에게 알리기 위해 삼척 두타산 구동으로 금의환향했다가 몽고군의 5차 침공으로 강도江都로 돌아올 길이 막혀 12년간 삼척에 머물면서 몽고군의 침략의 피해를 직접

입은 사람이었다. 그런가 하면 이승휴는 관직에 있을 때에 두 번에 걸친 원나라로의 사행使行을 통해 고려와 원나라의 세력관계를 객관적으로 평가할 수 있었고, 원나라에 대해 어떻게 대응해야 옳을까도 생각해 본 사람이었다고 할 수 있다.

특히 원종의 사망 소식을 갖고 두 번째로 원나라에 갔을 때, 당시 원경元京에 머물고 있던 세자(나중에 충렬왕)가 호복胡服(중국옷)을 입고 상喪을 치르려 하자, 이승휴는 세자에게 고려 복으로 갈아입고 상을 치르도록 권고했다. 그래서 세자는 원나라 황제에게 상주해서 고려 복으로 갈아입고 상을 맞이했던 것으로 보면, 원나라에 대한 고려의 대응책을 마련하는 데도 이승휴는 세심한 주의를 기울였음을 짐작할 수 있다. 세자로 하여금 고려 복으로 갈아입고 상을 맞이하도록 권유했던 것을 보면, 그는 고려의 자주성을 확보하려고 무진 애를 썼던 것으로 보인다.

무엇보다 이승휴는 원의 간섭 속에서 고려라는 국가를 존속시켜 나가기 위해서는 정치적으로는 원나라와 원만한 관계를 유지하면서, 문화적으로는 고려국이 원나라와 대등함을 강조하려 했던 것 같다. 다시 말하면 이승휴는 원나라의 정치적 간섭에 대해서는 직접적으로 거부하지 않으면서, 어떻게 하든 고려국을 존속시키는 방향으로 나아갔다. 그러나 문화적인 면에서는 중국문화에 대한 고려문화의 독자성을 강하게 주장했다. 당시 정치적으로 강하게 나올 수 없었던 것은 앞서 '이승휴시대의 정치상황'에서 설명했다시피, 원나라 조정에서는 고려국을 없애자는 주장이 있었는가 하면, 고려인들 속에서도 부원세력附元勢力은 고려국의 소멸을 주장하고 나왔기 때문이다. 그러나 이승휴는 어떠한 수모를 겪더라도 고려국을 소멸시켜서는 안 된다는 생각이었으니, 대원관계에서 강경론을 펼 수 없었음을 이해해 주어야 할 것 같다.

이렇게 볼 때 대원관계에 있어 정치적인 열세를 극복하기 위하여 중국과 구별되며, 대등한 자주적인 전통을 지닌 나라임을 강조하는 문화의식으로 대응하려고 노력했던 것 같다. 요컨대 이승휴는 고려가 중국과는 구별되는 자주적인 문화와 역사전통을 지닌 나라임을 강조함으로써 고려국을 지켜보려고 노력했다.

그러나 이승휴가 활동하고 있던 시기에는 무신란과 30여 년에 걸친 몽고와의 전쟁으로 고려의 왕권은 약화되고, 정치 기강도 해이해지는 상황이었다. 거기에다 몽고와의 강화를 통해 고려가 원나라의 부마국駙馬國으로 전락하자 원나라의 후원을 업은 부원세력들이 활개를 치면서 고려의 정치적 혼란은 더욱 심해지고 있었다. 당시 부원세력들은 스스로의 행복한 생활만 보장된다면 고려국이 소멸해도 상관없다는 반국가적인 사고를 지닌 자들이었다.

이러한 시대상황 속에서 이승휴는 신진사류新進士類로서 과거에 급제해 숱한 어려움을 딛고 관직에 올랐지만, 상소와 간쟁으로 좌천과 파직이 연속되는 고통스러운 생활을 보내고 있었다. 그가 『제왕운기』를 저술하기 시작한 것도 충렬왕의 실정과 부원세력들의 횡포를 비판하다가 파직되어 삼척에서 은둔생활을 시작했던 1280년이었다. 이승휴는 국왕의 실정과 부원세력의 횡포를 어떻게 하면 막을 수 있을까 하는 생각을 갖고 『제왕운기』를 집필했음을 확인할 수 있다.

그러므로 이승휴의 역사관은 현실에 대한 비판의식에서 출발했다고 할 수 있다. 그런데 당시의 현실적 모순은 궁극적으로는 원의 침략과 정치적 간섭으로 파생된 것이었음을 이승휴는 누구보다도 더 정확히 판단하고 있었다. 그러나 고려의 정치적인 힘이 열세했기 때문에 원나라에 대한 직접적인 비판이나 저항은 불가능했음도 익히 알고 있었다. 그는 두 번에 걸친 원사행을 통해 두 나라 사이의 힘의 차이도 알고 있었고, 원나라에 무작정 저항했다가는 고려라는 나라가 송두리째 소멸될지도 모른다는 위기감도 느끼고 있었다. 여기서 이승휴는 원나라의 감정을 크게 자극하지 않으면서 현실을 비판할 수 있는 영사시詠史詩의 형식으로『제왕운기』를 저술했던 것 같다.

여기에서 필자는 덧붙이고 싶은 얘기가 있다. 1970~80년대 군사 독재체제 하에서 당시 현실정치 문제에 관한 글을 쓸 때, 나도 문학적인 소양이 있어서 시나 소설을 통해 나의 생각을 우회적으로 표현할 수 있었으면 정말 좋겠다는 푸념을 해 본 적이 있었다. 정치학자들이 현실문제에 관한 글을 쓸 때에는 직설적인 표현이라 제약을 받기 쉽지만, 시나 소설은 간접적이거나 우회적인 표현이 가능하므로 현실적인 제약에서 조금은 자유로울 수 있지 않을까 생각해 보기도 했다.

이승휴는 당시 고려를 지키는 길은 국왕이 선정을 베풀고 부원세력들을 멀리 해서 고려 왕실을 건실하게 만드는 데 있다고 보았다. 바로 이것이 그가『제왕운기』를 서술한 기본적인 목적이었다. 따라서 이승휴의『제왕운기』는 '민족주의 사관'에 입각하여 서술된 책이라고 말할 수는 없지만 '국가주의 사관'(민족주의 사관의 미숙한 형태)에 입각해서 서술된 책이라고는 말해도 무방할 것 같다.

VI. 유교사관과 신이사관神異史觀은 국가주의 사관을 보완하기 위한 방편

이승휴가『제왕운기』를 서술했던 목적은 앞서 지적했다시피, 대내적으로는 왕권을 강화시키고, 대외적으로는 원의 간섭에서 벗어나 자주·독립을 확보하는 데 두고 있었다. 따라서 실정을 되풀이 하는 군왕, 왕권에 도전하는 신하, 외세의 간섭을 끌어들이는 자 등을 국가패망의 요인으로 규정해서 역사의 교훈으로 삼으려고 했다. 그러자니 군왕과 신하가 갖추어야 할 유교적 정치이념을 제시할 수밖에 없었다. 더욱이 이승휴는 불교에 경도되어 있으면서도 유교적 영향에서 벗어날 수 없는 처지에 있었다. 실상 이승휴는 일상생활에서 유교적인 도덕론에 젖어 있던 사람이었다. 대체로 고려 중기의 신진사류들은 불교를 믿으면서도 유교적인 생활에 젖어 있었다.

이승휴는 『제왕운기』 상권의 서문에서, "『제왕운기』가 진실로 훤하게 이목에 익히도록 세상에 널리 퍼진다면, 그 선한 일은 법이 되겠고, 악한 일은 경계가 될 것이니, 오로지 그 일에 따라서는 『춘추春秋』와 같은 서적이 될 것이다. 그리고 그 속에 충신·효자가 임금과 부모를 모시는 뜻이 들어 있는 것이다."고 했다(차장섭, 앞의 글, 진성규·김경수 편, 앞의 책, 188쪽). 이 말은 『제왕운기』의 저술에는 유교사관의 영향이 있었음을 밝혀주고 있는 것이다.

차장섭 교수에 따르면, 이승휴는 유교사관을 통해서 군·신을 중심으로 하는 유교적 정치질서를 수립하고자 했다는 것이다. 본조인 고려사의 서술에 있어서 각 군왕들의 재위 연수와 배향된 공신들의 명단을 나열하고 있음은 이를 반영하는 것이라고 했다(위의 글, 191쪽).

다음으로 이승휴가 유교사관을 통해 무엇을 추구했는가를 알아보기로 하자.

첫째, 군왕에게 치자의 윤리를 제시함으로써 군왕의 경각심을 불러일으키고자 했다. 삼국의 멸망 원인 가운데 백제의 의자왕·고구려의 보장왕·신라의 경순왕의 실정이 가장 큰 원인이라고 하며, 군왕의 실정은 곧 그 나라의 멸망을 초래할 수도 있다고 경고했다. 그리고 위만조선의 우거友渠에게 허물이 쌓이니 나라 사람들이 우거를 죽이고 한漢의 군대를 맞아들였다고 하면서 일종의 혁명사상을 제시하기까지 했다. 반면 고려의 태조는 싸우지 않고 덕으로 후삼국을 통일했다고 했다. 신라의 경순왕이 민심을 수습하지 못하겠음을 알고 덕을 쌓은 태조 왕건에게 왕위를 양도한 일을 찬양했고, 후고구려와 후백제의 백성들도 고려에 자진하여 귀의했다고 강조했다.

한편 이승휴는 중국사를 서술하면서 한고조의 번창은 그 선조인 우禹의 성聖, 익益의 현賢, 계啓의 향享에 힘입은 바라고 지적하면서 군왕이 갖추어야 할 덕목으로 성·현·향 등을 제시했다.

둘째, 유교윤리에 따라 신하의 군왕에 대한 도리도 밝혔다. 위만조선의 멸망은 위만이 조국을 배반하고 준準을 내쫓은 앙갚음이라고 서술했으며, 궁예와 견훤이 주인에게 덤벼들어 후고구려와 후백제를 건국했지만 오래 지속하지 못했다고 기술했다. 고구려의 멸망 원인도 연개소문이 영색令色과 교언巧言으로 총신이 되어 나라의 권력을 휘어잡고 농간함으로써 백성은 도탄에 빠졌고 나라의 운명은 기울었다고 했다. 특히 고려의 무신정권 하에서의 정중부와 이의민에 대해서는 비난했지만, 그 대신 국왕을 복위시킨 김보당·경대승을 옹호했던 것은 이런 면을 분명히 하기 위해서였다.

그런가 하면 훌륭한 신하의 덕행은 그 후손들로 하여금 나라를 세우기도 하고 나라를 이끌어가게도 만든다고 했다. 수나라는 후한 때의 청렴한 학자였던 14대조 양진楊震의 사지청덕四知淸德에 힘입어 건국했고, 당나라의 건국은 한나라 때 대신이며 16대조인 이광李廣의 의·충의 적선으로 이루어졌다고 했다. 이승휴는 신하가 가져야 할 덕목으로 검덕儉德·의충義忠·청덕淸德을 제시했다(차장섭, 앞의 글, 190쪽). 요컨대 이승휴는 유교사관을 통해서 군·신을 중심으로 한 유교적 정치질서를 수립하고자 했다.

끝으로 이승휴는 『제왕운기』를 저술하면서 신이사관神異史觀의 도움

을 받기도 했다. 여기서 말하는 신이사관이란 도덕적·합리주의적인 사
관과는 대립되는 사관임은 두말할 나위 없다. 고려시대에 들어와서 이
승휴가 신이사관을 수용했던 것은 고려의 문화나 제도보다 중국 것을
더 좋아하는 모화사상에 제동을 걸어 보려는 정치적 의도가 있었다. 조
금은 역설적인 얘기지만, 우리 역사의 자주적인 측면을 부각시켜 보려
는 노력의 일환으로 신이사관에 의존했다는 것이다.

이규보李奎報는 김부식이 역사를 편찬할 때 동명왕東明王의 사적을 아
주 간략하게 다루었다고 『삼국사기』의 유교사관을 비판하면서, 「동명
왕편東明王篇」의 서문에서 신이사관을 채택한 이유를 밝혔다. "거의 모
든 사책에 기재되고 세인들이 흔히 말하는 동명왕의 신이한 사적을 처
음에는 귀鬼의 환幻인 줄로 여겨 믿기 어려웠으나, 깊이 탐미하여 그 근
원에 젖어들어 봄에 마침내 귀가 아니라 신神이요, 환이 아니라 성聖이
었음을 새로 인식하게 되었고, 이 창국영웅創國英雄의 신성한 사적을 알
려 자국이 본래 성인의 도읍임을 깨닫게 하기 위하여 「동명왕편」을 짓는
다."고 했다(『東國李相國全集』 권3, 「東明王篇」 序 ; 차장섭, 위의 글, 191~192쪽).

이승휴의 『제왕운기』에서 서술하고 있는 건국설화들은 단군신화를
비롯해서, 부여 건국설화, 동명왕을 비롯한 삼국의 시조 탄생설화, 후고
구려 궁예와 후백제 견훤의 탄생설화 그리고 고려 태조 왕건의 세계설
화世系說話 등이다. 여러 설화들 중에서도 많은 지면을 할애하고 있는 단
군신화와 동명왕설화, 그리고 고려 태조 왕건의 세계설화만을 간추려
살펴보기로 한다.

『제왕운기』에 실려 있는 단군신화를 보면 환인桓因의 아들 단웅檀雄이
손녀에게 약을 먹여 사람으로 변하게 만든 후 단수신檀樹神과 혼인시켜
단군을 낳았다고 하여, 조선의 시조를 하늘의 천신과 연결시켰다. 앞에
서 지적했다시피 단군조선의 개국연대를 중국 요나라와 동일하다고 하

여, 우리는 중국과 대등함을 과시하려고 했다. 중국이 그들의 개국을 신이적인 설화로서 설명하고 있으니, 중국과 대등함을 과시하기 위해서는 우리도 신이적인 설화에 의존할 수밖에 없었음을 이해해 줄 수 있을 것 같다.

시라・고례・남북옥저・동부부여・예맥 등이 모두 단군의 후손으로 포용하고, 단군조선의 판도가 한반도뿐 아니라 만주에까지 뻗쳐 있었다고 주장하려니 신이적인 설화를 동원할 수밖에 없었다는 것이다. 그런가 하면 고려의 건국이념은 지난날 고구려의 옛 강역을 되찾겠다는 데 두고 있었으니, 웅대한 설계를 펼칠 수밖에 없었다. 현실을 뛰어 넘는 웅대한 포부를 밝히려니, 신이적인 설화를 동원할 수밖에 없었던 것 같다.

다음으로 동명왕의 설화에서는 동명왕이 천신天神과 수신水神의 결합으로 탄생했다고 설명했다. 이것 역시 우리 겨레가 어느 나라보다도 우수함을 역설하기 위한 장치였다. 더욱이 동명왕의 고구려 건국지를 고려의 북진정책의 근거지로 삼고 있는 서경西京이라고 했던 것도 고려의 자주적인 대외의식을 드러내기 위해서였다. 이러한 발상은 고구려의 후신임을 암시해 보려는 의도에서 우러나온 것이었다고 본다.

끝으로 고려 태조의 세계설화를 살펴보면, 고려 성골장군聖骨將軍의 증손녀인 진의眞義와 유람차 조선으로 온 당숙종唐肅宗과의 합혼으로 경강景康이 태어났고, 경강은 나중에 국왕이 된 아버지 당숙종을 만나려고 배를 타고 중국으로 가다가 해상에서 용왕을 위해 늙은 여우를 죽이니, 그 보답으로 용녀龍女를 얻어 돌아왔다. 송악산 밑에서 지리산 성모聖母가 보낸 도선道詵의 지시로 제왕기지帝王基地를 일러주어, 이로써 왕성王姓으로 삼았고, 그 사이에서 태조의 아버지인 세조가 태어났다는 것이다(차장섭, 앞의 글, 193쪽).

이승휴는 당시 전해내려 오던 세계설화를 인용・서술하면서 고려의 왕계가 산신계山神系인 성골장군, 당나라 귀성계貴姓系인 당숙종, 수신계인 용녀가 어울려서 이루어진 천수천명天授天命의 특종임을 과시해서 고려 왕실의 우월성을 강조하려고 했다.

이승휴가 우리의 역사를 기술하면서 신이사관에 의지했던 것은 우리 왕조들의 우수성을 강조함으로써 중국과 동등함을 입증하기 위한 하나의 방도였다고 할 수 있다. 따라서 이승휴의 역사관의 주류는 국가주의 사관이라고 할 수 있고, 때때로 유교사관이나 신이사관에 의지했던 것은 그의 주류 사관인 국가주의 사관을 보강하기 위한 방편이었다.

Ⅶ. 한국사를 영사시詠史詩로 서술했던 이유

흔히 역사서는 보존하기 위한 사서와 읽히기 위한 사서로 구분할 수 있다. 보존하기 위한 사서는 『왕조실록』처럼 편·저자의 주관이 개입될 여지가 없이 단순히 사료들만을 모아 놓은 역사서를 일컫고, 읽히기 위한 사서는 저자의 주관과 시각에 따라 쓰인 역사서를 가리킨다. 이 두 가지 사서들 중 어느 것이 더 소중한가는 따질 필요가 없다. 역사서로서의 값어치는 둘 다 똑같이 중요하기 때문이다.

이승휴가 『제왕운기』를 보존하기 위한 사서가 아니라 읽히기 위한 사서로서 저술했음은 분명하다. 앞서 이승휴가 『제왕운기』를 저술했던 동기를 설명했을 때 누누이 밝혔지만, 그는 관직생활에서 상소와 간쟁을 되풀이 했다. 그로 인해 좌천과 파직을 거듭하다 1280년에 역시 상소를 올렸다가 파직을 당하자, 관직에의 미련을 접고 삼척 두타산 자락에 있는 구동으로 낙향해 은거생활을 하면서 저술한 것이 『제왕운기』였다.

이승휴는 평소에도 언젠가는 후세에 교훈이 될 만한 책을 남겨야겠다고 말한 적이 있었지만, 스스로의 뜻을 펴보지도 못하고 파직을 당해 은거생활로 들어갔으니, 모시던 국왕에게는 물론이고 백성들에게도 남기고 싶은 말이 많았을 것이다. 숱한 미련과 아쉬움을 안고 쓴 책이니, 읽히기를 바라는 책이었음은 당연한 일이라 하겠다. 『제왕운기』를 서술하고 나서 충렬왕에게 올린 「제왕운기 진정인표進呈引表」에 잘 드러나 있음은 앞서도 밝혔다.

이승휴가 『제왕운기』를 저술했던 것은 그 책이 국왕을 비롯해 일반 백성들에게까지 읽히기를 바라고 있었음은 두말할 나위 없다. 사람들이 책을 저술하는 것은 더 많은 독자들이 읽기를 바라는 마음에서다. 이승휴가 일반 사서와는 달리 『제왕운기』를 영사시로 서술했던 것도 그 책이 일반 백성들에게 쉽고 널리 읽히기를 바랐기 때문이었다. 물론 앞서 밝힌 바대로 다른 역사책처럼 현실에서 벌어지고 있는 일들을 직설적으로 표현했다가는 저촉될 위험성이 더 많기 때문이며, 예리한 문제도 영사시로 표현하면 부드러워질 수 있다는 계산도 깔려 있었던 것 같다.

역사를 시로 읊는 영사시詠史詩는 역사서로서의 한계가 있지만, 널리 읽힐 수 있는 장점도 있다. 영사시는 일반 사서와는 다른, 다음과 같은 몇 가지 특징들을 지니고 있다.

첫째로, 영사시는 역사의 재인식에 따르는 감격을 표현하기에 적합하다는 것이다. 산문적인 표현만으로는 벅찬 정열을 풀어낼 수 없고, 자유로운 창작과 열렬한 노래만이 민족의 심금을 울릴 수 있기 때문이다. 둘째로, 영사시는 보다 많은 사람들에게 역사적 교훈을 전파할 수 있다는 것이다. 번거로운 역사를 간략하게 정리하여 전달할 수 있기 때문이다. 셋째로, 역사적 교훈을 시휘時諱에 저촉될 염려가 적은 시에 담아 전달함으로써 현실에 대한 은근한 비판을 가할 수 있다는 것이다(김상현, '고려후기의 역사인식', 『한국사학사의 연구』, 한국사연구회 편, 1985, 88~89쪽 ; 차장섭, 위의 글, 194쪽).

 고려 후기의 역사서술에 있어서는 무신의 횡포와 원의 간섭 등 숱한 제약들이 가해지고 있었다. 이러한 횡포와 간섭에서 벗어나기 위해 영사시가 등장했는데, 그 대표적인 작품이 「동명왕편」과 오세문吳世文의 「역대가歷代歌」와 『제왕운기』였다. 앞서 설명한 바 있지만 「동명왕편」은 이규보가 명종 23년(1193년) 고구려 시조인 동명왕의 사적을 읊은 장편 서사시로 현존하고 있고, 「역대가」는 오세문이 고종 6년(1219년) 경에 우리나라 역사를 읊은 시로 짐작된다.

 이승휴는 『제왕운기』를 영사시로 읊은 이유를 「진정인표」와 서문에서 밝히고 있다. 우선 「진정인표」에서는 "요긴함을 추려 조영調詠으로 글을 이루었사온데, 그 서로 이어지고 주고받으며, 일어남이 보기 좋고 읽기 쉽게 되었습니다. 마음에 드시는 것을 취하고 버리시옵소서."라고 해서 마음 상하는 내용은 버리라고 미리 예방선을 쳐 놓고 있었다. 『제왕운기』 상권의 서문에서도 "고금의 전적들은 많고 많으며, 앞뒤가 서로 맞지 않는 일이 있다. 그러나 참으로 요긴한 것을 추려 능히 시로 읊조릴 수 있다면 보기에 편리하지 않겠는가."라고 했다(차장섭, 위의 글, 195쪽). 이러한 사실들을 놓고 볼 때, 이승휴는 『제왕운기』를 영사시로 읊어 이 역사서를 보다 많은 사람들에게 읽히고자 했음이 분명하다.

 실상 『삼국유사』는 고려시대 전적에 별로 인용되고 있지 않는 것과 비교해 볼 때, 『제왕운기』는 보다 많은 사람들에게 읽혔던 것 같다. 그리고 조선시대에 이르러 국호를 '조선'이라고 한 것은 『제왕운기』의 영향인 듯싶다. '조선'이라는 국호는 단군조선보다는 기자조선箕子朝鮮을 기준으로 한 것 같은데, 『제왕운기』는 『삼국유사』보다는 기자조선을 더 크게 다루고 있었다. 따라서 근대에 이르러 '조선'을 국호로 삼은 것은

『제왕운기』의 영향이라는 것이다(차장섭, 위의 글, 196쪽 참조).

　　그런가 하면 조선시대에 들어와서 저술된 사서들에 직접적인 영향을 미친 것은 『제왕운기』였다. 권제權踶가 지은 「동국세년가東國世年歌」는 칠언시로 단군조선에서 조선 건국까지를 서술하고 있어서 그 체제나 형식면에서 『제왕운기』와 비슷하다. 그리고 조선 중기에 이르러서는 『동몽선습童蒙先習』이 『제왕운기』를 토대로 해서 저술되었음은 널리 알려져 있는 사실이다. 『동몽선습』은 중국사와 동국사로 나누고 있는 면에서도 그러하지만, 체제나 형식면에서도 『제왕운기』와 비슷하다. 더욱이 『동몽선습』의 우리나라 고대사 체계는 『제왕운기』와 거의 같다고 할 정도이다.

　　그런가 하면 조선 후기에 이르러서 『제왕운기』는 실학자들에게도 많은 영향을 미친 것으로 알려져 있다. 특히 단군조선에 관심을 기울이고 있던 사가들에게 큰 영향을 미친 것 같다. 그리고 한말까지 『제왕운기』와 같은 형식과 내용의 영사시들이 널리 퍼져 있었던 것을 보면, 『제왕운기』가 저술된 후부터 일제침략이 이루어질 때까지 계속 읽혀지고 있었다고 하겠다.

Ⅷ. 맺음말

　　『제왕운기』를 통해 확인해 본 이승휴의 역사관은 단순하게 보면 민족주의 사관이라 할 수 있지만, 엄격히 따져 말하면 국가주의 사관이라고 할 수 있다. 때로는 국가주의 사관을 보완하기 위해 유교사관이나 신이사관에 의존한 적도 있었다. 그러나 이승휴의 역사관을 한 마디로 표현하면 국가주의 사관(민족주의 사관의 전 단계)이라고 할 수 있다.

『제왕운기』는 국가주의 사관에 입각해서 서술하다 보니, 우리의 역사를 중국과 동등한 위치로 끌어 올릴 수밖에 없었고, 단군을 우리나라의 시조로 내세웠다. 그 후 우리 강토에서 세워진 나라들은 모두가 단군조선에서 뻗어나간 나라들이라고 주장했다. 그리고 우리 강토에서 세워진 모든 나라들을 통틀어 '조선'이라고 지칭하기 시작한 것이 바로『제왕운기』를 통해서라고 한다. 그런가 하면 우리 문화는 중국문화와는 구분되는 것으로서 독창성이 있다고 했고, 대외관계에 있어서도 북진정책을 펴서 자주적이고 진취적인 나라의 기상을 과시하려고 했으니,『제왕운기』는 국가주의 사관에 입각해서 쓰인 책이라고 할 수 있을 것 같다.

이승휴는『제왕운기』에서 우리나라의 상고사를 체계화했다.『삼국사기』는 우리나라 역사에 대한 상한선을 삼국시대로 잡았지만,『삼국유사』는 고조선까지 끌어 올렸다. 그러나『삼국유사』는 상고사와 삼국과의 관계를 체계적으로 설명하지 못했고, 혈연적으로 연결지우지 못함으로써 애매한 상태로 남겨 두었다. 더욱이 단군조선과 삼한시대의 부족국가들과 연결짓지 못함으로써, 우리나라 상고사의 체계를 잡지 못했다.

그러나 이승휴는『제왕운기』의 저술을 통해 우리나라 역사에 대한 인식의 상한선을 단군조선까지 끌어 올렸다. 단군조선과 한반도와 만주에 수립된 후속국가들과도 연결지음으로써 우리의 고대사를 체계화시켰다. 뿐만 아니라 그때까지 우리 역사에서 배제되었던 발해사를 우리 역사에 포함시킴으로써, 우리나라 역사의 지평을 넓히기도 했다. 요컨대 우리 역사를 중국사와 동등한 위치로 끌어올리기 위해서 단군조선의 역사를 체계화했고, 단군조선과 그 후 부족국가들과의 관계도 정리했으며, 발해사까지 우리나라 역사 속으로 끌어 들여 우리 역사의 지평을 넓히려고 노력했으니, 이승휴의 역사관을 국가주의 사관이라고 보는 것이 타당할 것 같다.

더욱이 이승휴는 고려의 통일을 신라의 통일과는 다르게 보았다. 신라의 통일은 영토적·민족적으로 불완전했지만 고려의 통일은 온전한 통일이었고, 고려는 단군 이래 최초로 우리가 이룩해낸 통일적인 민족국가였다고 주장하고 있다. 이승휴가 『제왕운기』를 통해 고려의 통일을 신라의 통일보다 높이 평가하고 있는 것은 단순히 그가 고려시대의 사가였다는 사실로만 돌려버릴 수 없을 것 같다.

실상 신라의 삼국통일이란 신라 스스로의 힘으로 이룩했던 통일이 아니라 외세(당나라)의 힘을 빌려서 같은 단군의 후손이고 동족이었던 백제와 고구려를 쳐부수고 이룩한 통일이었으니, 온전한 통일로 평가받을 수 없음은 너무나 당연했다. 그러나 고려의 통일은 외세의 힘을 빌려서 이룩한 통일도 아니요, 무력으로 이룩한 통일도 아니다. 고려 태조 왕건의 선정과 덕치로 궁예나 견훤이나 경순왕 등이 국권을 자진 헌납하다시피해서 이룩된 통일이었다. 그 후 발해도 자진해 고려로 귀의했다. 따라서 고려의 통일을 신라의 통일과는 달리, 보다 높게 평가하는 것은 너무나 당연한 것이다.

고려의 통일은 결과적으로 만주의 고토를 포기한 허점이 없는 것은 아니지만, 한반도 안에서는 바람직스러운 방식의 온전한 통일이었다고 긍정적으로 평가해도 무리는 없을 것이다. 이렇듯 이승휴가 우리의 역사를 올바로 평가할 수 있었음은 우리 겨레를 중심으로 한 민족주의 사관 아니면 국가주의 사관에 바탕을 두고 있었던 덕분이라 하겠다.

이승휴는 그 당시의 현실을 비판하면서 국왕의 덕치주의와 신하의 충성심을 강조하기 위해 때로는 유교사관에 의탁했고, 우리나라 시조들을 신성시하기 위해 신이사관에 의존하기도 했다. 이런 일들은 우리 민족의 역사가 중국 역사와 구별되는 독립적이고 자주적인 역사임을 강조하기 위한 방편이었을 따름이다. 따라서 『제왕운기』를 통해서 드러난 이

승휴의 역사관은 민족주의적 아니면 국가주의적인 사관이었다고 주장
해도 좋을 듯하다.

　마지막으로 한 가지 덧붙이고 싶다. 이승휴는 『제왕운기』에서 원의
간섭에 적극적으로 저항하지 못하고 원나라에 사대하는 듯한 표현도 있
음을 모르는 바 아니다. 그래서 필자는 앞서 「이승휴 시대의 정치상황」
이라는 항목에서 당시 이승휴가 원나라의 간섭에 적극적으로 저항하기
어려웠던 상황에 대해서 설명했다. 당시가 절대군주제였음은 접어두고,
언론의 자유를 누리고 있는 오늘을 기준으로 평가하는 것은 무리라는
사실만을 지적해 두고자 한다.

이승휴의 선비정신

Ⅰ. 머리말

13세기의 역사적인 인물을 21세기인 현대적인 시각으로 평가한다는 것은 쉬운 일이 아니다. 역사적인 인물의 평가는 그 시대의 측도에 따라 이루어져야지, 700여 년이 지난 지금의 측도로 평가하는 것은 공정할 수가 없다. 단적으로 말해서 선비론이 성립되지도 않았던 시기의 인물을 몇 세기가 지난 뒤에 성립된 선비론의 잣대로 삼아 평가한다는 것은 무리가 아닐 수 없다. 어떻게 보면 가혹하다고 할 수 있을 지도 모르겠다.

실상 어떤 역사적인 인물의 평가는 그 사람이 활동하던 시기의 척도에 따라 평가되어야 옳지, 그 시대와 동떨어진 시대의 척도로 평가하는 것은 공정성을 지니기 어려울 것이기 때문이다. 단적으로 말해서 아직 선비론이 성립되기 이전의 역사적인 인물인 이승휴를 몇 세를 지나 성립된 선비론을 척도로 삼아 평가하는 것은 걸맞지 않다는 것이다. 이승휴가 활동하던 시대에는 선비론이 성립되지도 않았는데, 그러한 선비론을 잣대로 삼아 이승휴를 평가하는 것은 너무 가혹하지 않느냐는 생각이 들 법도 하다.

이승휴가 활동하던 시대는 '신진사대부新進士大夫'라는 용어가 쓰이기 직전이었던 것 같다. 14세기 충숙왕 때에 이르러 '신진사대부'라는 용어가 출현했으니, 1300년에 생을 마감한 이승휴의 활동 시기는 '신진사대부'라는 용어가 배태되던 시기였다고 볼 수 있을 것 같다. 실상 13세기 말 충렬왕 시대의 이승휴의 활동이 고려사회 안에서 '신진사대부'를 출현시키는 결정적인 계기였지 않겠느냐는 생각마저 들 정도이다.

분명 이승휴의 정치활동은 14세기 고려사회 안에서 '신진사류'를 출현시킨 직접적인 계기였을 뿐 아니라, 조선 초·중기에 들어와서 '선비'

를 출현시킨 원동력이 되지 않았을까 하는 생각마저 든다. 이렇게 보면 이승휴의 정치활동은 '선비층'을 출현시킨 원동력이었기에, 선비론을 잣대로 삼아 이승휴의 정치활동을 고찰해 보는 것은 의미 있는 일인 듯싶다.

따지고 보면 서양에서 논의되고 있는 지식인(인텔리겐치아론)과 우리나라에서 거론되고 있는 선비론과는 비슷하지만, 반드시 맥을 같이 하는 것은 아닌 듯싶다. 서양에서 논의되고 있는 지식인론에서는 관직을 갖고 있는 사람은 배제하는 경향이 짙은 데 반해, 한국의 선비론에서는 관직을 갖고 있다고 해서 선비의 범주에서 배제시키는 것은 아니다. 한국의 선비론에서는 관직을 갖고 있는 사람들이 선비의 주류를 이루고 있었고, 관직을 갖고 있지 않은 사람들이 선비들 중 소수파를 이루고 있었다. 오히려 서양에서는 제아무리 지식이 많고 비판정신이 투철하다 할지라도 일단 관직에 있는 사람들은 지식인의 범주에서 배제시키고 있다. 지식인으로서의 다른 조건들은 두루 갖추고 있더라도 일단 관직에 있는 사람들이면 지식인의 범주에서 배제시키고 만다. 관직에 있는 사람들은 지식인의 범주에 포함시키지 않고, 그들을 지식인이라고 표현할 때에는 '관복을 입은 지식인'이라고 해서 비아냥거리고 있는 실정이다.

그런 데 반해 한국에서는 선비의 조건으로 관직에 있고 없고는 문제가 되지 않은 듯싶다. 오히려 율곡栗谷 이이李珥에 따르면, 유교적 가치관에 입각해서 선비의 바람직한 기능들을 수기修己, 치인治人, 입언立言 등 세 가지로 요약하고 있다. 말하자면 '선비란 원래 생산에 종사하는 것이 아닌, 즉 사람을 지배하는 것을 목표로 하고 있는 집단인 만큼, 우선 그 자질을 길러내야 하고(수기), 다음으로 그것을 토대로 포부와 이상을 마음대로 발휘해야 하며(치인), 또 그 이상을 펴볼 만한 조건이 되어 있지 않을 경우에는 조용히 물러나 자손만대에 교훈을 남겨 놓아야 하는(입언)' 것이다. 이 세 가지 중 어느 것이 중요했던가 하는 문제는 있지만, 대체로 조선시대 선비들의 일생은 이 세 가지 사업으로 집약되는 것이 아니었던가 싶다(정광호, 『선비―소신과 실천의 삶』, 눌와, 2003, 63쪽).

이렇듯 조선시대의 선비론에서는 치인, 즉 사람을 다스리는 일을 선비의 주된 임무로 규정했으니, 오히려 선비란 관직에 있는 것을 기본요건으로 삼았던 것이 아닌가 하는 생각마저 갖게 만든다. 그리고 필자가 서양의 지식인론을 잣대로 삼지 않고, 한국의 선비론을 잣대로 삼아 이승휴의 정치활동을 평가해 보려고 했던 것도 이러한 까닭이 있었기 때문이다. 서양의 잣대는 한낱 참고로 삼을 수 있을지는 모르겠지만, 우리의 역사적 인물을 평가하는 잣대로 삼을 수는 없지 않겠느냐는 생각이 들었기에, 우리의 선비론을 잣대로 삼아 이승휴의 정치활동을 살펴보기로 했음을 밝혀 두고 싶다.

조선조 시대에 제기되어 지금까지도 중요시되고 있는 선비론을 잣대로 삼아 이승휴의 정치활동을 고찰해 보지만, 이승휴의 정치활동은 우리네 선비론에서 요구하는 요건들을 고루 갖추고 있다는 생각이다. 이 글은 13세기 이승휴의 정치활동이 우리네 선비론에서 제시되고 있는 요건들을 얼마만큼 갖추고 있는가를 검토해 보자는 데 목적이 있음을 밝힌다.

II. 선비의 조건

이승휴의 선비정신을 살펴보려면 무엇보다 앞서 어떤 종류의 사람들을 선비라고 할 수 있는지를 살펴볼 필요가 있을 것 같다. 이 말은 결국 선비로 받들 수 있는 자격 요건들은 무엇인가 하는 얘기로 집약될 듯싶다. 필자는 성균관대학교 도서관에서 선비에 관한 책들을 대출받아 열심히 읽어 보았지만, 불행히도 선비의 자격 요건들을 하나의 항목으로 잡아 정리해 놓은 책을 발견할 수 없었다. 그러나 다행스러웠던 것은 안대회 교수가 저술한『선비답게 산다는 것』(푸른 역사, 2007)이란 책을 읽어 보니, 선비의 자격 요건들은 대충 이런 것들이겠구나 하는 생각을 가다듬을 수 있었다.

힘들여서 선비의 자격 요건을 제시해야 하는 까닭은 어떤 사람의 선비정신을 살펴볼 수 있는 잣대를 마련하기 위해서이다. 어떤 사람의 사상이나 활동을 올바로 평가하려면, 평가할 수 있는 잣대가 필요하기 때문이다. 여기서 선비의 조건이란 어떤 사람의 선비정신을 평하는 잣대를 마련하기 위해서였다.

1. 선비는 많은 지식을 쌓아야 한다

선비의 자격 조건으로 첫째로 꼽을 수 있는 것은 스승의 가르침이나 독서를 통해 많은 지식을 쌓는 일이라고 할 수 있다.

한국에서 선비라고 하면 대체로 지식인을 가리키는데, 지식인이라면 우선 남달리 많은 지식을 갖고 있어야 한다. 제아무리 마음이 곧고, 지조가 있으며, 비판적인 사고를 갖고 있다 할지라도, 남달리 많은 지식을 갖고 있지 않으면 선비라고 일컬어질 수 없다. 따라서 많은 지식을 쌓는 일은 선비의 자격 요건에서 으뜸으로 꼽아야 할 것 같다.

그런데 이러한 지식을 습득하는 방법은 두 가지로 요약할 수 있다. 하나는 스승의 가르침을 통해서이고 다른 하나는 독서를 통해서이다. 지식을 습득하는 두 가지 방법들 중에서 어느 것이 더 중요한가는 잘라 말할 수 없을 듯싶다. 우선 스승의 가르침을 받아야 독서를 할 수 있고,

스스로 독서를 게을리 하지 않아야 스승의 가르침을 이해할 수 있다. 말하자면 스승의 가르침과 스스로의 독서는 별개이기보다는 상호보완의 관계에 있음을 확인할 수 있다.

지식을 습득하는 데 스승의 가르침이 중요함은 새삼스럽게 강조할 필요가 없다. 어떤 사람의 지식을 평가할 때 어떤 스승의 가르침을 받았느냐고 따지는 것은 스승의 가르침이 그만큼 중요했기 때문이다. 스승의 가르침은 단순히 지식을 습득시키는 일에 머무는 것이 아니라 가르침을 받는 사람들의 인격형성에까지 영향을 미친다. 그래서 스승을 중심으로 하여 학파學派를 형성하는 것이 일반적인 현상이었다.

하나의 예를 들어 보면 남명南冥 조식曺植과 퇴계退溪 이황李滉의 경우가 그런 예의 전형이라고 할 수 있다. 이황과 조식은 1501년 생으로 동갑인 데다가 같은 영남의 학자였지만, 이 두 사람 사이에는 학파를 달리할 만큼 대조적인 면이 있었다. 성호星湖 이익李瀷도 말했다시피 "이황 쪽이 덕을 더 숭상한 것이라 한다면, 조식 쪽은 기백을 좀 더 크게 본 것이 아니겠는가." 하는 것이다(정광호, 『선비─소신과 실천의 삶』, 눌와, 2003, 82쪽).

이황과 조식의 문하생들은 서로 다른 학파를 형성했고, 이들 두 학파 사이에는 서로 간 배타적이라고 할 만큼 별개의 학파를 이루고 있었다. 바로 스승의 학문적 성향에 따라 서로 간 이질적이고 배타적인 성향을 드러냈다고 할 수 있다.

물론 조선조 시대에 이르러서는 대다수의 젊은이들은 스승의 가르침 밑에서 지식을 쌓았지만, 스승 없이 어머니의 가르침 밑에서 지식을 쌓아 과거에 급제해서 대제학의 벼슬에까지 오른 선비들도 있었다. 조선시대 선비들의 행장을 보면 누구에게 배웠고, 누구의 제자가 되었다고 애써 학문의 연원을 대는 것이 통례였다. 그러나 선생 없이 어머니의 가르침으로 과거에 급제해서 대사헌의 벼슬에까지 오른 선비들도 있었다.

바로 김만기金萬基와 김만중金萬重 형제가 스승 없이 어머니의 가르침을 받고 과거에 급제해서 대사헌의 자리에 오른 선비들이다. 물론 김만중의 집안은 광산 김씨鑛山金氏로 선대 중에 증조부와 조부 두 사람이나 문묘文廟에 배향될 만큼 명문가였다.

그러나 1636년 인조 14년에 벌어진 병자호란으로 조부와 부친(김의겸)이 자결해 버리자 집안은 풍비박산이 되고 말았다. 당시 김만중의 모친인 윤씨부인은 21세의 청상과부였다. 윤씨부인도 남편을 따라 자결하고 싶었지만, 다섯 살짜리 맏아들(김만기)과 유복자(김만중)를 잘 길러 달라는 유언 때문에 죽을 수도 없었다고 한다. 그때 윤씨부인은 만삭의 몸으로 다섯 살짜리 맏아들을 데리고 친정으로 돌아왔는데 친정에서 낳은 아들이 바로 유복자인 김만중이었다.

윤씨부인은 손수 길쌈을 하는 등 숱한 어려움을 겪으면서도 아이들을 잘 키웠다. 두 아들을 키우는 과정에 더러는 말썽도 부리고 속도 썩였지만, 그때마다 부인은 회초리를 들고 때리면서 수없이 울었다고 한다. 그리고 친정에서 아이들 둘을 키우려니, 스승을 골라 글을 배우도록 할 여유가 없었다. 그래서 어머니가 스승이 되어 두 아들을 가르쳤다는 것이다.

이렇듯 어머니인 윤씨의 가르침으로 훗날 아들 형제는 모두 문과에 급제해서 대제학이라고 하는 최고 명예직까지 얻는 결과를 보았다고 한다(정광호, 앞의 책, 199~200쪽 참조). 따지고 보면 스승이 없었던 것이 아니라 어머니가 스승을 대신해서 아들들을 가르쳤다고 보는 것이 옳겠지만, 어머니가 스승의 역할을 대신했기 때문에 학문의 연원을 따지고 학파를 따질 필요는 없었던 것이다.

다음은 지식을 쌓는 또 하나의 방법이라고 할 수 있는 독서에 관해서 살펴보기로 하자. 연암燕巖 박지원朴趾源의 손자인 환재瓛齋 박규수朴珪壽가 지은 책 『상고도회문의례尙古圖會文義例』라는 책이 있다. 널리 알려져 있다시피, 박규수는 구한말 평양감사로 있을 때 대동강을 거슬러 올라와 평양을 넘보는 미국 상선 제너럴셔먼호를 포격해서 박살냈던 사람이다. 그는 정치가로도 알려져 있었지만 연암의 손자답게 빼어난 문장가요, 실학자로서도 널리 알려졌다. 박규수는 이미 젊은 시절에 『상고도회문의례』라는 16권 16책의 방대한 저서를 편찬해낸 선비였다. "이 책은 본받고 싶고 친구 삼고 싶은 옛 사람들을 옛 전적에서 골고루 뽑아 그들만의 개성과 특징을 보여주는 행적과 일화를 소개하고 있다. 거기에 머물지 않고, 그 인물과 그 일화에 대해 스스로 생각하고 평가한 바를 자유롭게 펼쳐냈다. 선정된 인물은 대체로 중국의 명현들이었다. 책의 제목 중 '상고尙古'는 『맹자』의 '상우고인尙友古人'(옛 사람을 친구로 삼는다)에서 가져왔고, '회문會文'은 『논어』의 '이문회우以文會友'(글로써 벗을 만난다)에서 취해온 말이다. 책 제목에 이미 옛사람과 대화하고, 동시대 친구들과도 어울리고 싶은 소망이 뚜렷이 담겨 있다. 대화와 어울림의 매개가 되는 것은 글이고 책이다."(안대회, 『선비답게 산다는 것』, 푸른 역사, 2007, 327쪽)고 했다.

박규수가 이 책에서 소개하고 있는 일화들 중 하나가 동우童遇에 관한 얘기인데, "동우는 자신을 찾아와 배우겠다는 사람들을 가르치려 들지 않고, '그저 먼저 백번만 읽어라, 그러면 뜻이 저절로 나타날 것이다.'라고 말하기만 했다. 그런데 여유가 없어 글 읽기가 힘들다고 말한 제자가 있었다. 동우는 세 가지 여가시간에 공부하라고 했다. '세 가지 여가란 무엇입니까?'라고 누군가 물었다. 동우의 대답은 이러했다. '겨울은 한 해의 여가요, 밤은 낮의 여가요, 비바람 치는 때는 시간의 여가라.'고 말했다."는 것이다(위의 책, 238쪽).

그리고 박규수는 동우의 일화를 다음과 같이 풀이했다. "여유 있는 시간을 기다려 책을 읽고자 하면 한 해를 마칠 때까지 책을 읽을 수 있는 날이 없다. 여유가 있을 때를 기다려 남을 구제하려는 사람은 죽는 날까지 남을 구할 시간이 없는 것과 마찬가지다. 그야말로 여유가 없다면 어찌해야 하는가? 옛사람은 '한가로울 때도 바쁜 한 순간이 있듯이, 바쁠 때에도 한가한 순간이 있다(閑時忙得一刻, 忙時閑得一刻)'고 했다. 어찌 독서만이 그러하랴? 무릇 일을 하는 사람이라면 마땅히 이 말을 스스로 반성하는 도구로 삼아야 하리라, 이 이야기를 적어 두어 옛일을 본받고자 한다(위의 책, 238~239쪽)."고 했다.

이 일화는 간단하지만 뜻은 깊고 여운은 길다. 세 가지 여유를 활용해서 독서에 힘쓰라는 동우의 옛 이야기를 제시한 다음, 이 일화를 글감으로 삼아서 시도 한 번 써보라고 권했다. 나태한 정신을 일깨울 만한 동우의 일화에 덧붙인 박규수의 해설은 더욱 감동적이다. 바쁘다는 핑계를 대지 말고 바쁜 속에서도 시간을 내어 독서하라는 권유는 소중히 받아들이지 않을 수 없을 것 같다.

독서와 관계되는 또 하나의 일화를 박규수는 제시했다. 유식劉式에 관한 일화이다. 유식은 자가 숙도叔度로 청강 사람이라고 한다. 이 유숙도가 국가의 회계를 맡아본 지 10년이 넘었다. 그가 사망한 뒤, 그의 집에는 책장만이 남았는데, 그 책장에는 그가 읽던 수천 권의 책들이 꽂혀 있었다고 한다. 10년 동안 나라의 회계를 맡아 보았던 유숙도가 남긴 유산이라고는 책장에 꽂혀 있는 수천 권의 책뿐이었다. 많은 재물을 유산으로 남겼으리라는 일반의 예측과는 전혀 달랐다.

그러나 유숙도의 부인 진陳씨는 남편이 남긴 수천 권의 서적들을 자랑스럽게 여기며, 책으로 남긴 유산의 의미를 일깨워 주었다. 부인은 자식들에게, "이것이 바로 네 아버지께서 남기고 가신 묵장墨葬이란다."라고 하시며, 자랑스럽게 생각했다는 것이다. '먹 글씨가 쌓여 있는 농장'이라는 뜻의 '묵장'이란 어휘는 이렇게 만들어졌고, 이 묵장은 장서藏書를 가리키는 말로 쓰이게 되었다는 것이다(위의 책, 243쪽).

박규수는 천 년 전의 사람인 유숙도의 삶에 정서적인 공감을 갖고 있었던 것 같다. 단순히 흥미로운 이야기가 아니라 따르고 싶은 생각이 일어난다고 했다. 박규수는 유숙도의 삶에서 본보기가 될 만한 인생의 의의를 찾아 제시하고 거기에 담긴 의미를 다음과 같이 밝혔다.

"전답을 사면 배부름이 제 몸에 그치지만, 책을 사면 나의 자손과 후학 일가붙이와 마을 사람, 나아가 독서를 좋아하는 천하 사람들을 모두 배불리게 된다. 유숙도는 생업을 잘 꾸렸고 이익을 버리지 않았다고 하겠다. 그러나 현명한 진씨 부인이 없었더라면 그가 남긴 책을 보존하여 자손들이 유숙도의 뜻을 알게 할 수 있었으랴? 어질도다. 진씨 부인이시여! 이에 이 글을 써 감회를 적어둔다(위의 책, 243쪽)."고 했다.

박규수의 생각으로는 당시 과거시험이란 판에 박힌 형식에 알맹이가 없는 지식을 젊은이들에게 강요하고 있다고 보았던 것 같다. 그래서 박규수는 틀에 박힌 과거공부에만 얽매이지 말고, 올바른 지식을 습득하는 방법으로 '천 년 전의 벗과의 만남'을 주선했던 것이 아닐까 생각하게 만든다. 박규수는 자기가 지은 책의 범례에서 다음과 같이 밝히고 있다.

"이 세상에 태어난 이상, 이 세상의 현인과 벗 삼는 것이 정녕 옳다. 그러나 천고적 사람을 사귀라고 옛 사람이 밝히지 않았던가? 이 책에서 다룬 천고의 현인은 모두 내가 세월을 거슬러 올라가 친구 삼고 싶은 분들이다. 하지만 이 『상고전도尚古全図』 전체를 샅샅이 뒤적일 필요가 굳이 있겠는가? 가을비 내리고 낙엽지는 아침이든, 대숲으로 난 창가에 큰 눈이 내리는 밤이든 한 부를 뽑아내어 읽는다면, 거기에는 속세를 벗어나 숨은 고매한 현자도 있고, 문장에 능한 재사도 있다. 국정을 도와 국사를 꾀하는 선비도 있고, 위대한 업적을 세운 공신도 있으며, 굳세고

방정한 신하도 있고, 찬란한 의렬義烈을 보인 사적도 있다. 이 한 부를 벗어나지 않아도 나의 벗은 충분하다. 내가 날마다 저 성현들과 더불어 노닌다면 그 또한 즐겁지 아니하랴."라고 했다(위의 책, 244~245쪽).

글을 통해 옛사람을 만나는 의미를 이렇듯 인상적으로 표현한 글은 처음 읽었다. 가을비 내리고 낙엽지는 아침 또는 큰 눈이 내리는 밤에 대숲을 향해 난 창가에 앉아 쓸쓸하고 무료한 시간에 손에 잡히는 대로 한 권씩 뽑아내어 읽으면 거기에는 벗 삼고 싶은 옛사람이 있고 본보기로 삼을 행위와 격언이 있다. 굳이 문을 나서지 않아도 책을 통해서 많은 사람들과 사귈 수 있다는 것이다.

여기에 독서의 보람이 있고 값어치가 있다. 요컨대 독서는 지식의 습득방법임은 두말할 나위 없다. 그러나 옛 선비들의 독서법은 유별난 데가 있었다. 소리 내어 글을 읽는 것, 글을 통째로 암송하는 것이야말로 옛사람들의 특유한 독서법이다. 읽어야할 책이라면 아예 통째로 외우는 독서법이다. 암송하는 독서법은 그 나름으로 무시하지 못할 장점이 있다. 왜냐하면 외운 내용은 피와 살이 되어 완벽하게 이해될 수 있기 때문이다.

한편 실학자인 홍대용洪大容은 경전을 무조건 암송하는 전통적인 독서법에서 벗어나, 글의 맛을 제대로 음미해야 한다는 주장을 펴고 있다. 그의 말에 따르면 독서에 있어서 가장 중요시되는 일은 정신의 집중이라는 것이다. 정신을 집중해서 내용을 파악하고 체득하여, 뜻을 조용히 음미하는 일이야말로 그가 강력히 주장하고 있는 독서법이었다.

박규수는 다음과 같은 주장을 펴고 있다. 즉 "글을 송독誦讀하고 사유해야 한다. 글을 송독하면 나의 지식을 풍부히 쌓게 만들고, 그 의미를 사유하면 내가 습득한 지식을 견고하게 만든다. 송독하되 사유하지 않으면 잃어버리고, 사유하되 송독하지 않으면 지식이 고갈된다."고 했다

(위의 책, 271쪽).

원호문元好問(고려시대 작가)의 독서법은 유별스럽게도 하나 같이 기록하기를 강조했다. 그저 책을 읽고 팽개쳐 두지 말고, 그것을 하나의 정보로 간주해서 메모해야 하다고 강조했다. 일회성의 독서나 부스러기 지식의 축적에 머물지 말고 읽은 책의 내용을 자기 지식으로 만들려면, 그 책의 중요한 내용을 메모해 둘 필요가 있다는 것이다. 정다산丁茶山의 제자인 황상黃裳은 스승에게 배운 지 60주년이 되는 임술년(1862년)에 75세의 노인이 되어 지난날을 회상하며 「임술기壬戌記」를 썼는데, 그는 이 글에서 다음과 같은 내용을 밝혔다.

"내가 스승님께 글을 배운 지 이레 되던 날, 스승님은 문사文史를 공부하라는 글을 내 주시며 말씀하시길 '산석山石(황상의 아명)아! 문사를 공부하도록 해라.' 나는 머뭇머뭇 부끄러워하며 말씀을 올렸다. '저에게 세 가지 병통이 있습니다. 첫째는 둔하고, 둘째는 꽉 막혔으며, 셋째는 미욱합니다.' 그러자 선생님께서 말씀하시기를, '공부하는 자들이 갖고 있는 세 가지 병통을 너는 하나도 갖고 있지 않구나. 첫째는 기억력이 뛰어난 병통으로 공부를 소홀히 하는 폐단을 낳고, 둘째는 글 짓는 재주의 병통은 허황한 데로 흐르는 병통을 낳으며, 셋째는 이해력이 빠른 병통으로 거친 데로 흐르는 병통을 낳는다. 둔하지만 공부에 파고드는 사람은 식견이 넓어지고, 막혔지만 잘 뚫는 사람은 흐름에 거세지며, 미욱하지만 닦는 사람은 빛이 난다. 파고드는 방법은 무엇이냐, 근면함이다. 뚫는 방법은 무엇이냐, 근면함이다. 닦는 방법은 무엇이냐, 근면함이다. 그러면 근면함은 어떻게 지속하느냐, 마음가짐을 확고히 갖는 데 있다."고 했다(위의 책, 287~288쪽).

흔히 재주 있고 머리 좋은 사람이라야 독서를 잘 하고 지식을 쌓을 수 있는 것으로 생각하고 있는데 오히려 다산선생은 둔하고 재주 없는 사람이 마음 다잡고 꾸준히 열심히 공부하면 많은 지식을 쌓을 수 있고, 선비도 될 수 있음을 밝혀 주고 있다. 독서하는 데 근면함이 으뜸이라고 말씀하신 것은 참으로 명언이고 귀감으로 삼을 이야기이다.

2. 비판적인 사고를 지녀야 한다

선비라고 일컬어질 수 있는 둘째 조건은 비판적인 사고를 지녀야 한다는 것이다. 이 세상에 대해 만족만 하고 비판하지 않는 사람은 제아무리 많은 지식을 갖고 있다손 치더라도, 선비라고 규정할 수 없다. 현실에 만족하고 있는 사람은 제아무리 많은 지식이나 재능을 갖고 있다손 치더라도, 새로움을 추구할 수 없기 때문에 선비로 받들어질 수 없다는 것이다.

한국의 선비도 서양의 인텔리겐치아나 마찬가지로 현실을 비판하고 새로움을 추구하는 데서 공통된 특성을 찾아볼 수 있다. 따라서 선비의 특성은 현실에 대해서 불만을 느끼고 있고, 현실의 잘못을 시정해서 새로움을 추구하려는 데서 창조성을 엿볼 수 있다. 현실에 만족하고 있는 사람은 현실에 매몰되어 새로움을 추구해 볼 의지가 없다. 현실에 대해서 불만을 갖고 그것을 고쳐서 새로움을 추구해 보려고 노력하는 사람에게서만 창조성을 엿볼 수 있다.

사회의 구성원들이 현실에 대해서 모두가 만족하고 있는 곳에서는 창조나 발전의 동력을 찾아볼 수 없다. 구성원들 중에서 일부라도 불만을 갖고 현실을 비판하면서 새로움을 추구하려고 나설 때, 비로소 그 사회는 발전의 동력을 지니는 것이다. 물론 사회 성원들의 대다수가 불만에 젖어 소리치고 나오면 그 사회는 안정을 잃어 뒤집히고 말지만, 소수일지라도 일단의 비판 세력이 혹은 반대 세력이 있어서 현실의 잘못을 지적하면서 그 시정을 촉구하고 나설 때, 그 사회는 발전의 가능성을 지니는 것이다.

조선조에서 그나마 우리 사회가 느리고 답답하긴 하더라도 계속 발전해 올 수 있었던 것은 이른바 '선비'라고 일컬어지던 일단의 비판 세력이 있었던 덕분이라고 하겠다. 현실의 잘못을 지적하면서 그것을 시정하려고 했던 일단의 선비가 없었더라면, 우리 사회는 정체의 늪에 빠져 허우적거리다가 말았을 것이다. 그러나 우리나라는 '선비'라고 일컬어지던 일단의 비판 세력이 있어서 현실의 잘못을 지적하고 시정을 촉구해 왔기 때문에, 유지·발전해 올 수 있었다.

20세기 초반 미국사회에서 월터 리프먼(Walter Lippman)은 '항구적 소수파(permanent minority)라고 일컬어졌는데, 그는 지배 집단에 속하지 않고 언제나 소수파의 입장을 견지했기 때문에 '항구적 소수파'로 불리기에 이르렀다. 이 사람은 권력자들에게 충고하기를, "권력자들이여! 당신을 지지하고 있는 사람들보다 당신을 비판하고 있는 사람들을 더 사랑하라. 왜냐하면 당신을 지지하는 사람들은 당신을 충동질해서 잘못된 길로 들어서게 만들 수가 있지만, 당신을 비판하는 사람들은 당신의 앞길에 어디에 위험성이 있는 곳을 미리 알려 준다. 그러니 지지하는 사람들보다 비판하는 사람들을 더 사랑해야 되지 않겠느냐?"고 했다는 것이다.

그러나 필자는 권력자들에게 지지하는 사람들보다 비판하는 사람들을 더 사랑하라는 과도한 요청을 하고 싶지는 않다. 그저 권력자들은 비판자들의 말에도 일리가 있으니 귀나 기울여주기를 바라고 싶을 따름이다.

다시 한국의 선비 이야기로 돌아가자, 안정복은 「벙어리 물건」이라는 글에서 다음과 같이 설파하고 있다.

"지금 임금처럼 공손하며, 문왕처럼 공경스럽고, 무왕처럼 의로워서 이렇다 할 허물이 없습니다. 그러나 신하의 의리로 볼 때는 이 정도로 만족할 수 없습니다. 비록 어질더라도 그 어진 것을 무궁하도록 하고, 공손하더라도 그 공손함을 무궁하도록 하며, 그 공경과 의로움도 모두 이렇게 해야 할 것입니다. 이것이 임금을 위하는 정성스럽고 갸륵한 뜻입니다.

그런데 지금 조정에 있는 신하들은 모두 말하기를, 우리 임금은 이미 성군이 되었고, 우리나라는 이미 잘 다스려졌다고 하여, 한 달이 되어도 한 사람도 임금의 덕에 대해 논하는 자가 없고, 한 해가 되어도 한 사람도 나라의 정치에 대해 논하는 자가 없습니다. 이것이 어찌 벙어리와 다르겠습니까(안정복, '벙어리 물건', 정병헌·이지영 편, 『선비의 소리를 엿듣는다』, 사군자, 2005, 174~175쪽)?"라고 했다.

이 말은 임금이 정치를 올바르게 해 나간다 할지라도 잘못을 저지를 가능성은 언제나 있는 것이니, 경계를 늦추어서는 안 된다는 것이고, 또 임금으로 하여금 덕을 베푸는 일에 더욱 신경을 쓰도록 해야 한다는 것이다. 왜냐하면 "선을 따르는 것은 높은 산을 오르는 것과 같고, 물욕을 따르는 것은 냇물을 따라 흐르는 것과 같다(정개청, 「굳세고 강한 의지」, 정병헌·이지영 편, 앞의 책, 204쪽)."고 했다. 선을 행하고 덕을 베푸는 일은 산을 오르는 것과 같이 힘든 일이니, 고삐를 늦추지 말아야 한다는 것이다.

정치에 있어서는 임금의 잘못을 지적하는 일도 중요하지만, 임금의 잘못을 고치도록 만드는 일이 더 중요하다. 임금의 잘못을 지적하기만 하고 고치도록 만들지 못하면 문제를 일으키는 데서 끝나지, 문제를 해결 짓지는 못한다. 문제를 일으키기만 하고 문제를 매듭짓지 못하면, 소란만 피울 따름이다. 따라서 임금을 비판하는 궁극적인 목적은 잘못을 고치도록 만드는 데 있음을 알아야 한다.

비판은 임금의 잘못을 지적해서 그 잘못을 고치도록 만드는 데 있기 때문에, 비판하기가 쉬운 일은 아니다. 신하들의 비판을 임금이 받아들이면, 그 신하들은 세 가지 소득을 차지할 수 있다. 첫째는 충신이란 명예를 얻을 수 있고, 둘째는 포상도 받을 수 있으며, 셋째는 벼슬도 보전할 수 있다는 것이다. 그럼에도 불구하고 신하들이 감히 비판하지 못하는 것은 임금이 비판을 받아들이지 않고, 성낼까봐 두려운 것이다.

성호星湖 이익李瀷이 말하기를, "임금이 비판하는 신하가 없음을 걱정하는 것은 밭이 있으나 곡식을 심지 않는 것과 같은 것이다. 그리고 비판하는 것도 어질고 어리석음에 따라 선악의 구분이 있으니, 이 점 또한 살피지 않을 수 없다(이익, 「임금을 비판하는 신하」, 정병헌·이지영, 앞의 책, 57쪽)."는 것이다. 이 이야기는 비판도 선의의 비판과 악의 비판으로 나누어 볼 수 있다는 것이다. 선의의 비판이란 올바로 잘 되게 만들어 보자는 것이라면, 악의의 비판이란 그르쳐서 망가뜨려 보자는 것이다. 제아무리 성군이라고 하더라도 선의의 비판만을 받아들이지, 악의의 비판까지 받아들일 수는 없다. 따라서 우선 신하의 비판은 악의가 없는 선의의 비판이어야 한다는 것이다.

그리고 조선조의 선비들이 임금을 비판하는 통로는 대체로 두 가지가 있었던 것 같다. 하나는 임금에게 직접 아뢰는 직간直諫이고, 다른 하나는 글로 아뢰는 상소上疏가 있다. 직간은 임금을 측근에서 모시고 있는 신하들이 임금에게 나아가서 직접 아뢰는 방식이라면, 상소는 임금을 직접 알현할 수 없는 신하들이 아뢰올 말씀을 글로 적어 올리는 방식이다.

"임금에게 직간을 하는 신하는 그리 흔하지 않다. 임금에게 잘못이 있으면 곧은 말로 숨김없이 하고, 도道로써 붙들어 임금이 착한 정치를 하도록 납득시켜야 한다. 처신하기는 비록 어려우나 그 도를 행하는 데는 막힘이 없다. … 위태로운 세상을 만났기 때문에 오직 목숨을 버려 인仁을 이룩하여야 하고, 의義를 보면 곧 행동으로 써야 한다. 『시경詩經』에서, '저 사람은 죽어도 변치를 않는다.'고 말한 것이 바로 이것이다. 그러므로 '추운 계절에야 굳센 풀을 알고, 세상이 어지러워야 충신을 안다.'고 하였으니 어찌 어렵지 않겠는가(김시습, '충신론', 정병헌 · 이지영, 앞의 책, 53쪽 참조)?"

임금에게 직간을 한다는 것은 참으로 어려운 일이 아닐 수 없다. 목숨을 버려 인을 이루려는 각오가 없으면 할 수 없는 일이니, 어려운 일이라고 하지 않을 수 없다는 것이다. 자기의 정치이상을 현실정치 속에 실현시켜 보려고 임금에게 직언하다, 스스로의 목숨을 버릴 수밖에 없었던 조광조趙光祖 같은 사람에게서나 기대해 봄직하다. 조선조 중종 때 사림정치를 실현해 보기 위해 임금에게 직간을 서슴지 않았고 끝내 목숨을 잃었지만, 후세 사가(한말의 사가인 김택영)로부터, "조광조는 학문이 짧은 탓에 맹목적인 명분주의에 사로잡히고 조급증에 걸려 개혁에 실패했다(안대회, 앞의 책, 226쪽)."는 비판을 받고 있으니, 참으로 안타까운 일이 아닐 수 없다.

다음으로 상소는 직간보다는 덜 위험하지만, 상소 때문에 삭탈관직되거나 정배되거나 심지어 목숨을 잃는 사람도 없지 않았다. 상소는 임금에게 예의를 갖추어서 올리는 글이지만, 독재적인 성향이 짙은 임금에게는 용납되지 않는 경우가 허다했다. 조선에 언관言官, 사관史官이 있었고, 어느 정도의 언로는 열려 있었으므로 신하나 유생들이 올리는 상소는 끊일 날이 없었다. 수많은 상소를 올린 사람들 중에서 대표로 한 사람의 일화만을 소개해 보자. 백의白衣 정승이라 일컬어졌던 명재明齋 윤증尹拯의 일화이다.

윤증은 소론少論의 당수 격이었던 사람인데, 임금으로부터 여러 가지 직책들이 제수되었는데도 끝까지 사양하며 그 직을 맡지 않았다. 그는 번번이 사양하면서 오직 독서와 저술과 그리고 후진을 가르치는 일에만 정력을 쏟았다. 그리고 내려오는 교지를 사양할 때에는 다른 선비들과 마찬가지로 그 역시 사직 상소를 올렸는데, 아마도 그는 조선조 500년 동안 사직 상소를 가장 많이 쓴 사람이었던 것으로 알려져 있다. 우의정을 제수 받고 올린 상소만도 여덟 번이었고, 판중추부사로 전입된 뒤에도 7~8회에 달했다고 하니, 소시 적부터 올린 상소들을 합치면 아마 수백 통이 될 것이라고 한다.

그는 우의정의 직첩을 받고서도 한 번도 대궐 안에 들어가 본 일이 없는 사람이기도 하니, 임금 역시도 그 모습이 어떤지 잘 몰라서 자못 궁금하게 여겼다는 일화도 있었다. 그리하여 그가 86세에 생을 마감하자, 숙종은 다음과 같은 애도시를 지어 회포를 풀었다고 한다.

> 유림에서 도덕을 존중하였거니와 　儒林尊道德
> 나 역시 그대를 사모하였소 　　　小子亦嘗欽
> 평생에 면모를 대한 일이 없거니 　平生不識面
> 아쉬운 마음 더욱 간절하구료 　　沒後恨彌深
>
> (정광호, 앞의 책, 175~176쪽).

당시 숙종 대에 있어서 윤증의 비중이 어떠했던가 상상해 봄직하다. 그래서 그에게는 '백의정승'이란 또 하나의 애칭이 붙었다. 이 말은 물론 관복을 입고서 대궐로 드나든 일이 없는 '흰 옷 차림의 정승'이라는 말이다.

그런데 윤증에게는 희한한 일화가 하나 더 있었다고 한다. 그것은 그가 관직을 사양하고 나가지 않았지만, 정승의 녹봉은 매달 지급되고 있었다. 하지만 그는 이 녹봉을 받지 않고, 그때마다 그 고을 현감에게 돌려보냈다는 것이다. 그가 세상을 떠난 뒤, 도백道伯(관찰사)의 장계로 임금에게 알려지자, 숙종은 그 녹봉을 자식들에게 다시 주라는 분부를 내렸다. 그러나 그의 후손 역시 선대가 사양한 재물을 그냥 받을 만한 몰염치

한 사람들이 아니었던지라, 끝까지 사양했다고 한다.

그래서 결국 숙종은 다음과 같은 전교, 말하자면 "3년분에 해당하는 곡식만 가져다 제수에 보태도록 하라."고 지시를 내리니, 후손들도 어쩔 수 없이 받을 수밖에 없었다는 것이다. 이러한 윤증의 일화를 통해서 선비는 비판적인 사고에다 올곧은 성격이 있어야 한다는 또 하나의 조건을 확인해 낼 수 있다. 선비의 올곧은 성격에 관해서는 다음에 논하기로 하고, 여기서는 선비의 비판적인 사고에 관해서 마무리 짓자.

비판적인 시각으로 우리네 역사를 날카롭게 재해석한 사람들도 비판적인 사고를 지닌 선비로 규정할 수 있지 않겠느냐는 것이다. 특히 망국의 원인을 지난날 우리네 역사를 새로운 시각으로 재해석해 보자는 역사학자들도 비판적인 사고를 지닌 선비로 규정해야 마땅하지 않겠느냐는 것이다. 오히려 우리 역사를 재해석해 보자는 역사학자들은 시대 상황을 비판하고 있는 사람들보다는 더 넓은 차원의 비판자들임이 분명하다.

조선이 망한 뒤 망국의 유민으로 우리 역사를 새로 쓰려고 노력했던 신채호申采浩나, 박은식朴殷植이나, 김택영金澤榮 등은 망국의 원인을 역사에서 찾아보려고 한 새로운 형태의 비판 세력이었다고 할 수 있다. 신채호는 『조선상고사朝鮮上古史』를 저술함으로써, 박은식은 『한국통사韓國痛史』를 새로 씀으로써, 그리고 김택영은 『한사계韓史綮』를 지어냄으로써 우리의 역사를 새로 정립해 보자는 생각을 갖고 있었다. 식민사관에 젖어 있던 자들이 주류를 이루고 있는 상황에서 이들은 '항구적인 소수파'였고 비판적인 사학자였음이 분명했다. 신채호와 박은식은 독립운동에 직접 뛰어들었지만, 김택영은 구한말에 조정에서 사관史官으로 근무했던 경력을 살려 국권이 일본으로 완전히 넘어가기 전에 중국으로 망명했다.

망명지인 중국에서 김택영이 저술한 『한사계』란 책은 독특한 역사책
이다. 각 임금들의 치세별로 연대를 분류하고, 두드러진 사건들을 기술
해서 500년간의 조선 시대사를 알기 쉽게 풀이한 책이다. 특별히 눈여
겨 볼 점은 조선 시대사를 매우 비판적으로 서술했다는 사실이다. 조선
왕조의 건국 과정을 예리하게 비판한 것은 물론이고, 어느 왕도 그의 날
카로운 필봉을 피하지를 못했다고 한다. 그만큼 파격적이라는 이야기인
데, 그 붓끝이 얼마나 매서운지 성군으로 알려져 있는 세종에 관해서도
다음과 같이 평했을 정도이다.

"세종이 일본을 정복하고 육진을 개척한 일을 보건대, 인자할 뿐 아
니라, 큰 용기와 큰 지략도 아울러 갖추고 있다 하겠다. 이러한 통치 철
학을 보다 널리 적용시켰더라면 서얼금지법도 풀 수 있었을 것이고, 군
포법도 부활할 수 있었을 것이다. 또 문무를 함께 쓰고 농업을 일으켜
오래도록 풍요롭고 부강한 업적을 자손에게 남길 수 있었을 것이다. 그
런데 세종임금이 남긴 업적은 유술儒術을 숭상하고, 가난하고 게으른 백
성을 편안히 한 데 불과하다. 이것은 고루하고 고식적인 황희黃喜와 허
조許稠와 같은 무리들이 잘못 인도한 까닭이 아니었겠는가(안대회, 앞의 책,
225~226쪽)."라고 비판했다.

조선시대에 세종보다 위대한 군주가 있었을는지 의문이지만, 김택영
은 세종이 유학을 진흥시키고 빈궁한 백성을 조금 구제한 군주에 불과
하다고 평했다. 또 조선시대 최고의 재상으로 꼽히는 황희와 허조를 군
주에게 잘못 보좌한 신하로 매도했다. 세종조차도 그리 대단한 일을 하
지 못한 군주로 단언했으니 그 나머지 왕들에 대한 평가가 어떠했는지
불문가지이다.

김택영은 조광조마저 학문이 짧은 탓에, 맹목적인 명분주의에 사로잡
힌 조급증 때문에 개혁에 실패했다고 평했는가 하면, 새로운 성리학을

제기한 윤휴尹鑴를 사문난적斯文亂賊으로 몰아세운 송시열宋時烈에 대해서
도, 학문을 좋아하는 군자이지만 편벽되고 수양이 덜된 사람이라고 비
판하기도 했다. 이른바 공론으로 인정받고 있던 성현들의 사적도 독특
한 관점에서 재해석했다. 조선시대 반대파에 대해서조차 마음대로 내뱉
지 못할 말들을 그는 서슴없이 해댔다. 김택영은 조선시대 역사의 전통
적인 해석에 일관되게 반론을 제기함으로써 일종의 '역사 뒤집어 보기'
를 시도한 셈이었다(안대회, 앞의 책, 226~227쪽).

이러한 김택영의 역사책이 국내로 들어오자, 벌집을 쑤셔 놓은 듯 반
론이 제기된 것은 당연했다. 선비들은 그를 사적史賊이라 매도하며 끊임
없이 성토했고 나중에 성토한 글들을 모아 『한사계변韓史繫辯』이란 책까
지 펴냈다. 여기에는 반일 지식인들도 가세했지만, 친일적 지식인들이
더 적극적으로 반론을 펼쳤다(위의 책, 227쪽). 좌절의 시대에 중국 남방의
망명지에서 '역사 뒤집어 보기'라고 불릴 만큼 가혹한 비판을 통해서
자기 스스로와 민족의 존재 이유를 밝혀 보려고 노력했음을 인식해야
하고, 이러한 역사 비판이 자극이 되어 우리 역사를 올바로 서술해 보려
는 노력이 이루어졌음도 인정해야 할 것 같다.

3. 올곧고 지조 있는 처신을 해야 한다

선비로 추앙받을 수 있는 셋째 조건은 올곧고 지조 있는 처신을 해야
한다는 것이다. 흔히 우리네 역사상 가장 지조 있는 선비라고 하면 정몽
주鄭夢周를 들고 있다. 그는 고려 말에 이성계가 쿠데타를 통해 고려왕조
를 무너뜨리고 조선왕조를 세웠을 때, '불사이조不事二朝'라는 신조로 새
로 수립된 조선조에 협력을 거부하다 목숨을 잃은 만고의 충신이었다.
정몽주는 고려시대의 충신인데다가 올곧은 지조를 지켜 온 사람임을 모

르는 사람이 없으므로, 이 글에서 새삼 지조 있고 올곧은 사람으로 골라내서 설명할 필요가 없을 것 같다.

조선조에 들어와서 올곧고 지조 있는 사람들도 수없이 많으니, 이 중에서 두 사람만을 골라 올곧고 지조 있는 선비의 모델로 삼아 보았으면 한다. 조선조에 들어와서 올곧고 지조 있는 선비의 모델이라면 매월당梅月堂 김시습金時習과 유몽인柳夢寅을 들 수 있다.

우선 김시습에게 얽힌 이야기부터 풀어 헤쳐 보자. 김시습은 양광佯狂, 즉 미친 짓으로 이름나 있다. 그러면 김시습은 왜 미친 짓을 했을까? 여기에는 두 가지의 이유가 있었던 듯싶다. 첫째는 그가 체험했던 엄청난 사건, 말하자면 수양대군이 세종의 손자인 단종을 내쫓고 그 자리를 차지했던 사건 때문이었을 것이다. 그리고 둘째는 그가 태생적으로 타고난 기질, 곧 몇 세기에 한 명쯤 날까 말까하는 천재적 문재에다 괴팍스럽고 냉소적인 기질이 아울러 작용한 때문인 듯하다. 혹은 이 두 가지 요인들이 어우러져 그렇게 된 것인지도 모르겠다('기행속의 의지인 김시습', 정광호, 앞의 책, 눌와, 2003, 12~13쪽).

김시습은 워낙 천재로 태어났고 글재주도 뛰어나 언제 어디서나 입을 열면 시가 아닌 것이 없었다. 그는 이미 세 살 때부터 시를 지었다고 한다. "복사꽃 붉고 버들은 푸르네 삼월도 어느덧 저물었구나(桃紅柳綠三月暮)."라든지, 혹은 "푸른 바늘로 구슬을 꿰었으니 이게 바로 솔잎의 이슬이다(珠貫靑針松葉露)."라는 것들이 그가 세 살 때 지은 시라고 한다(위의 책, 10쪽). 그는 수많은 시를 지었지만 대부분 버리고 말았다는 것이다.

김시습은 인적이 없는 산속으로 들어가서 세종을 찾으며 울부짖었다. 왜 이런 짓을 했을까? 세종은 다섯 살 난 김시습을 승정원으로 불러들여 승정원의 우두머리인 박이창朴以昌으로 하여금 그의 시재를 시험해 보도록 했다. 그때 박이창은, "아이의 공부는 백학이 푸른 하늘 끝에서

춤추는 것 같구나(童子之學 白鶴舞靑空之末)."라고 시제를 내었더니, 꼬마인 김시습은, "임금의 덕은 황룡이 바다 가운데에서 뒤집는 것 같습니다(聖 王之德 黃龍翻 碧海之中)."고 화답했으니 대구도 내용도 좋아서 세종은 감탄 했다. "아무쪼록 소문나지 않게 잘 가르치도록 하라. 뒷날 학업이 성취 되면 크게 쓸 것이니라."는 교지를 내리면서 비단 수십 필도 하사했다 고 한다. 이 꼬마가 비단 수십 필을 어떻게 가져가나 시험해보고 싶었다 는 것이다. 그랬더니 그 소년은 비단들을 모두 풀어서 끄트머리를 서로 이어 하나로 만든 다음 한쪽 끝을 허리에 차고 대궐문을 나섰다고 한다. 이때부터 '김오세金五歲'라는 별명이 붙었다는 것이다(위의 책, 14쪽 참조).

이와 같은 일이 있은 뒤 세종과 문종이 잇따라 돌아가고, 1452년 열 두 살의 어린 단종이 왕위를 계승했다. 이때 김시습의 나이는 열여덟, 세종께서 말씀하신대로 '크게 쓰임'에 대비하기 위해 큰 기대를 갖고 열심히 글을 읽고 있었다. 그러나 그로부터 3년 뒤에 김시습에게는 실 로 청천벽력이라고 할 엄청난 비극이 벌어졌다. 그 비극이란 바로 '계유 정난癸酉靖難'을 가리키는 것으로, 왕의 숙부인 수양대군이 단종을 내쫓 고 왕위를 찬탈한 사건이 일어났던 것이다.

당시 스물한 살의 젊은 선비의 눈으로 볼 때, 이런 짓거리는 있을 수 없는 일이었다. 더욱이 왕위를 찬탈하기 위해 수많은 신하들을 죽이기 까지 했으니, 유교적 명분으로 보나 덕치주의 내지 왕도주의라는 기준 으로 볼 때, '잔적지인殘賊之人(잔인하게 사람을 해치고 물건을 빼앗는 자)'의 난동 이라고 할 수밖에 없었다. 그러나 대세는 이미 수양대군에게 기울었으 니, 어찌할 바를 몰랐다. 이때 김시습은 삼각산 중흥사에서 글을 읽고 있다가 너무나 큰 충격을 받은 나머지, 사흘 동안 문을 닫고 방에 있다 가 돌연 궁궐을 향해 통곡하는가 하면, 읽던 책들을 모조리 태워버린 다 음 똥통에 빠져 허우적거리는 등 정신착란 증세까지 일으켰다고 한다.

그러다가 마침내 머리를 깎고 중 행세를 하고 다녔다. 그러나 일정한 거처는 없이 수락산, 금오산(경주 남산), 설악산 등지를 돌아다니며, 발길 닿는 대로 어디서나 묵었다는 것이다.

그런가 하면 행세하는 호도 많아서 청한자淸寒子·동봉東峯·벽산청은 碧山淸隱·췌세옹贅世翁·매월당梅月堂 등 때와 장소에 따라 여러 가지를 사용했다. 이이李珥도 자기가 서술한 「김시습전」에서, "수양대군 사건으로 너무나 큰 충격을 받았기 때문에 나타난, 이른바 상시분속傷時憤俗(시대적 추이에 속상하고 세속 일에 분이 터짐)에서 온 현상임이 분명하다(위의 글, 15~16쪽 참조)."고 기록했다.

김시습의 이러한 행동은 상시분속에서 오는 현상도 있었지만, 그가 타고난 기질, 다시 말해서 마음이 내키지 않는 일에는 한사코 타협할 줄 모르는 철저한 편벽성 내지 강직성도 작용했던 것 같다. 김시습은 자기에게 편벽성이 있음을 친구인 유자한에게 보낸 편지에서 고백했다. "저는 일찍이 궁할 때도 남에게 도움을 청해 본 일이 없습니다. 그리고 약간의 도움을 받는다 해도, 이 때문에 움츠리거나 허리를 굽히거나 하지는 않았습니다."고 밝혔던 것이다(위의 글, 16쪽).

김시습은 서울 거리를 휘젓고 다닌 일도 많았는데, 하루는 서울 거리에서 당시 영의정으로 있던 정창손鄭昌孫을 만났다. 정창손은 사육신들이 단종을 복위시킬 계획을 꾸밀 때 여기에 끼여 함께 모의를 하던 사람이었다. 그런데 그는 중도에 동지들을 배반하고 세조에게 이러한 모의를 고해바침으로써, 동지들을 죽이고 자신은 공신호功臣號까지 받아 탄탄대로를 거쳐 마침내 영의정까지 오른 사람이었다.

이러한 정창손을 서울 거리에서 만났으니, 그의 심사가 어떠했을까? 그런데 김시습은 불문곡직하고, "야, 이놈아! 다 그만 둬!"라고 소리 질렀다. 그러나 정창손은 아무 대꾸도 없이 못들은 척하고 그 곳을 지나가

버렸다. 그러자 이러한 광경을 지켜보던 백성들은, "무슨 일로 저렇게 모욕을 당하고도 아무 소리 못할까?" 자못 의아스럽게 수군거렸다고 한다. 김시습의 이렇듯 과격한 행동 때문에 가깝게 지내던 사람들도 대부분 내왕을 끊었는데, 남효은 등 몇 사람들은 우정을 그대로 지속했다는 것이다.

그런가하면 어떤 때에는 서울 거리를 지나다가 장승처럼 우뚝 선 채 무엇인가 뚫어지듯 생각하는 듯한 표정을 짓기도 했다. 또 어린 애들이 줄줄 따라다니면서 돌을 던지고 놀려대는 것도 개의치 않고, 유유히 그 앞을 지나가 버리는 때도 있었다. 김시습의 양광, 즉 미친 척하는 행동에 관한 이야기는 수없이 많지만, 수양대군이 왕위에 오르고 난 다음에는 이러한 행동이 더 심했다고 한다.

한 번은 한명회韓明澮의 정자인 압구정鴨鷗亭을 지나간 일이 있었다. 한명회란 바로 수양대군에게 붙어 김종서金宗瑞를 죽이는 일에 참모 역할을 해서 세 개의 공신호를 얻었고, 계속 출세를 거듭해서 영의정에까지 오른 인물이었다. 참주인 세조에게 붙어 영화를 누려오던 한명회를 김시습이 좋게 볼 리 만무했다. 이러한 한명회가 압구정에다 붙여 놓은 자작시를 읽어보니 구역질이 나지 않을 수 없었다.

"청춘엔 사직을 붙들었고, 늙어서 강호에 누웠도다(靑春扶社稷白首臥江湖)."라는 시구가 걸려 있었다.

김시습은 괘씸한 생각이 들었다. 어진 상감을 몰아낸 주제에 사직을 붙들었다니 하는 욕설과 함께 그의 머릿속에는 얼핏 떠오르는 생각이 있었다. 그것은 곧 '도울 부扶' 대신 '위태로운 위危'로, 그리고 '누울 와臥' 대신 '더러운 오汚'로 글자를 바꾸어 보면 어떨까하는 생각이었다. 두 글자를 바꾸어 놓고 보니 "청춘에 사직을 위태롭게 했고, 늙어선 강호를 더럽혔다(靑春危社稷白首汚江湖)."로 되니, '참으로 묘구로구나' 무릎을

치며, 김시습은 현판을 고쳐 놓고 갔다. 뒷날 한명회가 분통을 터뜨리며 이 현판을 떼어 버렸다고 한다. 김시습은 올곧은 지조도 있었지만, 재치도 있고 당돌하기도 한 사람이었음은 두말할 나위 없었다.

이러했기 때문에 정통적인 유림에서는 김시습을 좋게 평하지 않았다. 송시열도 그를 가리켜, "글을 잘 했지만, 도학적인 이치는 아직 모르는 사람이라."고 했고, 퇴계 이황李滉도, "그는 일종의 이인異人이다. 괴상하고 망측한 짓을 많이 했는데, 마침 그가 만난 시대가 그러해서 절개 있다는 소리를 듣는 것뿐이다."고 평했다.

그러나 이렇게 그를 폄하하는 유가들도 그를 높이 평가하지 않을 수 없는 중대한 일면이 있었다. 그것은 그가 단종이라는 정통을 위해 굳게 지조를 지켰다는 점이다. 중앙집권적인 봉건 질서를 유지해 나가기 위해서는 '불사이군不事二君'의 충절을 강조하지 않을 수 없었다. 이러한 충절이나 지조는 조선시대 제왕들이 예외 없이 강조해 마지않는 덕목이었다.

따라서 김시습과 같은 지조와 충절은 마땅히 선양할 값어치가 있었고, 따라서 사육신은 물론이고 그를 포함한 생육신의 충절은 지금도 소중하게 받들어지고 있는 실정인 것이다. 심지어 정조 때에 이르러서는 그를 이조판서에 추서했는가 하면 얼마 후에는 '청간清簡'이라는 시호까지 내리는 등 그에 대한 사후의 예우는 자못 융숭한 것이었다.

다음으로 지조를 올곧고 일관되게 지켜온 사람으로 유몽인柳夢寅에 관해서 살펴보기로 하자. 유몽인은 조선조에 있어서 뛰어난 문장가였고 높은 벼슬자리에 있다가 역적으로 몰려 처형된 사람이었다. 그런데 역적으로 처형되었지만, 후세에 이르러서는 이렇듯 널리 존경받는 사람도 찾아보기 어려울 듯싶다. 특히, 유몽인은 '인조반정仁祖反正'으로 쫓겨난 광해군에 대한 의리 때문에 역적으로 몰려 처형되었음에도 불구하고

후세 사람들로부터 존경을 받았다는 데서 이색적이라고 하지 않을 수
없다.

유몽인이 인조반정을 지지하지 않았기 때문에 산중으로 방랑할 때,
금강산의 한 절에서 「과부의 노래(寡婦詞)」라는 시를 지었다.

칠십 먹은 늙은 과부	七十老孀婦
규방을 지키며 단아하게 사는데	端居守空壼
사람들이 개가를 권하며	家人勸改嫁
무궁화처럼 멋진 남자를 소개했네	善男顔如槿
여사의 시를 제법 외웠고	慣誦女史詩
어진 여인들의 가르침을 배운 몸이	頗知妊姒訓
백발에 젊은 티를 낸다면	白首作春容
분가루가 부끄럽지 않겠소	寧不愧脂紛

(안대회, 앞의 책, 62~63쪽).

라는 내용이었다. 유몽인은 스스로를 과부라고 생각했고, 오랜 세월 수
절하며 늙은 마당에 새삼스럽게 개가하려고 변절할 수가 없다는 뜻이
담겨 있다. 당연히 광해군을 배반하지 않고 지조를 지키겠다는 뜻이 담
겨 있었던 것이다. 유몽인이 의금부에서 취조 받았을 때, 사설을 늘어놓
지 않고 이 시를 내보였다. 반정 대신들이 이 시의 속내를 모를 리 없었
다. 그는 결국 이 시 때문에 처형되었고 훗날 광해군의 신하들 가운데
유일하게 절의節義를 지킨 신하라는 평을 받았다.

유몽인의 이런 처신은 한 평생 지켜온 신념의 결과였다. 1623년 금강
산에 머물고 있던 그는 반정 소식을 듣고 서울로 향했다. 보개산 영은암
靈隱庵에 이르렀을 때, 은기와 운계라는 두 사람의 시승詩僧들을 만났다.
그들은 유몽인에게 말하기를, "지금 새로운 성군께서 나라를 다스리게
되어 벼슬을 구하는 이들이 저자에 사람 꾀듯 몰려드는데, 선생께서는

어찌해서 길거리를 배회하고 있는 것입니까?"라고 물었다. 서둘러 조정에 얼굴을 내밀고 정권을 잡은 사람들을 만나 벼슬을 청탁해야지, 어찌해서 인적 없는 산속을 헤매고 있느냐는 핀잔 겸 충고를 하는 것이었다.

그러나 유몽인은 다음과 같이 대답했다고 한다. "나는 늙고 병든 사람이오. 지난 해 내가 금강산으로 들어간 것은 세상을 가벼이 여겨서가 아니라 산을 좋아해서였고, 올해 금강산을 떠난 것은 관직을 얻고자 해서가 아니라 양식이 떨어졌기 때문이오. 지금 이 산에 머무는 것은 산을 사랑해서가 아니라 식량이 흔하기 때문이오. 사물이 오래되면 신神이 들고, 사람이 늙으면 기운이 빠지는 법이오. 6년 전에 미리 화를 피한 것은 신이 들려서였고, 이익을 보고도 달려가지 않는 것은 기력이 노쇠한 때문이라오.

작년에 금강산에 머물렀던 것은 고상한 데가 있지만 올해 야산野山에 들어온 것은 속된 데가 있소. 진흙탕에 뒹굴어도 몸을 더럽히지 않는 것은 결백한 행동이고, 먹을 것이 있다고 바로 달려드는 것은 비루한 짓이요. 내가 어디에 처해야 하겠소. 아무래도 재才와 부재, 현賢과 불현, 지智와 우愚, 귀貴와 천賤의 차인가 보오(안대회, 앞의 책, 63~64쪽)."

뒤집힌 세상을 만나 어떻게 처신함이 옳겠는가? 강인한 지조와 신념이 담긴 답글이다. 자기 신념을 거침없이 드러낸 기개 있는 글이 아닐 수 없다. 망령된 늙은이가 정변이 일어난 틈을 타서 출세를 꾀하는 추잡한 짓거리는 하지 않겠다는 강한 의지의 표명이었다. 늙은 과부가 개가를 거부한 심사를 엿볼 수 있다. 세상이 뒤집힌 정변을 만나서 선비는 어떻게 처신함이 옳을까? 유몽인은 어느 편에도 들지 않고 중립에 서려 했다. 특히 먹을 것을 쫓아 마구 달려들지는 않겠다는 지조를 밝혔고, 그러한 지조를 행동에 옮겼다.

아이러니컬하게도 유몽인은 광해군 시절에도 권세를 누린 인물은 아니었다고 한다. 당시 사족士族들이 서로 편을 갈라 당파싸움을 벌이는 바람에 개성이 강한 사람은 자신의 재능을 펼칠 여지가 없었다. 유몽인은 어느 편에도 가담하지 않고, 스스로의 신념대로 행동했다고 한다. 스스로의 이러한 뜻을 글로 적어두기도 했다. 그 글을 살펴보면, "나는 혼자이다. 오늘날의 선비들 가운데 나처럼 혼자 다니는 사람이 있는가? 홀로 세상을 헤쳐 나가다 보니, 벗을 사귈 때 어느 편에 치우칠 리가 있겠는가? 한편에 치우치지 않으면 나머지 네 다섯이 모두 나의 벗이 되나니, 나의 교유 범위가 넓지 않은가? 그들의 냉혹함이 얼음장 같다 해도 나는 떨지 않고, 그 뜨거움이 대지를 불태운다 해도 나는 타지 않는다. 옳은 것도 없고 그른 것도 없다. 오직 내 마음 가는대로 쫓아갈 것이다. 내 마음이 찾아가는 것은 오직 나 자신일 뿐이다. 그러니 거처가 느긋하여 여유가 있지 않겠는가(위의 책, 65쪽)."라고 기록해 두었다.

유몽인은 광해군의 치정治定을 비판했지만, 광해군을 위해 목숨을 바쳤다. 그의 인생과 글은 이 세상의 부조리를 폭로하는 내용이었다. 그는 「범의 꾸짖음(虎叱文)」이라는 글에서 호랑이의 입을 빌려서, "인간 세상에는 평지 같은 걸음에도 백 개, 천 개의 함정이 있는 줄 알지 못하느냐?" 하면서 이 세상의 험난함을 설파한 사람이었다. 그럼에도 불구하고 그는 정작 세속권력이 쳐 놓은 함정에 빠지고 말았다. 어쩌면 피하지 못한 것이 아니라 알고도 피하지 않았는지도 모르겠다. 「범의 꾸짖음」은 스스로의 운명을 예견하고 쓴 글인 듯싶다(위의 책, 66쪽).

필자로서는 도무지 이해하기 어려운 측면이 있다. 유몽인이 단지 반정파에 가담하지 않았다고 해서 광해군파로 몰아 사형에 처했다는 것은 이해할 수 없는 처사였다. 당시의 정치 상황이 얼마만큼 전제적專制的이었는가를 밝혀주는 하나의 증거라고 하겠다. 정치학에서 흔히 말하기를, "독재정치 하에서는 할 자유 즉, 작위作爲의 자유는 없지만, 안할 자유 말하자면, 부작위不作爲의 자유는 있다고 한다. 그러나 보다 지독한 전제 정치 하에서는 할 자유뿐만 아니라 안할 자유, 말하자면 부작위의 자유 도 없다.”고 하는데, 인조반정 후의 정치상황이 '안할 자유(不作爲의 自由)' 마저 없는 전제정치였음을 입증해 주고 있는 듯하다.

유몽인이 사형을 당하자, 많은 사람들이 안타까워했다. 사후에는 더욱 선비들이 흠모하고 나섰다고 한다. 이렇듯 유몽인의 죽음을 안타까워하 는 분위기가 고조되자, 어진 정치를 펴보겠다던 정조 임금께서는 그의 억울한 죽음을 인정해 그의 죄를 사면했고, 그의 문집 간행을 명하기도 했다. 정조는 그를 김시습에 비유하여 '충신'이라고 일컬었다고 한다.

4. 여유 있는 삶을 누려야 한다

선비라고 일컬어질 수 있는 넷째 조건은 여유 있는 삶을 누려야 한다 는 것이다. 여기서 마음의 여유가 있는 삶을 누려야 한다는 것은 달리 표현하면 권력이나 재화를 탐하지 말라는 얘기라고 할 수 있다. 권력이 든 재물이든 세속적인 탐욕에 빠져 들면, 삶의 여유를 지닐 수 없다. 세 속적인 탐욕은 끝이 없는 것이어서, 거기에 빠져들면 그것을 채우기 위 해 끝없이 허둥대기 때문에 마음의 여유를 지닐 수 없다.

따라서 삶의 여유란 권력이든 재물이든 세속적인 탐욕에 젖어들지 않 고 세속적인 탐욕으로부터 초연할 때 비로소 지닐 수 있는 것이다. 권력 을 탐하는 자는 권력욕을 충족시키기 위해 혈안이 되기 때문에 허둥댈 수밖에 없고, 재물을 탐하는 자는 재물을 긁어모으기 위해 신경 쓰기 때 문에, 안절부절 못할 수밖에 없다. 세속적인 탐욕으로 허둥대거나 안절 부절 못하는 사람은 마음의 여유를 지닐 수가 없다.

무엇보다 삶의 여유란 세속적인 탐욕에서 벗어나 있는 사람들에게서나 기대해 볼 수 있다. 관직에 있으나 권력을 탐하지 않는 사람, 일정한 재물을 갖고 있되 재물을 더 모으기 위하여 기를 쓰지 않는 사람에게서 나 비로소 삶의 여유를 느껴 볼 수 있는 것이다. 그런가 하면 언제나 권력에 짓눌려 살아가거나, 먹고 살아가는 데 허덕이는 사람에게서도 삶의 여유를 찾아볼 수 없다. 따라서 삶의 여유란 어느 정도 자기주장을 펼 수 있으면서 먹고 살아가는 데는 지장이 없는 사람들에게서나 기대해 볼 수 있는 일이라고 하겠다.

1519년 훈구대신勳舊大臣들에게 밀려 많은 사림士林이 죽거나 쫓겨난 기묘사화己卯士禍 때의 일이었다. 사제思齊 김정국金正國은 정계에서 축출당해 고양군 서쪽 망동리芒洞里에 은휴정恩休亭이라는 작은 정자를 짓고 학생들을 가르치고, 책을 지으면서 나날을 보내고 있었다. 정자 이름을 '은휴'라고 한 것은 임금님 덕택에 쉬고 있다는 뜻으로 붙였다. 불행조차 다행으로 여기고, 원망하기보다는 고마워하는 마음이 담겨 있다.

벼슬에 있던 때와는 생활이 완전히 바뀌자, 김정국은 아예 호를 새로 지었다. 사제라는 호 대신 여덟 가지 넉넉함이라는 뜻을 지닌 '팔여거사八餘居士'라고 고쳤다. 벼슬할 때에 비하면 부족함이 많을 터인 데도 오히려 넉넉하다는 호를 택한 것이다. 어느 친구가 예상 밖인 새 호의 뜻을 물었더니, 김정국은 다음과 같이 대꾸했다는 것이다.

"토란국과 보리밥을 배불리 넉넉히 먹고, 부들자리와 따뜻한 온돌에서 잠을 넉넉하게 자고, 땅에서 솟는 샘물을 넉넉하게 마시고, 서가에 가득한 책을 넉넉하게 읽고, 봄날에는 꽃을, 가을날에는 달빛을 넉넉하게 감상하고, 새들의 지저귐과 솔바람 소리를 넉넉하게 듣고, 눈 속에 핀 매화와 서리 맞은 국화에서는 넉넉하게 향기를 맡는다네. 한 가지 더, 이 일곱 가지를 넉넉하게 즐기기에 '팔여八餘'라고 했다네(안대회, 앞의 책, 43~44쪽)."

　김정국의 이러한 철학은 그의 일상생활에서 그대로 드러났다. 그는 20년 동안 망동리에서 팔여를 즐기며 살았고, 생업에는 무관심한 채, 교육에만 전념했다. 1583년 다시 조정의 부름을 받아 전라도 관찰사로 부임하기까지 그의 청빈한 삶은 계속되었다. 이렇듯 김정국의 '팔여'라는 호는 불우했던 시절을 원망하거나 증오하지 않고, 여유와 청빈을 즐기며 인생의 위의威儀를 지키려 했던 노력의 상징이었다.

　늙은 뒤에 김정국에게는 부자 친구 한 사람이 있었다. 이 친구가 재물을 탐욕스럽게 모은다는 소문이 김정국의 귀에 들어 왔다. 친구의 노탐老貪이라고 생각한 김정국은, '우리가 살면 얼마나 산다고 재물을 탐하는가?'라고 하면서 다음과 같은 편지를 써 보냈다고 한다.

　"그래도 살림살이가 남보다 몇 배나 넉넉한데 어째서 그칠 줄 모르고 쓸데없는 물건을 모으는가? 없어서는 안 될 물건들이 있기야 하지. 책 한 시렁, 거문고 한 벌, 벗 한 사람, 신발 한 켤레, 잠을 청할 베개 하나, 바람 통하는 창문 하나, 햇볕 쪼이는 툇마루 하나, 차 다릴 화로 한 개, 늙은이 부축할 지팡이 한 개, 봄 경치 즐길 나귀 한 마리가 그것들이라네. 이 열 가지 물건들이 많기는 하지만, 하나라도 없어서는 안 되네. 늙은 날을 보내는데 이 외 필요한 게 뭐가 있겠나(위의 책, 45~46쪽)."하는 내용이었다.

　김정국이 욕심낸 물건들은 하나같이 속물적인 탐욕과는 거리가 멀고, 청복淸福을 누리는 데 필요한 물건들이었다. 친구가 부린 욕심이 노탐老貪이라면 김정국이 부린 욕심은 청탐淸貪이라고 할 수 있다. 욕심이라고 할 수 없는 욕심을 강조하는, 따뜻하면서도 여유로운 노년의 김정국을 생각하면, 조선시대 선비의 꼿꼿한 모습을 알 수 있다.

　김정국의 청빈의 생활철학은 망동리에 내려와 살기 시작하면서 틀이 잡혀 갔다. 망동리에 정착한 그에게 이웃 마을 선비가 편지 한 장을 보냈더니, 김정국은 답장 대신 다음과 같은 시 한 수를 지어 보냈다.

내 밭이 넓진 않아도	我田雖不饒
배하나 채우기에 넉넉하고	一飽卽有餘
내 집이 좁고 누추해도	我廬雖阨陋
몸 하나는 언제나 편하네	一身常晏如
맑은 창에 아침햇살 솟아오르면	晴窓朝日昇
베개에 기대어 옛 책을 읽고	倚枕看古書
술이 있어 스스로 따라 마시니	有酒吾自斟
영화나 성쇠 나와는 무관하네	榮瘁不關予
무료할거라곤 생각 말게	勿謂我無聊
진정한 즐거움은 한가한 삶이라네	眞樂在閑居

(위의 책, 47쪽).

라는 내용이었다고 한다.

서양의 인텔리겐치아론이나 현대 한국의 지식인론에서는 관직에 있는 사람이면 인텔리겐치아나 지식인의 범주에 넣지 않았다. '관복 입은 인텔리겐치아' 아니면 '관복 입은 지식인'이라고 해서 비아냥거릴 때나 범주에 넣었던 것 같다. 그런데 조선시대의 '선비론'에서는 관직에 있었다(혹은 관직에 있다)는 사실이 선비의 범주에 넣을 수 없는 절대적인 자격 요건은 아니라는 것이다.

여기서 한 가지 지적하고 넘어가야 할 사실이 있다. 서양의 인텔리겐치아론에서 관직은 권력을 휘두르는 자리이기에, 관직에 있으면 권력에 내재하고 있는 악마적인 속성 때문에 남을 짓누르고 탐욕을 부리는 것으로 인식하고 있다. 그래서 지난날 관직에 머물러 있었던 사람도 인텔리겐치아의 범주에서 배제시키려는 경향이 짙다.

그러나 한국에서는 정치는 올바르게 다스리는 것으로 인식하고 있는가 하면, 관직에 앉은 사람은 수기修己 치인治人이라고 해서 스스로 수양을 쌓은 사람이라야 남을 다스리는 것으로 인식하고 있기 때문에, 다시 말하면 관직에 있다는 사실을 나쁘게 생각하고 있지 않기 때문에, 관직에 있거나 있었다는 사실을 선비의 조건에서 배제하고 있지 않는다고 하겠다.

물론 조선시대에서도 어떤 사람이 현직 관리로 있을 때보다는 관직에서 물러나 야인 생활을 할 때에 선비라고 일컫는 것이 일반적인 현상이었다. 그러나 관직에 있었다고 해서 그를 선비라고 부를 수 없었던 것은 결코 아니라는 것이다. 관직에 오랫동안 머물러 있으면서 권세를 부렸던 송시열 같은 사람도 관직에서 물러나 야인생활로 들어갔을 때는 선비라고 불리었다. 요컨대 서양의 인텔리겐치아론이나 현대 한국의 지식인론에서 관직에 오래 머물렀던 사람을 인텔리겐치아나 지식인의 범주에 넣지 않지만, 조선조 시대에는 관직에 머물러 있더라도 권력이나 재물을 탐하지 않는 청직에 있는 사람들은 선비의 범주에서 배제하지 않았다는 것이다.

재물도 권력과 마찬가지로 남에게 해악을 끼치지 않고 번 것이면 몰라도, 남에게 해를 끼치면서 수탈한 재물이라면, 그러한 재물을 가진 자는 선비로서의 자격을 지닐 수 없다. 실상 남들보다 엄청 많은 재물을 소유하고 있는 사람들은 선비의 자격을 인정받기 어려워진다. 남들에게 해를 끼치지 않고 정당하게 번 재물이라면 어느 정도 소유하는 것은 무방할지 모르지만, 탐욕스럽게 남에게 해를 끼치면서 번 재물이라면, 설사 얼마 되지 않는 재물이라도 그 소유자는 선비의 자격에서 배제될 수밖에 없다. 부정한 재물을 소유하고 있는 자들은 탐욕스러워서 남들에게 점잖게 비추어질 수 없기 때문이다. 어쨌든 재물을 많이 소유하면 할수록 선비와는 거리가 멀어짐은 두말할 나위 없다.

요컨대 관직에 머물러 있을 때보다는 관직에서 물러나 있을 때 선비의 요건은 갖추어지고, 부자이기보다 청빈할 때 더 선비다워짐은 분명한 것 같다. 권력이든 재물이든 탐욕스러운 자들은 선비의 요건에서 멀어짐은 두말할 나위 없다.

III. 선비론에서 본 이승휴의 활동

1. 신진사대부新進士大夫 출신의 이승휴

한국에서 선비론이 제기되어 체계를 갖춘 것은 조선 중기 이후의 일이었다. 조선 중기에 이르자, 자연농을 중심으로 한 신진사대부新進士大夫가 등장함으로써 사회계층이 여러 가지로 분화되기 시작했다. 사士·농農·공工·상商으로의 분화가 바로 그것이었다. 특히 사류士類계층의 등장은 사회 계층들 사이에 기능상의 차이를 촉진하기도 했지만, 지배계층 안의 분화도 촉진했다.

각 가문마다 서당을 설립해서 경쟁적으로 인재를 양성하자, 일정한 지식을 쌓는 사람들의 수가 늘어나서 신진사대부 계층이 형성되기에 이르렀다. 당시 교육의 주된 목적은 '수기修己 치인治人'이었으므로 관직을 얻는 데 두었다.

이렇듯 교육을 통해 관직을 희망하는 사람들은 늘어났지만, 관직의 수는 늘어나지 않았다. 그러니 관직을 놓고 벌이는 경쟁은 더욱 치열해질 수밖에 없었고, 가문이나 문벌을 중심으로 파벌을 이루어서 서로 간 피비린내 나는 당쟁을 불러일으키고 말았다.

늘어난 교육기관을 통해 배출된 신흥 계층이 신진사대부新進士大夫였다. 그런데 공·상은 천민들의 직업이었지만, 농업은 머슴이나 가노들을 부려서 할 수 있는 직종이었으므로, 당시 지배계층이었던 양반들은 토지를 갖고 농업에 종사하는 것이 일반적인 현상이었다. 그러나 시간이 흐르면서 농업에 종사하는 양반들도 상민들에게 소작小作을 주어서 많은 토지를 경작하는 지주계층과, 얼마 되지 않는 토지를 몇 사람의 머슴을 거느리고 손수 경작하는 자영농으로 분화되기에 이르렀다.

대지주계층은 전통적인 지배계층이라 신분적인 상승 욕구가 없었기 때문에 현실 만족에 젖어 보수화했지만, 자영농은 신분적인 상승 욕구가 있었기 때문에, 현실에 만족할 수 없었고, 역동성(dynamism)을 드러내고 있었다. 따라서 신진사대부의 역동성은 그들이 소유하고 있는 토지를 부치면 고생스러워도 살아갈 수 있다는 자활의 기반을 통해 독립적이고 창조적인 사고를 바탕으로 해서 자라나올 수 있었다고 본다.

자활의 기반을 통해 독립적이고 창조적인 사고를 지닐 수 있었다는 것은 신진사대부 계층의 역동성의 바탕이기도 하였지만, 사회와 정치를 이끌어 가는 지배력을 발휘할 수 있는 동인이기도 했다. 근대 서구사회에서 중산층이 정치 혁명을 주도해서 지배계층으로 상승했던 과정을 살펴보면, 조선에서 신진사대부가 지배계층으로 상승하는 과정은 쉽사리 이해하면서 살펴볼 수 있을 것 같다.

이 글의 주제인 이승휴는 어떤 사람이었는가를 살펴보기로 하자. 우선 그의 가계를 살펴보면, 선대에 관한 기록은 별반 없으며, 부친의 행적도 찾아볼 길이 없다. 이승휴는 외가인 강원도 삼척 두타산 산록에 자리 잡고 있는 구동龜洞에 용계龍溪라는 개울이 있는데, 그 개울의 양편에 2경境 가량의 전토를 소유하고 있었고, 몇 명의 노비를 거느리고 몸소 경작했던 사람이라고 하니, 권문세도가 출신이 아닌 자영의 경제적인 기반을 가진 사인士人 출신이었던 것으로 추리해 볼 수 있다.

天恩寺 경내를 관통하는 龍溪

龍溪 서쪽에 위치한 田土

　자활의 기반을 가진 자영농 출신이었기에 독립적이고 창조적인 사고를 갖기에 이르렀고, 아마도 하급 관리였던 아버지를 따라 개경과 강화도에서 공부를 할 수 있었던 것 같다. 이승휴는 적어도 자활의 기반을 갖고 있었기에 과거시험을 볼 엄두를 냈고, 기를 써서라도 합격해야겠다는 야무진 생각을 갖기에 이르렀던 것 같다.

　이승휴는 천신만고 끝에 1252년(고종 39년) 29세 때에 과거에 합격했고, 열네 살 때(1238년) 아버지가 돌아가시자 삼척 구동에 내려가 계시던 어머니에게 과거급제의 기쁨을 알려주기 위해 삼척현으로 금의환향했다. 당시의 관례로는 지방 출신자가 과거에 급제하고 고향으로 돌아가면, 현관이 현리들을 대동하고 5리까지 나와서 맞이하고 그 부모를 초청해서 주연을 베풀어 주도록 되어 있었다. 이승휴가 삼척현에서 베푸는 주연에 참석했음은 두말할 나위 없었다.

　이승휴는 1253년에 몽고군의 5차 침입으로 길이 막혀 강도로 돌아오지 못하고 고향이자 어머니가 계시던 삼척 구동에서 12년간을 머물면서 노비 두서너 명을 거느리고 손수 논밭을 경작하면서 살아 나갔다. 당시 그가 직접 경작했던 논밭이 얼마나 되는지를 알아볼 필요가 있다. 당시 그가 소유하고 있었던 논밭의 넓이는 그의 신분을 규정하는 데 중요한 요소로 작용하기 때문이다.

　이승휴는 삼척 두타산으로부터 구동을 거처 흘러 내려오는 용계라는 냇가 양편에 외가로부터 물려받은 2경境 가량의 전토를 소유하고 있었다는 기록이 있다. 역사적인 기록에 2경 가량의 전토라고 하지만, 2경이라면 얼마만큼 넓은 토지인지를 알 수가 없다. 그래서 고려사를 전공하는 성균관대학교 조동원趙東元 교수에게 확인해 보았더니, 1경이 약 2,000평 정도라고 하니, 2경이면 약 4,000평 정도의 전토였던 것 같다. 약 4,000평의 토지라고 하면 요즈음의 넓이로 치면 약 20두락의 평수인 듯싶다.

두서너 명의 노비를 데리고 손수 경작했다고 하니 20두락 정도의 토지였던 것으로 짐작해 볼 수 있을 것 같다. 농경에 익숙하지 않은 사람이 두서너 명의 노비를 거느리고 어렵게 농사지었다(躬耕)는 표현으로 보면 4,000평쯤 되는 농토였던 것 같다. 그리고 약 4,000평 가량의 토지였으니, 그 토지에 의지해서 몇 명의 식구가 살아갈 만했다고 얘기했던 것 같다. 따라서 이승휴는 지주도 아니고 소작인도 아닌, 자영농이라고 일컬어질 법했다.

여기서 이승휴가 자영농이었음을 군이 밝히는 까닭은 앞서 제시한 바대로 자영농일 때 독립적인 사고와 창조적인 능력이 싹터 나와 사인층士人層으로 진출할 수 있는 기반이 마련되기 때문이다. 자영농은 사인층으로 발돋움할 수 있는 터전이지, 그 자체가 사인층인 것은 결코 아니었다.

이승휴는 결코 농토에 의지해서 생활해 나가는 데 만족할 수 있는 사람은 아니었다. 과거에 급제함으로써 신진사인이 될 수 있는 조건을 갖춘 그가 자영농으로 만족하며 살아갈 수 있는 처지는 아니었다. 그가 과거시험에 급제하기 위해 얼마나 기를 썼고 노력을 기울였는데, 운 좋게 차지한 과거급제를 쉽게 포기할 사람은 결코 아니었다.

이승휴는 삼척 구동에서 농사를 지으며, 어머니를 봉양하고 있으면서 시골 아주머니와의 문답에서, "용이 물에 잠겨 비록 날지 못할망정 도롱뇽을 부러워하지 않는 법이니 군자의 처신도 이와 같다."고 대답한 것으로 미루어 보아, 때를 만나면 세상에 나가서 요순의 태평성대를 이룩해 보겠다는 포부를 밝혔던 것이다(김도현, '이승휴의 생애와 유적', 김도현·최창섭·이익주·한명희 편, 앞의 책, 23쪽).

이승휴는 의지할 만한 최자도 돌아갔고 위탁할 만한 친척 할머니도 세상을 뜬 뒤라 이제 강화도로 가도 의지하고 의탁할 곳이 없었다. 그럼에도 불구하고 어느 때든 촌 생활을 청산하고, 벼슬길에 오르리라고 굳게 다짐하고 있었다. 이렇듯 이승휴의 굳은 포부는 헛되지 않고 펼쳐질 수 있는 계기를 포착했다.

요컨대 이승휴는 사회계층으로 보면 자영농이었고 게다가 과거에 급제함으로써 선비의 사회적 기반을 다지는 데 성공했다고 할 수 있다. 무엇보다 과거에 급제했다는 사실은 신진사류층에 속할 수 있는 일차적인 관문을 무사히 통과했다고 볼 수 있다. 고려조에서든 조선조에서든 과거에 급제했다는 사실은 사인층으로 진입할 수 있는 가장 중요한 관문의 통과라고 할 수 있다. 과거에의 급제가 개인이나 가문의 영광으로 기록되는 까닭이 바로 여기에 있다. 바로 이승휴는 과거에 급제함으로써 선비의 기본적인 요건을 갖춘 셈이었다.

2. 이승휴의 학식

앞서 선비의 조건을 제시할 때, 가장 으뜸으로 꼽은 것이 그 사람이 지니고 있는 지식(혹은 학식)이었다. 설사 선비가 될 수 있는 여타의 조건들을 다 갖추고 있다손 치더라도 일정한 지식을 갖지 못하면 선비의 범주에 들어갈 수가 없다. 일정한 양의 지식을 습득하는 일은 선비로 규정받는 일차적인 조건의 충족이라고 할 수 있다.

그런데 얼마만큼의 지식을 습득하고 있으면 선비로서의 조건을 충족시킬 수 있는 것일까? 요즘의 기준에서 보면 공인된 대학교에서 수여하는 박사학위 정도를 수여받은 사람이면 선비의 일차적인 조건을 충족시켰다고 할 수 있을까? 요즘 가짜 박사학위가 들통 나서 사회적인 물의를 빚어내고 있으니, 박사학위 소지자라고 해서 무조건 선비의 학식요건을 갖추었다고 말할 수가 없을 것 같다.

박사학위보다는 국가고시(지난날에는 과거시험)에 합격하면 선비의 기본조건인 학식은 충족시켰다고 볼 수 있을 듯하다. 물론 법률지식이나 달달 외워서 사법고시에 합격한 사람이나 특수한 전공의 기술고시에 합격한 사람들도 지식의 조건을 충족시켰다고 말하는 것은 문제가 없지 않을 듯도 하다. 그러나 요즘의 국가고시는 전공과목만이 아니고 교양과목의 지식습득도 중요시하고 있기 때문에 이런 문제점들은 점차 해소되어 가고 있다.

보다 더 중요한 일은 국가고시에 합격할 정도의 지성이라면 교양과목의 지식을 습득하는 데도 남다른 효율성을 발휘할 수 있으리라는 기대감을 안겨줄 수 있다는 것이다. 말하자면 국가고시에 합격한 사람이면 선비나 지식인의 자격요건을 충족시키는 데 별 하자가 없다는 것이다. 특히 지난날의 과거시험은 요즘 식으로 전공지식만을 요구한 것이 아니라 범학문적인 지식을 요구했기 때문에 요즘의 국가고시와도 성격을 달리하고 있다. 요컨대 조선시대나 고려시대에 국가고시, 말하자면 과거에 급제한 사람이면 선비의 학식조건을 갖추었다고 할 수 있다는 것이다.

이승휴는 아홉 살 때 독서를 시작해서 열두 살 때에는 원정국사 방장圓靜國師 方丈에 들어가, 이름 있는 유학자인 신서申諝로부터 『좌전』과 『주역』 등을 배웠다는 기록이 있으니, 그는 유명한 유학자의 훈도 밑에서 공부했던 것이 분명했다.

그런가 하면, 이승휴는 17세가 되던 해인 1240년(고종 27년) 여름에는 중원(지금의 충주)을 지나다가 마침내 그 곳에서 열린 하과장夏課場에 참여해서 가장 어린 소년으로 수석을 차지하는 영광을 차지하기도 했다. 이러한 사실은 그가 어린 시절에 얼마만큼 열심히 공부했던가를 가리켜 주는 하나의 일화라고 하겠다. 이렇듯 이승휴의 재주가 출중했고 열심히 공부했기에 이규보李奎報의 뒤를 이은 당대의 문인이요, 달관이었던 최자崔滋의 인정을 받았고, 그에게 발탁되기에 이르렀던 것이다.

최자의 인정을 받고 발탁되기에 이른 것은 이승휴의 일생에서 하나의 중대한 고비였다. 아마도 최자가 이승휴를 문하에 두고 길렀던 것은 그에게서 남다른 글재주와 총명함 그리고 성실성을 발견했기 때문이었을 것이다. 바로 1252년(고종 29년)에 이승휴는 29세의 늦은 나이였지만 최자가 지공거知貢擧, 즉 고시관이 되어 주관한 과거에 급제했다. 당시 이승휴와 함께 과거에 급제한 사람들이 박항朴恒과 최수황崔守璜 등이었다.

따라서 이승휴와 박항 그리고 최수황 등은 최자를 좌주座主로 모시는 문생門生으로 서로 간에 깊은 유대를 맺고 있었다. 이러한 유대 속에서 이들은 하나의 학벌을 형성해서 학문적 전통을 이어 갔지만, 정치적으로도 많은 영향을 미쳤다. 과거를 통한 이러한 집단형성은 자기 패거리의 이익만 챙기는 폐단도 있지만, 엘리트 의식을 길러내는 계기이기도 했다.

이승휴가 어떤 종류의 책을 얼마만큼 읽었는지를 밝혀주는 기록은 없다. 그러나 그가 과거에 급제했으니, 과거를 보기 위해서 읽어야 할 책들은 두루 읽었을 것임은 두말할 나위 없을 것 같다. 그리고 그는 이규보의 학통을 이어받았으니 시문학詩文學에 관해서는 해박한 지식을 갖고 있었을 것 같다. 바로 1차 원행 때, 이승휴가 지어 올린 하례문인 '진사선미陳謝宣美'는 원나라의 국왕과 조신들을 탄복시켰고, 고려에서 함께 간 송조국宋祖國도 탄복했을 정도였다고 하니, 그에게 남다른 글재주가 있었음은 분명했던 것 같다.

실상 글재주란 타고난 재능도 있어야 하지만, 그보다는 얼마만큼 많은 책을 읽었느냐에 따라 결판이 나는 듯싶다. 설사 제 아무리 글재주가 비범한 사람이라고 하더라도, 책을 많이 읽지 않는 사람의 글에는 한계가 있게 마련이다. 어떤 사람이 쓴 글의 수준은 그 사람이 읽은 책의 양과 정비례한다고 할 수 있을 것 같다. 대체로 책을 많이 읽은 사람이라 야 수준 높은 글을 지어낼 수 있다는 것이다.

바로 이승휴의 글 솜씨가 원나라의 국왕 내지 조신들을 탄복시켰다 면, 그는 많은 책을 읽었다는 사실을 확인시켜 주고 있는 셈이다. 많은 책을 읽지 못한 사람이 수준 높은 글을 쓸 수 있으리라고는 기대할 수 없기 때문이다.

이승휴가 많은 책을 읽었으리라고 우리로 하여금 짐작하게 만드는 것 은 그의 저서인 『제왕운기』를 통해서이다. 『제왕운기』를 읽어 보면 이 승휴가 얼마나 많은 역사 서적들을 읽었는지를 짐작하게 만든다. 『제왕 운기』 상권에서는 중국의 역사를 일목요연하게 정리해 놓았고, 하권에 서는 단군조선으로부터 고려조 충렬왕 때까지의 역사를 꿰뚫어 정리해 놓았다.

한 시대 왕조의 역사를 정리하기도 어려운데, 중국의 전체 역사와 한 국의 전체 역사를 일목요연하게 정리했다는 것은 실로 놀라운 일이라 하 겠다. 더욱이 성격을 달리하는 중국의 역사와 한국의 역사를 대비해서 서술하고 있다는 것은 놀라운 일이 아닐 수 없다. 아마 모르긴 해도 이 승휴는 그가 활동하고 있던 당시까지 간행된 역사 서적들은 두루 섭렵 했던 것 같다. 이승휴는 두타산 동녘에 있는 삼화사로부터 1,000상자의 불경을 빌려다 읽고 난 다음 『내전록』을 저술했다는 사실로 미루어 보 면 『제왕운기』를 저술하는 데도 많은 책을 참고했을 것으로 생각된다.

이승휴는 오래 전부터 어느 때인가는 국왕을 비롯한 통치 계층과 일 반 백성들에게 교훈이 될 만한 책을 하나 저술해 내겠다고 다짐했던 일 이 있었다. 일생일대의 소망으로 여기면서 준비했던 저술이 다름 아닌 『제왕운기』였으니, 이 책을 저술하기 위해 수많은 역사책을 읽어 보았 을 것임은 의심할 여지가 없다.

요컨대 이승휴는 선비로서 갖추어야 할 첫째 필요조건인 지식의 습득은 충족시켰다. 오히려 13세기인 고려 중기의 대표적인 지식인으로 꼽힐 수 있는 학자였으니, 선비가 갖추어야 할 지식의 요건은 충족시키고도 남음이 있을 듯싶다. 중국의 역사와 한국의 역사를 통달했기에 가능했던 저술이 바로 『제왕운기』였음을 상기시키고 싶을 따름이다.

3. 비판적인 사고

선비로 규정받을 수 있는 둘째 조건은 비판적인 사고를 지녀야 한다는 것이다. 아무리 많은 지식을 갖고 있다 할지라도 비판적인 사고를 가지고 있지 않으면, 선비로 추앙받을 수 없다. 권력에 매몰되어 현실에 만족하고 있는 사람들이라면, 선비로 받들어질 수 없다는 것이다. 적어도 선비답기 위해서는 정치권력과는 일정한 거리를 두고, 현실에 대해서는 불만을 느끼며, 그 잘못을 시정해 보려는 비판적인 사고를 지녀야 한다.

그런데 비판적인 사고를 지녀야 한다는 면에서는 우리나라의 선비론이나 서양의 인텔리겐치아론이나 별반 차이가 없는 것 같다. 일반적으로 서양에서 인텔리겐치아라고 하면, 지식을 활용해서 먹고 살아가는 사람들 중에서도 기존 체제나 정치권력을 비판하는 사람들만을 가리키고 있다. 따라서 기존 체제나 정치권력을 비판하는 일이야말로 인텔리겐치아로 규정짓는 데 가장 중요한 요건으로 꼽고 있다. 기존 질서나 정치권력을 비판하는 부정주의(negatism)는 인텔리겐치아로 규정받는 으뜸의 조건이라고 했다.

E. 쉴스(Edward shills)의 말을 빌면, "어떤 사회에서도(심지어 인텔리겐치아가 그의 보수적인 성격 때문에 주목을 받고 있는 사회에 있어서조차도), 인텔리겐치아의 창

조성에로의 다양한 길은 누그러뜨릴 수 없는 부정주의로의 경향과 더불어 현존 가치체계를 부분적으로 거부하고 있다는 데서 찾아진다."고 했다. C. 브린턴(C. Brinton)도 역시, "인텔리겐치아의 절대적인 임무는 일반인들의 천박한 낙천주의를 타파해 온 것이었다."고 했다(장을병, 「한국 인텔리의 반지성주의」, 김재준·김성식·장을병·김중배 공저, 『의에 주리고, 목마른다』, 삼민사, 1984).

요컨대 서양의 인텔리겐치아는 생태적으로 정치체제나 정치권력으로부터 독립되어 있는 데다가 지식의 혁신성 때문에 어떤 정치체제에 대해서도 비판적인 태도를 지니게 마련이다. 따라서 인텔리겐치아는 권력에 대한 강한 욕구를 지니면서도, 인텔리겐치아라는 자격을 내동댕이치고 권력에 예속되는 일에는 강한 저항을 느끼고 있다. 그리고 나라의 정책결정에 대해서는 강력한 영향력을 미치고 있으면서도, 정책결정자와는 긴장관계를 유지해 나가는 것이 서양 인텔리겐치아의 기본적인 속성이라는 것이다.

한국의 선비도 서양의 인텔리겐치아와 마찬가지로 현실을 비판하고 새로움을 추구한다는 데서 공통된 특성을 찾아볼 수 있다. 따라서 선비의 특성은 현실에 대해서 불만을 느끼고, 현실의 잘못을 시정해서 새로움을 추구하려는 데서 창조성을 엿볼 수 있다. 현실에 만족하고 있는 사람은 현실에 매몰되어 새로움을 추구해 볼 의지가 없다. 현실에 대해서 불만을 느끼고, 그것을 고쳐서 새로움을 추구해 보려고 노력하는 사람들에게서만 비로소 창조성을 찾아볼 수 있다는 것이다.

우리 사회가 느리고 답답하긴 하더라도 계속 발전해 올 수 있었던 것은 이른바 '선비'라고 일컬어지던 일단의 비판세력이 있었기 때문이다. 현실의 잘못을 지적하면서 잘못을 시정하려고 노력했던 일단의 선비가 없었더라면, 우리 사회는 정체의 늪에서 허우적거리다 말았을 지도 모르겠다. 현실에 불만을 갖고 잘못을 시정해 보려고 노력했던 일단의 선비가 있었기에 우리 사회도 유지·발전해 올 수 있었던 것이다.

그러면 이제부터는 이승휴의 비판적 사고에 관해서 고찰해 보기로 하자. 참으로 이상스럽고 이해하기 어려운 측면이 있다. 대단치 않은 집안에서 어렵사리 벼슬길에 올랐으면, 불평 없이 현실에 순응하면서 살아가는 것이 일반적인 현상인데, 이승휴는 그러한 일반적인 경향에서 벗어났다. 뒤늦게 천신만고 끝에 오른 벼슬길이었는데도, 벼슬길에 오르자마자 현실에 불만을 토로하고, 현실을 비판하면서 잘못을 시정하려는 노력을 했다. 오히려 이승휴는 두드러질 만큼 강한 불평과 비판적인 성향을 드러냈던 것이다. 여기에는 우선 두 가지 이유가 있었던 것 같다.

첫째는, 이승휴는 과거에 급제하고 나서 삼척 구동으로 어머니를 뵈러 갔다가 귀경길이 막혀 12년간 시골에서 허송세월하다가, 그것도 구관시를 지어 올리는 수모를 겪으면서 겨우 말단직에 임명되었는데, 자기와 과거 동기생들은 나라의 정치를 주름잡는 높은 지위에 올라 있었으니 불평스럽지 않을 수 없었고, 비판적인 시각을 지닐 수밖에 없었을 것 같다. 현실에 대한 불만은 이승휴로 하여금 비판적인 시각을 길러낼 수밖에 없었다는 것이다.

둘째는, 삼척 구동에서 어머니를 모시고 힘들게 농사를 지어보니, 나라의 조정이 백성을 위한 정치(爲民善政)에 얼마나 소홀히 하고 있는가를 피부로 느낄 수 있었다. 말단 미직에라도 올라 있어 보니, 관리들은 백성을 위하는 일에는 아랑곳없이 스스로 배 채우는 데만 급급하고 있음을 직접 확인할 수 있었다. 이승휴는 백성들과 함께 힘든 농사일을 해 보았으므로, 백성들의 뼈저린 고충을 이해할 수 있었고, 국왕이나 관리들의 잘못도 쉽사리 살필 수 있었다. 바로 국왕이나 관리들의 잘못을 인식하는 일은 비판적인 사고를 길러내는 직접적인 요인이었던 것이다.

이승휴는 애절하게 지어 올린 구관시 덕분이었던지, 1264년에 이장용과 유경의 천거로 경흥도호부慶興都護府의 판관 겸 장서기에 보임되었다. 이승휴가 국왕의 눈에 띄게 된 것은 1270년(원종 11년) 삼별초의 난이 일어났을 때, 반란군의 근거지로부터 탈출해서 국왕에게 돌아옴으로써 그의 존재가 국왕에게 알려지면서 점차 중용되기 시작했다고 한다.

그러나 이승휴는 국왕의 은총을 받기 시작하자마자, 비판의 목소리를 높이기 시작했다. 바로 삼별초의 난이 일어났을 때, 군대의 물자가 제대로 공급되지 않고, 부정과 비리가 저질러지자 백성들이 괴로워하고 있음을 들어, 그 폐해를 강경하게 주장하고 나섰다. 이렇게 볼 때 이승휴는 백성들의 고충을 알고 있었기 때문이기도 하지만, 그의 올곧은 성격과 비리를 보면 참지 못하는 성품 때문에 자연발생적으로 우러나온 비판적인 성향이라고 할 수 있을 것 같다. 더욱이 국왕의 총애를 받기 시작했을 때 비판의 목소리를 높인 것은 비판이 국왕을 진정으로 모시는 길이라고 믿고 있었던 것 같다.

앞서 한국의 선비론에 이미 밝힌 바대로, 미국 안에서 '항구적 소수파'로 알려졌던 월터 리프먼(Walter Lippman)의 말을 다시 한 번 되새겨 볼 필요가 있을 것 같다. 그는 말하기를, "권력자들이여! 지지자들보다는 반대자들을 더 사랑하라. 지지자들은 권력자를 충동질해서 위험한 길로 몰아넣을 수 있지만, 반대자들은 어디에 함정이 있고 암초가 있는가를 미리 알려 주고 있으니, 반대자들을 지지자들보다 더 사랑하는 것이 옳지 않겠느냐?"하고 말했다는 것이다. 아마도 이승휴는 자기를 아껴주는 국왕을 진정으로 위하는 길은 거침없이 비판을 해서 함정과 암초를 피할 수 있게 만들어 주는 길이라고 생각했던 것 같다.

1273년(원종 14년)에 이승휴는 식목록사式目錄事로 재직하고 있었다. 식목록사란 요즘 말로 하면 법제와 격식을 제정하는 관청의 7품 정도 되는 관직이었다. 당시 공로자를 제배하는 데 있어서 초배자만을 대상으로 삼고, 누차 제배 받았던 인물들을 제외시키자, 이들 사이에 불만을 상소하자는 논의가 일어났다.

그러나 얼마 후에 이러한 사실이 발각되어 벌을 받게 되었는데, 이승휴가 그 상소문의 기초자라는 누명을 뒤집어썼다. 그러나 원종이 상부의 장의葬儀와 방문榜文이 서로 다르다는 이유로 재조사를 시켜서 이승휴의 누명은 벗겨졌는데도, 그는 양부(조정)의 장론에 실수의 오점을 남길 수 없다고 해서 스스로의 죄를 인정하고 나왔다.

여기서 이승휴의 올곧은 성품을 재확인할 수도 있지만, 그의 비판은 기존의 질서를 허물어뜨리려는 목적으로 하는 것, 말하자면 파괴적인 비판이 아니라 잘못을 고쳐서 건실하고 새로운 질서를 수립하려는 건설적인 비판이었음을 확인시켜 주는 계기이기도 했다. 흔히 얘기되듯이 비판에는 흠을 잡아서 기존의 질서를 허물어뜨리는 데 목적을 둔 파괴적인 비판이 있는가 하면, 잘못을 지적하고 시정해서 건실한 새로운 질서를 수립하려는 데 목적을 둔 건설적인 비판도 있다. 파괴적인 비판은 악의적인 비판이라고 한다면, 건설적인 비판은 선의적인 비판이라고 할 수 있다. 이러한 공식에 따라 이승휴의 비판을 규정해 본다면 건설적이고 선의적인 비판이었다고 할 수 있다는 것이다.

이승휴는 원종으로부터도 총애를 받았지만, 충렬왕으로부터는 더 큰 총애를 받고 있었다. 충렬왕은 이승휴가 2차 원행 때 원경에서 고려예복으로 상례를 치르도록 올바로 깨우쳐 준 사람이었고, 고려의 제도와 관행을 그대로 유지할 수 있도록 원나라 국왕의 조칙을 받아내도록 조언해 준 사람임을 알고 있었다. 그래서 충렬왕은 이승휴를 나라를 사랑하는 슬기로운 신하로 생각해서 총애하고 있던 터였다. 그리고 이승휴도 충렬왕이 자기를 신임하고 있음을 누구보다도 잘 알고 있었다. 그럼

에도 불구하고, 충렬왕 대에 이르러 시정에 대해서 더 큰 목소리로 비판
하고 나섰던 것은 올바른 신하, 진짜 충성스러운 신하의 소임은 숨김없
이 비판을 가하는 데 있다고 믿고 있었기 때문이었다. 국왕에게 아부해
서 충동질하기보다는 비판하고 반대하는 것이 신하로서의 올바른 도리
라고 믿었기에, 거침없이 더 큰 목소리로 비판했던 것이 아닐까 생각해
보게 만든다.

원나라에서 돌아와 국왕이 된 충렬왕은 이승휴를 합문지후閤門祗候와
감찰어사監察御使를 거쳐 우정언右正言으로 승진시켜 주었다. 실로 승승장
구라 하지 않을 수 없었고, 충렬왕도 이승휴로 하여금 곧은 소리, 쓴 소
리를 할 수 있게 만들어 주었던 것 같다. 이승휴도 곧은 소리, 쓴 소리
를 하는 것이 신하의 올바른 도리라고 믿고 있는가 하면, 국왕도 이승휴
로 하여금 직간直諫할 수 있도록 만들어 주었던 셈이다.

충렬왕의 호의로 우정언의 자리에 오른 이승휴는 시정時政의 득실을
15개 조로 정리해서 국왕에게 간했다. 당시는 삼별초의 난이 완전히 진
압되지 않아 민심이 안정되지 못했던 상황이었는데도 불구하고, 군대가
필요로 하는 물자들이 제대로 공급되지 않고, 안팎으로 수탈이 심한 데
다가, 여러 가지 토목공사를 마구 벌여서 백성들이 아주 고통스러워하
고 있다는 내용이었다.

당시 이승휴가 충렬왕에게 올린 상소의 내용을 간추려 보면, ① 국왕
의 사냥놀이 중단, ② 홀적忽赤, 응방鷹坊과의 사치스러운 연회 중지, ③
윤수尹秀, 조영組榮의 무례처벌, ④ 학사연學士宴 중지 등이 상소의 주된
내용이었다. ④항을 제외한 나머지 사항들은 충렬왕이 재위기간 중 줄
곧 문제로 제기되었던 폐해들이었다. 충렬왕과 그 측근들이 자행했던
위와 같은 폐단들 때문에 끊임없이 물의가 일곤 했다(변종명, '이승휴의 제왕
운기 撰述과 史書로서의 성격', 진성규·김경수 편, 앞의 책, 262쪽).

원래 이승휴의 정치이념은 왕권을 강화시켜 왕실을 안정시키는 데 있다고 했지만, 왕권을 강화시키고 왕실을 안정시키려면 백성을 위한 선정을 베풀어야 한다는 것이었다. 권력의 행사는 국왕이 하되, 권력행사의 목적은 백성을 위한 덕치德治에 두어야 함을 강조했던 것 같다.

그런데 당시 충렬왕은 왕권을 강화시키기 위해 환관·내료 등 측근 총신들을 길러내어 재추 문신관료나 과거출신 관료들을 견제하려고 했다. 그런데 국왕의 천계출신 측근 총신들은 국왕의 총애를 믿고 숱한 비리를 저질렀으며, 심한 횡포를 부리고 있었다. 국왕의 측근 총신들이 저지르는 비리와 횡포는 눈에 든 가시처럼 느껴질 수밖에 없었고, 제거해야 마땅할 병폐였다. 이러한 병폐를 시정하기 위해서 이승휴는 빈번히 상소를 올리고, 직간을 했다.

얼마 후 우사간右司諫으로 승진한 이승휴는 양광楊廣·충청도 안렴사安濂使로 나가서는 부패한 관리들 7인을 탄핵하고 가산을 몰수했다가, 원한을 사서 동주東州(지금의 철원) 부사副使로 좌천되기도 했다. 이때부터 스스로 '동안거사動安居士'라 일컬었다고 한다. 이 호에는 '잘못된 정치를 비판하고, 관리들의 부정·부패를 막아 백성을 위한 정치를 펴려면, 이만한 일쯤으로 흔들려서는 안 된다.'는 스스로에 대한 다짐이 담겨 있었다(김도현, 앞의 글, 김도현·최창섭·이익주·한명회 편, 앞의 책, 28쪽)는 것이다.

그 후 다시 전중시사殿中侍使로 임명되어 자리를 옮겼지만, 부정·부패를 보면 참지 못해 계속 간쟁을 벌이거나 상소를 올리는 것이었다.

이렇듯 이승휴는 관직생활을 시작하면서 원종과 충렬왕으로부터 각별한 신뢰를 받았지만, 올곧은 성품 때문에 과격한 상소나 간쟁을 벌이다가 좌천되거나 파면되는 일이 잦았다. 이승휴는 과격하고 거듭된 상소와 간쟁 때문에, 반대파(국왕의 측근 총신들)의 공격의 초점이 될 수밖에 없었다. 그런가 하면, 국왕도 무작정 그를 비호할 수만은 없었을 것 같다.

특히 원종과 충렬왕 대는 부원세력附元勢力(국왕의 측근 총신들)의 발호로
어지러웠고, 게다가 문신 재추관료들과 신진사류들 사이에도 알력이 빚
어져 혼란스러웠다. 따라서 이승휴의 과격하고 잦은 상소나 간쟁에 우
선 국왕의 측근 총신들의 반격이 일어났음은 말할 나위 없었고, 국왕도
더 이상 이승휴를 옹호하고 나설 수는 없었다.

실상 충렬왕도 즉위 초에는 문신 재추관료들과 손잡고, 원나라와 부
원세력들의 영향력을 줄여 보려고 많은 노력을 기울였다. 그런가 하면
자신이 태자로 원나라에 머물고 있을 때 받들어 주던 인물들을 중심으
로 측근세력을 길러내고자 노력했다. 국왕의 이러한 시도에 대해 대간臺
諫의 간쟁 등 관료들의 반발이 일어나자, 충렬왕은 반발하는 관료들을
파직·유배 등 강경책으로 대응하면서 측근 총신세력을 길러내는 작업
을 계속해 나갔다.

이러한 국왕의 측근 총신세력의 성장으로 말미암아, 당대에 입신해서
가문의 후광이 없는 신진관료들이 직접적인 피해를 입고 있는 실정이었
다. 특히 국왕의 측근총신들이 토지를 강점함으로써 신진관료들은 경제
적으로 타격을 입었을 뿐 아니라, 국왕의 측근 총신들에 의한 전주銓注의
문란, 말하자면 관리 임용의 문란은 신진관료들의 관인으로서의 지위마
저 위협 받는 상황이었다. 이러한 상황 속에서 이승휴의 지위는 불안할
수밖에 없었다.

이러한 상황이었는데도, 이승휴는 1280년(충렬왕 6년) 3월에 감찰사의
간원들과 함께 또 다시 국왕의 실정과 측근 총신들의 전횡을 들어 10개
조를 간언했다가 파직당하고 말았다. 당시 10개 조의 간언은 국왕의 측
근 총신들의 성장에 불만을 품고 있던 대다수 관리들의 입장을 대변한
것이었지만, 『고려사절요高麗史節要』에서는 충렬왕의 감찰사 관리들에
대한 파면 조치를 '언로수새言路邃塞'라고 표현했을만큼, 관료들의 언로

를 막은 충격적인 사건임이 분명했다(유주희, '이승휴의 생애', 진성규·김경수 편, 앞의 책, 344쪽). 이로써 이승휴는 16년간의 관직생활을 마감할 수밖에 없었지만, 이로써 백성들의 생각을 국왕에게 올려주는 상향上向의 투입기능은 마비되고 말았다.

　이승휴는 선비의 자격요건으로서 비판적인 사고를 지녔느냐가 아니라, 과연 고려 시대에 이승휴만큼 비판적인 사고를 지녔던 선비가 또 있을까 하는 생각마저 갖게 만들었다. 이승휴의 올곧고 끈질긴 비판정신은 조선조의 선비들에게도 소중한 귀감이 되겠지만, 언론의 자유 속에서 살아가고 있는 오늘날의 우리들에게도 뜻있는 교훈이 될 듯싶다.

4. 지조 있는 처신을 해야 한다

　선비로 받들어질 수 있는 셋째 조건은 지조 있는 처신을 해야 한다는 것이다. 필자는 앞서 지조 있는 선비의 모델로 김시습과 유몽인을 들었다. 이 두 사람들은 '계유정난癸酉靖難', '인조반정仁祖反正'이라는 정권 변동기에 새로 권력을 장악한 권력자에게 협력하지 않고, 스스로의 충절忠節을 그대로 지킨 사람들이다. 실상 이들 두 사람은 소신을 지켰다기보다는 '불사이군不事二君'의 충절을 지킨 사람들이었다.

　그러면 여기서 '지조'라고 하면 바로 곧 충절을 가리키는 것인가를 따져 볼 필요가 있을 것 같다. '여기서 지조라고 하면 곧 충절을 뜻하는 것인가?'라고 묻는다면, 반드시 그렇다고 대답할 수 없을 것 같다. 지조 있는 사람이라고 해서 충절을 지키는 사람이라고 말할 수는 없다는 것이다. 이렇듯 지조와 충절은 개념상 상당한 차이가 있는 것 같다. 우선 충절은 정권의 변동기에 확인해 볼 수 있는 것이지만, 지조는 정권의 변동과는 상관없이 언제나 확인해 볼 수 있는 것이다.

실상 충절이란 정권의 변동기에 새로운 권력자의 편에 들지 않고, 물러난 옛 권력자에게 일관되게 충성을 바치고 있는 현상을 가리키고 있다. 그러나 지조란 정권의 변동과는 상관없이 평상시에 스스로의 소신을 그대로 지켜나가는 현상까지도 포함해서 일컫는 것이라고 하겠다. 그래서 충절을 지키는 사람은 지조 있는 사람이라고 일컬어질 수 있지만, 지조 있는 사람이라고 해서 모두 충절을 지키는 사람이라고 말할 수 없는 이유가 바로 여기에 있다. 충절을 확인하자면 정권 변동이 전제되어야 하지만, 지조를 확인하려면 평상시에도 가능하다는 것이다.

따라서 지조는 충절과는 달리 스스로 간직해 왔던 소신을 일관되게 지켜 나가면, 지조 있는 사람으로 인정받을 수 있다는 것이다. 충절과 지조를 지키려면 목숨까지도 걸어야 하지만, 충절을 지키기보다는 지조를 지키기가 조금은 수월할는지 모르겠다. 충절을 지키기 위해 목숨을 거는 것은 흔히 있는 일이지만, 지조를 지키기 위해 목숨을 거는 것은 그리 흔하지 않다. 선비의 조건으로 충절보다는 지조를 제시하고 있는 것은 선비가 될 수 있는 바탕을 넓히기 위해서이다. 지조 대신 충절을 선비의 조건으로 제시했더라면 살아남은 선비를 찾아보기 어려웠을는지 모르겠다. 충절 대신 지조를 선비의 조건으로 제시했기 때문에 우리 역사 속에서 선비들을 어렵지 않게 찾아볼 수 있고, 선비라는 계층도 형성될 수 있었다고 본다.

선비의 조건을 낮추어서 충절이 아닌 지조로 삼았다고 해도 올바른 선비를 찾아보기란 쉽지 않다. 일생을 통해 소신을 바꾸지 않고, 일관되게 지켜 나가기가 쉽지 않기 때문이다. 때로는 권력의 간섭으로 소신을 바꿀 수밖에 없는 경우가 있는가 하면, 때로는 현실적인 이해관계에 따라 소신을 바꾸어야만 할 경우도 있다. 권력의 간섭을 무릅쓰고, 이해관계를 초월해서 스스로의 소신을 일관되게 지켜나가기 쉽지 않음은 분명하다.

　우리가 살아 왔던 지난날(유신체제나 전두환 체제 하)에도 스스로의 소신을 지켜 나오기가 참으로 어려웠다. 스스로의 소신을 지켜 나오려면 목숨을 걸지 않으면 안 될 때도 있었고, 직장에서 쫓겨나는 일쯤은 각오하지 않을 수 없었다. 하고 싶은 일을 하지 못하는 자유가 없었음은 말할 나위 없었지만, 하고 싶지 않은 일을 하지 않을 자유도 없는 혹독한 상황이었다. 소신을 지켜 나가는 일은 뼈를 깎는 아픔을 각오하지 않고서는 불가능한 일이었다. 더욱이 조선시대만 하더라도 권력에 협력하지 않는다고 해서 사약을 받았는가 하면, 새로운 의견을 제시했다가는 사문난적斯文亂賊으로 몰려 죽음을 면치 못하는 경우가 허다했다.

　절대왕조의 전제정치는 할 수 있는 자유가 없었음은 말할 나위도 없었지만, 하지 않을 수 있는 자유도 없는 상황에서 소신을 갖고 지조를 지켜 나가기가 얼마나 어려웠을까, 불문가지라고 할 수 있을 것 같다. 똑같이 절대왕조였지만, 시기적으로 3~400년 전인 고려시대가 조선 중기보다 백성들의 자유가 향상되어 있었으리라고는 볼 수 없다. 조선 중기보다는 백성들의 자유가 더 억압받고 있었으면 있었지, 나아졌을리가 없을 듯싶다. 이러한 시대에 선비의 자격으로서 지조를 지킨다는 것은 너무나 어려웠을 듯싶다. 오늘날의 판단으로서는 상상조차 하기 어려운 일이라고 본다.

　그러나 조선조 중기에 출현했던 선비의 기준으로 이승휴의 선비조건, 특히 지조를 가늠해 보는 것은 어찌할 수 없는 것 같다. 이승휴의 지조를 살펴보기 위해서 과연 그는 정치에 대해서 어떤 생각을 갖고 있었던가를 살펴보지 않을 수 없다. 그의 정치에 대한 소신이 무엇이었느냐를 밝혀내야, 그것이 일관되게 유지되어 왔는지 않는지를 판정할 수 있기 때문이다.

　이승휴의 정치에 대한 소신들은 첫째는 권력을 강화시켜 고려 왕실의 안정을 도모하는 일이었고, 둘째는 국왕이 권력을 행사하되, 권력 행사의 목적은 백성을 위한 위민선정에 두어야 한다는 것이었으며, 셋째로 정치가 올바로 펼쳐지려면 상소나 간쟁을 통한 건실한 비판이 이루어져야 한다는 데 있었다. 절대왕조 하에서 이러한 정치적 소신들을 지니고 있었다면 참신하고 혁신적인 정치적 소신이었다고 할만 했다.

　첫째로 국왕이 권력을 강화시켜 고려 왕실의 안정을 도모하겠다는 정치적 소신에 대해서는 국왕이나 이승휴나 다를 바 없었고 쉽사리 조화될 수 있는 문제였다. 따라서 이 문제를 놓고 국왕과 이승휴 사이에 대립이나 갈등을 빚어낼 까닭이 없었다. 서로 간 원칙적으로 동의할 수 있고 조화될 수 있는 문제였다. 그러나 국왕이 권력을 강화시켜 고려 왕실의 안정을 도모하는 방법면에서는 국왕과 이승휴 사이에 차이를 드러냈고, 대립을 빚기도 했다. 원종이 국왕으로 있을 때에도 국왕과 이승휴 사이에는 견해의 차이가 있었지만, 충렬왕 대에 들어와서는 그 차이가 더욱 벌어지더니, 국왕과 이승휴 사이에 대립과 갈등까지 빚어냈다. 충렬왕은 천민 출신의 측근, 즉 총신들을 길러내어 그들에게 의존하려고 했으며, 반면에 이승휴는 천민 출신인 국왕 측근, 즉 총신들에게 의존해서는 안 된다고 주장하였다.

　오히려 이승휴는 측근, 총신들을 물리치고 과거 급제자들을 주축으로 하는 신진사류에 의존해야 한다고 주장했다. 실상 이러한 의견의 차이와 갈등은 충렬왕과 이승휴 사이의 개인 차원의 대립이 아니라 정치 세력들 사이의 대립 갈등으로 확대되어 서로 용납할 수 없는 적대관계를 조성하는 판세로 나아가고 말았다. 서로 간 타협보다는 결판을 낼 수밖에 없는 상황으로 내몰리고 말았다.

　이러한 상황에서도 이승휴는 스스로의 소신을 버리지 않았다. 결국 파직을 당할 수밖에 없으리라는 예견을 하면서도, 그리고 자기가 조금만 물러서면 파직을 면할 수 있으리라는 판단을 하면서도 스스로의 소신을 굽히지 않기 위해 파직의 길을 선택했던 것이다. 참으로 올곧은 사람이고, 소신을 굽힐 줄 모르는 지조 있는 사람으로 받들지 않을 수 없다.

둘째로 이승휴는 정치의 목적은 위민선정에 두어야 한다는 정치적 소신을 지니고 있었다. 그는 대다수의 정치인들과 달리 12년간 삼척 구동에서 어머니를 모시고 스스로 논밭을 가는 생활을 직접 체험해 본 사람이었다. 말하자면 일반 백성들과 함께 생활해 왔으니 그들의 고충과 어려움을 누구보다 잘 아는 사람이었다. 여기서 이승휴는 권력의 행사는 국왕이나 조정에서 하더라도 권력을 행사하는 목적은 백성을 위하는 데 두어야 한다고 보았던 것이다. 이승휴는 지난날 중국의 요순시대를 이상적인 정치가 펼쳐진 이상향으로 보았는데, 요순시대의 정치는 덕을 베푸는 덕치德治 혹은 백성을 위한 위민선정이었다고 보고 있었다. 위정자의 덕치 혹은 위민선정이 베풀어질 때, 백성들이 마음에서 우러나오는 자발적인 복종을 하게 되어, 무리 없이 순조로운 정치가 펼쳐질 수 있다고 믿고 있었던 것 같다.

이승휴는 강제력을 발동해서 힘으로 복종하도록 강요하기보다는 덕치나 선정을 통해 백성들의 자발적인 복종을 이끌어내는 것이 정치의 이상이고, 요순시대의 정치라고 믿고 있었던 것 같다. 정치의 이상 아니면 요순의 정치를 실현할 수 있는 길은 덕치와 선정을 베푸는 데 있다는 사실의 인식은 국왕이나 이승휴나 다를 바 없었을지 모르지만, 덕치나 선정을 베푸는 방식에서는 양자 간에 차이가 있었던 것 같다. 국왕은 스스로의 판단에 따라 덕치나 선정을 베풀 수 있다고 보고 있었는데, 이에 반해 이승휴는 치자가 민생을 보살피며 백성들의 아픈 곳을 가려내어 치유해 주어야 한다고 판단하고 있었던 것 같다. 이승휴는 민생을 보살피며 백성들의 아픈 곳을 가려내어 고쳐해 주어야 한다는 소신을 일생 동안 굽힌 일이 없었다.

셋째로 이승휴는 정치가 올바로 펼쳐지려면 상소나 간쟁을 통한 건실한 비판이 끊임없이 이루어져야 한다는 정치적인 소신을 지니고 있었다. 앞서 누차 지적했던 바대로, 정치가 스스로의 잘못을 시정하면서 보다 나은 방향으로 나아가려면 비판이 활성화되어야만 한다. 정치란 곧 권력의 행사이기 때문에 권력에 내재되고 있는 악마적인 속성으로 말미암아 잘못이 저질러지는 것이 다반사이다.

따라서 정치에서는 잘못이 저질러지지 않기를 바라기보다는 저질러진 잘못을 어떻게 시정하느냐에서 찾지 않으면 안 된다. 잘못을 시정할 방도만 마련되어 있다면, 저질러진 잘못에 대해서 걱정할 이유가 없다. 잘못을 시정할 수 있다면, 그 정치는 언제나 올바른 길로 들어설 수 있기 때문이다. 그러면 정치에서 잘못을 시정할 수 있는 방도는 어디에 있는가? 말할 나위 없이 비판기능의 활성화를 통해서 잘못은 시정될 수 있는 것이다.

비판기능의 활성화는 정치에서 저질러진 잘못을 시정하는 방도이기도 하지만, 민주정치로 나아가는 과정이기도 하다. 오늘날 민주정치는 비판 기능을 활성화시켜, 제도화시키고 있다는 데서 그 특성을 찾을 수 있다. 바로 민주정치는 비판 기능을 제도적으로 활성시킴으로써 그 정치체제 안에서 저질러진 잘못을 스스로 치유할 수 있다는 데서 유별난 장점을 발견해 낼 수 있다. 비판의 기능이 정치에서 저질러진 잘못을 치유할 수 있고, 정치를 올바른 길로 들어서게 만드는 요체라는 데에는 국왕이나 이승휴가 함께 공감하고 있었던 듯하다. 그러나 비판 기능을 얼마만큼 활성화시키는 것이 바람직스러운가하는 현실적인 문제에 있어서는 견해차가 있었던 듯하다. 국왕은 절도 있는 비판을 바랐는데, 이승휴는 무제한적인 비판을 주장했던 것 같다. 결국 이승휴의 무절제한 비판은 국왕을 짜증스럽게 만들었고, 이승휴를 파직하게 만들었던 것 같다.

어쨌든 이승휴는 자기의 소신을 굽히지 않고, 끝까지 펴보려는 소신 있는 정치인이었음이 분명하다. 그러나 18~19세기 이후에나 가능해진 무절제한 비판을 13세기의 절대왕조 하에서 시도했으니 과욕이 아닐 수 없었고, 무모한 일이었으며, 좌절될 수밖에 없는 일이었다.

5. 여유 있는 삶을 누려야 한다

필자가 앞서 한국의 선비론에서 선비들이 갖추어야 할 넷째 조건으로 '여유 있는 삶을 누려야 한다.'고 제시한 바 있었다. 그런데 여유 있는 삶이란 물질적으로 풍족한 삶을 가리키는 것인지, 아니면 정신적으로 여유 있는 삶, 말하자면 유유자적한 삶을 가리키는 것인지, 조금은 혼란스럽지 않을 수 없다. 물론 정신적으로 여유 있는 삶, 말하자면 유유자적한 삶을 누리려면 물질적으로도 어느 정도 삶의 기반이 마련되어 있어야함은 두말할 나위 없다.

굶고 떨면서 유유자적한 삶을 누릴 수는 없는 것이기 때문이다. 그래서 선비의 사회적 기반을 먹고 살아가는 데는 지장이 없는 자영농으로 규정했던 것이 아닌가 싶다.

여기서 여유 있는 삶을 누려야 한다는 것은 권력이든 재물이든 세속적인 탐욕에 빠져들지 말라는 얘기이다. 세속적인 탐욕에 빠져들면, 삶의 여유를 지닐 수 없다. 세속적 탐욕에 빠져들면 그것을 채우기 위해 허둥댈 수밖에 없기 때문이다. 따라서 삶의 여유란 세속적인 탐욕에 젖어들지 않고, 그것으로부터 초연할 때 비로소 누릴 수 있는 것이다.

그런데 인간의 욕망은 끝이 없는 것이어서 늙어 갈수록 부풀어지는 것 같다. 이러한 현상을 가리켜서 흔히 '노욕老欲' 혹은 '노탐老貪'이라고 일컫고 있다. 어찌된 영문인지 알 수는 없지만 인간은 늙어 갈수록 욕심을 부리거나 탐욕스러워지는 것 같다. 나이 들면 욕심이 줄어들 것 같은데, 줄어들기보다는 오히려 부풀어지니, 더 조심하고 경계해야 하는 것이다. 선비의 자격요건으로 삶의 여유를 지니라는 것은 노욕이나 노탐을 부리지 말라는 얘기이다.

특히 인간들이 권력이나 재물에 욕심을 부리면 다른 사람들과 필연적으로 아귀다툼을 벌여야 하며, 그로 인해 각박해질 수밖에 없고, 너그럽고 여유 있는 삶을 누릴 수 없다는 것이다. 선비라고 하면 일반 백성들과는 다른 데가 있어야 하고 나은 점이 있어야 하는데, 탐욕은 인간을 타락시키기에 일반 백성들과 다를 바가 없어진다. 적어도 선비라면 일반 백성들보다는 점잖고 멋이 있어야 하지 않겠느냐는 것이다.

필자는 '한국의 선비론'에서 말년에 너그럽고 여유 있는 삶을 누린 선비의 대표적인 예로 사제思齊 김정국金正國을 들었다. 그는 사림士林에 속했던 사람인데, 기묘사화己卯士禍 때 훈구대신에 의해 정계에서 축출당한 사람이었다. 사화士禍라고 한 데서 짐작할 수 있지만, 선비들이 정계에서 축출당한 사건이었다.

김정국은 정계에서 축출당하고 난 다음, 고양군 서쪽 망동리芒洞里에 은휴정恩休停이라는 자그마한 정자를 지어 놓고 학생들을 가르치고 책을 지으면서 나날을 보냈다. 정자의 이름을 '은휴'라고 한 것은 임금님 덕분에 쉬고 있다는 뜻으로 붙였다는 것이다. '은휴'라는 말은 불행을 다행으로 여기며, 원망하기보다는 고마워하는 마음을 담고 있는 것이다.

이보다 몇 백 년이나 앞서서 이승휴는 김정국과 똑같은 삶의 방식을 택했으니, 놀라운 일이 아닐 수 없다. 3백 년 후에 그와 똑같은 삶의 방식을 택했다고 하더라고 평가받을 만한데, 몇 백 년 전에 앞질러 그와 똑같은 삶의 방식을 택했으니 실로 선구적인 인물이라고 칭송받을 만하다. 이승휴는 1280년(충렬왕 6년)에 감찰사의 관원들과 함께 또 다시 국왕의 실정과 국왕 측근 총신들의 전횡을 들어 10개 조를 들어 간언했다가 파직되고 말았다. 결국 김정국이 훈구대신들에 의해서 축출되었다면, 이승휴는 국왕의 측근 총신들에 의해 축출 당했던 것이다. 요즘의 표현으로 말한다면, 보수 세력들에 의한 진보 세력들의 축출이었다는 면에서도 유사점이 있다.

김정국은 관직에서 축출 당하자 고향인 고양군 서쪽 망동리에 은휴정을 지어서 학생들을 가르치고 책을 지었다고 했는데, 이승휴는 김정국보다 3백 년 앞질러 김정국과 똑같은 생활을 했다. 이승휴도 고향인 삼척 두타산 산록의 구동으로 내려 와서 '용안당容安堂'이라는 당호를 붙인 집을 지었다. 그런데 김정국은 임금님의 덕분으로 쉬게 되었다는 아첨에 가까운 당호를 붙였지만, 이승휴는 도연명의 「귀거래사」에서 따온 당호를 붙였다니, 얼마나 선비다운 발상이었던가를 확인할 수 있을 것 같다.

김정국은 학생들을 가르치며 책을 지었다고 했는데, 이승휴는 두타산 동녘에 있는 삼화사에서 대장경 등 경전을 빌려 읽으면서『내전록內典錄』과『제왕운기帝王韻紀』를 저술했다는 기록은 있지만 '용안당'에서 학생들을 가르쳤다는 기록은 없다. 아마 삼척 두타산 밑 구동이라면 산골이라서 당시로서는 가르칠 학생들이 없었던 것이 아닌가 생각된다.

김정국은 벼슬에 있을 때와는 생활이 바뀌자, 스스로의 호를 새로 지었다. '사제'라는 호 대신 여덟 가지 넉넉함이 있다는 뜻을 지닌 '팔여거사八余居士'로 바꾸었다. 벼슬할 때에 비하면 부족함이 많을 터인데도 오히려 넉넉하다는 호를 택했다. 어느 친구가 새 호의 뜻을 물었더니 김정국은 다음과 같이 대답했다는 것이다. "토란국과 보리밥을 배불리 넉넉히 먹고, 부들자리와 따뜻한 온돌에서 잠을 넉넉하게 자고, 서가에 가득 찬 책을 넉넉하게 읽고, 봄날에는 꽃을, 가을날에는 달빛을 넉넉하게 감상하고, 새들의 지저귐과 솔바람 소리를 넉넉하게 듣고, 눈 속에 핀 매화와 서리 맞은 국화에서는 넉넉하게 향기를 맡는다네. 한 가지 더 이 일곱 가지를 넉넉하게 즐기기에 팔여八餘라고 했다네(안대회, 앞의 책, 42~43 쪽)." 김정국은 20년 동안 망동리에서 팔여를 즐기며 살았고, 생업에도 무관심한 채 교육에만 전념했다. 김정국의 '팔여'라는 호는 불우했던 시절을 원망하거나 증오하지 않고, 여유와 청빈淸貧을 즐기며, 인생의 위의威儀를 지키고자 했던 노력의 상징이었다는 것이다. 세속적인 탐욕에서는 벗어난 실로 여유 있고 너그러운 삶이었다고 칭송할 만하다.

늙은 뒤에 김정국에게는 부자 친구 한 사람이 있었는데, 그 친구가 재물을 탐욕스럽게 모은다는 소문을 듣고, 앞서 밝힌 바대로 그 친구에게 편지를 써 보냈다고 한다. "늘그막에 살아가는 데 반드시 필요한 물건을 제시하면서 그것 이외에 더 필요한 것이 무엇이 있겠는가?"라고 타일렀다는 것이다.

김정국이 필요하다고 한 물건들은 하나같이 속물적인 탐욕과는 거리가 먼 것들이고, 청복淸福을 누리는 데 필요한 물건들이었다. 친구가 부린 욕심은 노탐老貪이라면, 김정국이 부린 욕심은 청탐淸貪이라고 할 수 있겠다. 욕심이라고 할 수 없는 욕심을 강조하는, 따뜻하면서도 여유로운 김정국의 노년 시절을 생각하면 조선시대 꼿꼿한 선비의 모습을 알 수 있을 것 같다.

그러나 한 가지 아쉬운 점이 남는다면 1583년에 조정에서 다시 불러 전라도 관찰사를 제수하니 사양하지 않고 받아들였다는 것이다. 조정이 다시 관직으로 나오기를 청했을 때, 그 요청을 사양하고 또 다시 벼슬길로 나아가지 않았더라면 청탐의 선비가 아니라 '무탐無貪의 선비'로 추앙받았을 터인데 하는 아쉬움을 느끼지 않을 수 없다.

이승휴는 파직당하고 난 다음 고향인 삼척 구동으로 내려와서 용안당을 짓고, 거기서 글을 읽었다는 얘기는 앞서 한 바 있다. 그런데 이승휴는 이웃에 있는 삼화사에서 대장경 1,000여 상자를 빌려다가 읽었다니, 불교에 관한 지식을 얼마나 많이 쌓았는가는 쉽게 짐작할 수 있을 것 같다. 그래서 이승휴가 저술한 것이 바로 『내전록』이라는 책이다. 이승휴는 불교에 대한 연구만 한 것이 아니라, 불교를 믿고 의지하기까지 했다. 심지어 그는 개인적인 믿음의 차원을 넘어서 불교를 그가 희망하는 정치개혁과 연결하기까지 했다. 그리고 이승휴는 스스로를 거사라고 일컬을 만큼 깨끗한 생활을 해왔고, 스스로 거처하던 용안당의 간판을 내리고 간장사看藏寺라는 간판을 달기도 하였다. 또 그런가 하면 생계로 의지해 오던 농토마저 간장사에 넘겨주어 사찰 운영에 보탬이 되도록 했다. 앞서 밝힌 김정국은 청탐淸貪이었다면, 이승휴는 무탐無貪이었다고 기록해도 크게 어긋남이 없을 듯싶다.

1296년 1월 충렬왕은 태상왕으로 올라앉고, 충선왕이 등극하기에 이르렀다. 왕위에 오른 충선왕은 충렬왕에 대한 관료들의 불만을 들어주면서, 스스로의 지지 기반을 넓히려고 했다. 말하자면 새로 왕위에 오른 충선왕은 개혁정치를 단행하면서, 지난날 충렬왕 측근 총신들과 대립했던 과거출신 관료들을 중용했다. 이러한 상황에서 이승휴도 충선왕의 부르심을 받았다. 그러나 이승휴는 한사코 사양했는데, 당시 국왕은 관직에 있던 이승휴의 아들 이임종李林宗까지 내려 보내면서 다시 벼슬길로 나오도록 간청하니, 아들의 장래를 생각해서라도 응할 수밖에 없었다. 이승휴에게 마지막으로 주어진 관직은 동첨자정원사 판비서사사同簽資政院事 判秘書寺事 숭문관 학사崇文館學士였다. 그러나 이승휴는 70세가 넘어서 현관에 제수되는 것이 국가의 제도에 어긋남을 들어 거듭 사직하고 물러났다. 물론 이승휴가 끝까지 사직을 간청했던 것은 새로 중용된 관료들에 의한 개혁정치가 한계를 드러내고 있었기 때문이기도 했다. 그러나 『고려사절요』(권22, 충렬왕 24년 8월)를 살펴보면 "국왕이 직위에 오를 것을 강요하자, 십수 일에 걸쳐 사퇴하겠다고 애절한 상소를 올리니, 왕도 그것을 부득이 받아들일 수밖에 없었다."는 것이다.

이러한 기록을 보면, 뜻을 펴볼 수 없을 듯한 정치상황 때문에 물러나려 했다고 평가하기보다는 만년에 노욕을 부리지 않겠다는 순수한 뜻으로 받아들일 수도 있을 것 같다. 이럴진대 이승휴는 수백 년 후인 조선시대 선비의 자격 요건으로 평가해 보더라도 한 점 부끄러움이 없을 듯싶다. 오히려 우리 역사 속에서 이승휴만큼 선비의 조건을 고루 갖춘 사람을 찾아내기 쉽지 않을 것 같다. 이승휴를 한국의 대표적인 선비로 꼽아도 잘못이 아닐 듯싶다.

IV. 맺음말

이승휴는 13세기 고려 후기의 사람이었고, 선비라는 용어가 널리 쓰이고 체계화된 것은 2~300년쯤 뒤의 일이었다. 이승휴보다는 2~300년 뒤에 만들어진 선비라는 잣대로 이승휴를 평가한다는 것은 너무 가혹하다는 생각을 했다. 2~300년 후에 만들어진 잣대로 2~300년 전 사람을 재단한다는 것이 너무 가혹하다는 생각이 들었기 때문이다.

그러나 이 글의 주제인 이승휴는 2~300년 후에 만들어진 잣대로 재보고 평가해 보아도 거의 어긋남이 없음을 확인할 수 있었다. 오히려 선비론이 정립된 후, 조선중기 이후의 선비들과 견주어 보아도 이승휴는 모자랄 데 없는 선비였음을 확인해 볼 수 있었다. 필자는 선비의 조건들을 네 가지로 제시했는데, 이승휴는 이 네 가지 선비의 조건들을 고루 갖추고 있음을 확인할 수 있었다.

어떤 사람이든 잣대를 만들어서, 그 잣대로 평가해 보면 한두 가지 모자람이 있게 마련인데, 이승휴는 네 가지 선비의 조건들을 잣대로 삼아 평가해 보아도 한 가지도 어긋남이 없음을 확인했다. 이승휴는 선비의 네 가지 조건들을 어김없이 갖추고 있음이 드러난 셈이다. 오히려 선비론의 잣대가 마련되고 난 다음에 출현한 선비들을 보더라도 이승휴는 더 완벽하게 그 조건들을 충족시키고 있다고 할 수 있을 것 같다.

따라서 이승휴는 선비론이 정립되기 이전의 선비였고, 13세기에 나타난 우리 선비의 원형이라고 규정해도 무리는 아닐 듯싶다. 필자는 이승휴를 통해 다시 한 번 우리 겨레의 얼을 확인할 수 있는 듯해서 긍지를 느끼기까지 한다.

이승휴의 불교신앙

Ⅰ. 머리말

정중부鄭仲夫 등 무신세력은 1170년 무신란을 일으켜 개경을 중심으로 했던 기존의 문벌귀족들을 억압하고, 선종禪宗 불교를 자신들의 후원세력으로 육성하였다. 이렇게 되자 개경을 중심으로 삼았던 불교는 지방으로 옮겨갈 수밖에 없었다. 불교가 지방으로 옮긴 것은 당시 무신집권 세력이 문신귀족들을 억압하면서 향리鄕吏의 자제들을 많이 기용하는 정책을 폈으며, 몽고군의 침입으로 개경이 불교 중심지로 적합하지 않았던 현상과도 관련이 있다.

그런가 하면 13세기에 이르러 불교계 자체의 반성의 움직임으로 일기 시작한 결사운동이 불교계의 개혁운동으로 확대되었다. 이러한 결사운동은 각 교종에서도 나타나고 있었다. 화엄종華嚴宗에서는 요일寥一의 반용사盤容社(1100년 말~1200년대 초)와 대고大孤의 수암사水嚴社(1200년대 초), 그리고 법상종法相宗에서는 진억津億의 수정사水精社 등의 결사들이 이루어졌다. 그러나 같은 지방의 결사라도 교종敎宗과 선종禪宗 사이에는 큰 차이가 있었다.

우선 결사의 주동자나 후원세력의 성격에 있어서 화엄종이나 법상종의 경우는 무인귀족(全州李氏 등)이나 무장세력(朴文備) 등이었는데, 이에 반해 조계종이나 천태종의 경우는 지방의 향리층(戶長層이나 하급관리) 아니면 신무인세력이 주류를 이루고 있었다. 이들 양자 사이에는 불교의 성격에 있어서도 차이가 있었고, 대사회인식 및 당시 불교계에 대한 비판의식 면에서도 강약의 차이를 나타내고 있었다(진성규, '고려시대의 불교', 『韓國史論』 20, 국사편찬위원회, 210쪽 ; 진성규·김경수 편, '13세기 불교의 동향과 이승휴', 『李承休研究論叢』, 삼척군, 1974, 377쪽 주1 참조).

불교가 지방화를 이루면서 민중적 성격을 드러냈는가 하면 주술적呪術的인 요소도 가미하기에 이르렀다. 여기서 한 가지 지적해야 할 사실은 교리상의 융합이 이루어지고 고승들 사이의 교류가 활발해진 것까지는 좋은 일이었지만, 나라가 몽고의 지배 하로 들어가자 불교계가 더욱 타락해서 승정僧政이 문란해졌고 승려의 세속화 현상도 두드러졌음은 문제점이 아닐 수 없었다. 특히 불교가 원의 세력을 등에 업고 종교적인 순수성을 상실했는가 하면, 심지어 고려시대 불교의 한 획을 그었던 결사운동마저도 원나라 황실에 대한 의식儀式을 거행하는 곳으로 변질되는 상황이었다.

이 글은 이승휴가 살아가고 있던 13세기에 원의 침략 내지 간섭 하에 고려의 불교가 어떻게 변질되었는가를 살펴보고, 불교 안에서의 정화운동은 어떻게 진행되었는가를 짚어 보고자 한다. 또한 동안거사로 불리던 이승휴의 불교신앙은 어떠했으며, 정치적인 흐름과는 어떤 관계에 있었는가도 살펴보기로 한다.

II. 13세기 고려의 불교

무신세력이 정권을 장악한 후 고려의 불교는 개경을 중심으로 하는 귀족불교에서 지방으로 중심을 옮기는, 이른바 불교의 '지방화현상'에다 '민중화현상'도 곁들여졌음은 앞서 머리말에서 지적한 바 있다.

무신정권에 대한 민중의 저항은 각지에서 잇따라 일어났다. 무신집권 세력은 각 지방에서 연이어 발생하는 민란을 진압하기 위해서 향리鄕吏의 자제들을 개경으로 불러올려 대거 관리로 기용하는 정책을 펼쳤다. 이러한 정책은 이중의 효과를 나타냈다. 하나는 향리들을 무신 집권세력의 협력자로 만드는 효과였고, 다른 하나는 자제들을 인질로 삼음으로써 향리들이 배신하지 못하도록 만드는 효과였다.

이렇게 되자 지방의 향리들은 무신 집권세력에 협력하는 자세를 보이기 위해서라도 지방을 중심으로 일어나는 불교의 결사운동을 지원하고 나섰다. 결사운동이 귀족적인 성격에서 벗어나 지방을 중심으로 민중적인 성격을 띠는 것은 바람직스러웠지만, 민중 속에 잠재되어 있던 신비적·주술적인 요소까지 곁들이는 결과를 빚어내는 것이 문제였다. 종교에 신비적·주술적인 요소가 가미되는 것은 사회가 혼란할 때 일어나는 현상이라고 할 수 있다. 당시 불교계는 종파들 사이의 사상적인 융합으로 혼돈스러웠으며, 다른 한편으로는 결사운동과 민중화로 혼란을 겪고 있었다.

우선 사상적 융합으로 인해 빚어진 혼란부터 살펴보기로 하자. 13세기 고려의 불교는 유학과 도학 등과 융합되는 과정에 있었다. 이렇듯 사상적인 융합현상은 문벌세력이 붕괴되는 과정에서 입산해 승려가 되어 목숨을 건진 문벌자제들이 있었고, 문벌귀족들에 대한 무신 집권세력의 탄압이 포용으로 바뀌자 입적했던 문벌귀족들의 자제들이 다시 환속해서 관계로 진출함으로써 빚어진 현상이었다.

당시만 하더라도 주자성리학朱子性理學은 도입되지 않았지만, 14세기 중엽에 이르러서는 주자성리학까지 도입되어 사상적인 혼란은 이루 말할 수 없었다. 그러나 주자성리학의 도입으로 빚어진 혼란은 여기서 논할 일이 아니므로 접어 두기로 한다.

그런가 하면 13세기 불교는 불교 안의 종파들 사이에서도 교류가 빈번해서 교리상의 융합이 이루어지고 있었다. 말하자면 종파들 사이의 특성이 사라지고, 배타적인 요소들이 줄어들면서 상호 교류하는 경향이 두드러졌다. 그 구체적인 예로는 가지산문迦智山門의 일연一然과 도굴산문혈굴산문門闕堀山門과의 교류, 그리고 천태종인 백련사白蓮社와 조계산의 수선사修禪社의 교류 등을 들 수 있다(진성규, '13세기 불교계의 동향과 이승휴', 『李承休硏究論叢』, 379쪽).

이외에도 종파들 사이의 교류들을 예시할 수 있지만, 여기서는 더 이상 언급하지 않기로 한다. 당시 불교는 교종敎宗 계통의 화엄종華嚴宗과 법상종法相宗, 그리고 선종계통의 천태종과 기존의 선종을 조계종曹溪宗이라 하여 4대 교단으로 보았으나, 크게는 기본적으로 교종敎宗과 선종禪宗으로 나누어 볼 수 있다. 그런데 무신집권 이후 교종에 대한 탄압과 선종에 대한 지원으로 정치와 종교의 밀착관계를 보이고 있었다.

무신의 집권 뿐 아니라 몽고의 침입으로 개경이 혼란해지면서 지방으로 중심을 옮긴 불교는 지방 세력의 후원과 불교계 안의 정화운동으로서 결사운동을 일으켰다. 지눌知訥에 의해 조계산에서 수선사修禪社가, 그리고 요세了世에 의해 만덕산萬德山에서 백련사白蓮社가 일어났다. 결사운동에 있어서 가장 큰 두 줄기는 근본취지는 같았으나, 결사의 대상이 되는 사람이 갖추어야 할 자격이나 교리에 있어서 지향하는 바는 차이가 있었다(위의 글, 380쪽).

여기서 불교의 심오한 교리에 대해서 언급할 생각은 없지만, 수선사와 백련사의 차이점에 관해서는 간략하게 설명하지 않을 수 없다. 지눌의 조계산 수선사가 표방하는 교리는 최소한의 지식을 갖고 마음을 움직일 수 있는 사람들을 대상으로 삼고 있다는 면에서 백련사의 교리와는 다르다고 하겠다. 이러한 사실은 당시 수선사에 입사한 사람들이 사회 지도층이었다는 면에서 확인할 수 있다.

이와는 달리 요세의 백련사는 수선사보다 대중적인 성격을 지녔으니, 무식하고 나약한 일반대중을 교화의 대상으로 삼아 정토사상을 펼쳤던 사실에서 그 차이를 변별할 수 있다. 물론 지눌의 수선사도 정토사상의 일면을 보이기는 했으나 요세의 백련사와는 확연히 달랐다. 그런가 하면 요세도 지식층을 배제한 것은 아니었지만, 주로 농민이나 천민 같은 기층사회의 백성들을 포용하려는 면이 많았다. 그러나 요세의 백련사도 보현도장普賢道場을 개설한 이후부터는 최우정권崔瑀政權과 밀접한 관계를 맺어 중앙의 관리들을 받아들였다(위의 글, 381쪽).

13세기 전반기까지의 결사운동은 불교계의 정화운동이자 비판운동이었다. 그러나 이러한 운동은 13세기 후반 원의 간섭기에 접어들면서부터는 일종의 부원세력附元勢力으로 변질하고 말았다. 원래 지방을 중심으로 한 결사운동은 개경의 혼란을 피해 낙향한 관인에서부터 향리에 이르기까지 남녀노소 신분의 고하를 막론하고 참여하고 있어서 승속을 초월한 신앙생활로서 긍정적으로 평가받고 있었다.

앞서도 지적했다시피, 불교는 개경을 중심으로 하고 있을 때에는 개경의 귀족들이 주축을 이루는 귀족종교였다. 원래 불교는 모든 계층을 망라하여 생활에 영향을 미쳤는데, 지배층과는 더욱 밀착된 관계였다. 13세기 고려에 있어서 지배층의 삶은 태어날 때부터 죽을 때까지 불교와 깊은 관련을 맺고 있었다. 심지어 왕실이나 지배층의 가문에서는 가족들 중 적어도 한 사람은 출가하는 추세였고, 어릴 때부터 독서하고 공부하는 장소로서 사찰이 일상적으로 활용되고 있었다. 그런가 하면 지배층의 문인들은 불교에 심취해서 거사居士로서 수행修行하고 승려 못지않게 교리연구에 몰두하였다(조명제, '고려말 사대부의 불교관', 『한국 중세사회의 제문제』, 한국중세사학회 편, 2001, 806쪽). 이렇게 볼 때 중세 고려시대의 불교는 귀족중심의 종교였음을 확인할 수 있다.

그러나 원의 침입 내지 간섭기에 접어들면서 불교의 중심이 개경에서 지방으로 옮겨지자 점점 그 계층이 넓어지더니, 결사운동을 펼치면서부터 민중을 기반으로 삼는 종교로 탈바꿈했다. 이러한 흐름 속에서 호장

층戶長層 향리의 자제들이 국사國師나 왕사王師로 책봉되는 일도 자주 있었다. 말하자면 불교가 개경을 중심으로 활동하고 있을 때에는 귀족종교의 성격을 띠었지만, 몽고의 침입으로 조정이 강화도로 옮겨 가 불교의 중심이 지방으로 이동했고, 그와 함께 결사운동이 일어나면서 불교는 서민층으로 확대되어 대중종교로서의 면목을 드러내기에 이르렀다.

이렇듯 불교가 신도의 폭을 넓혀서 남녀·노소의 구분이 없어지고 신분의 높고 낮음을 초월한 대중종교로 발전한 것은 바람직한 일이었지만, 지나치게 대중적인 성격을 드러내어 지난날 기층 민중에서 행해지던 주술적呪術的이고 무속적巫俗的인 성격을 드러낸 것은 문제점이 아닐 수 없었다.

13세기 후반으로 접어들면서 조정이 강화에서 개경으로 환도한 후부터는 고려의 자주성이 상실됐고, 원의 부마국駙馬國으로 전락해버렸다. 새로 수립된 대원관계에 따라서 불교계 안에서도 변화가 일어났다. 우선 원의 황실에 대한 제사나 축원을 드리는 원찰願刹이 출현했고, 이러한 원찰들은 많은 사원전寺院田을 소유했을 뿐 아니라 승려문제를 다루는 일에도 간섭하고 나섰다. 이렇듯 승려문제를 다루는 정사, 즉 승정僧政의 문란은 승려들의 환속을 부채질했고, 결사운동도 변질시키는 결과를 빚어냈다.

우선 결사운동의 변질문제부터 살펴보기로 하자. 앞서 지적했다시피 고려시대의 양대 결사운동의 중심은 수선사와 백련사였다. 그러나 원의 간섭기에 접어들면서 출발 당시와는 달리 그 성격이 크게 변질되었다. 무엇보다 주목해야 할 일은 지눌에 의해 출범했던 수선사의 결사운동이 가지산문으로 병합되었는데, 이 가지산문의 대표적인 인물은 일연一然 (1206~1289년)이었다.

일연은 점점 약화되어 가는 수선사를 키우기 위해 왕실과 조정의 힘

을 빌렸다. 그는 왕명을 업고 운해사雲海寺에서 선·교의 명승들을 모아
놓고 대장 낙성회大藏落成會를 개최했는가 하면, 인홍사仁弘寺를 인홍사仁
興寺로 개명했으며, 1283년에는 대선사大禪師에서 최고의 승직인 국존國
尊을 책봉받기까지 했다. 이렇듯 일연을 중심으로 한 가지산문이 선종을
포함한 전체 불교계를 대표하는 교단으로 성장했다.

물론 일연은 선·교의 서적과 함께 유교 문헌까지 두루 섭렵한 명망
높은 학승學僧이었고, 당시 불교계의 모순들에 대해서도 강한 비판의식
을 지니고 있었다. 그런가 하면『삼국유사三國遺事』에 서민관계 기사들
을 많이 수록함으로써 민중생활과 서민을 옹호하는 입장을 취하고 있었
던 인물로 평가되기도 했다. 그러나 가지산문이 수선사를 대신하는 위
치로 오른 것은 당시 불교계의 큰 변화로서 주목할 만한 사실이었다(진성
규, 앞의 글, 382~383쪽).

이렇듯 변화라는 측면에서 보면, 백련사의 경우는 더욱 심했다. 개경
에 백련사의 분원인 묘련사妙蓮社가 원찰의 형태로 설립되었는데, 여기
에는 당시 충렬왕의 뜻이 반영되어 있었다. 즉 충렬왕은 천태종에 관심
이 많아서 그 교리의 포교 및 자신과 왕비인 제국대장공주濟國大長公主의
축수祝壽, 그리고 왕실의 안정을 기원하는 사찰이 필요했기 때문이라는
것이다.

이 묘련사의 낙성을 경축하는 법회는 백련사의 원혜圓慧를 초청해 주
관하도록 하였으며, 원혜로 하여금 묘련사의 주지를 맡도록 하였다. 그
리고 얼마 후에는 무외국사無畏國師인 정오丁午가 주지를 맡음으로써 묘
련사는 백련사의 본원처럼 되었다. 이렇듯 묘련사를 중심으로 한 천태
종의 세력 확장은 정치권력, 특히 왕권과의 결합으로 이루어진 것이었
고, 그렇기 때문에 귀족적인 성격을 띠게 마련이었다. 지난날 일반 민중
에 기반을 두고 참회와 정토왕생淨土往生을 지향했던 결사운동과는 동떨

어진 것이었음은 두말할 나위 없다.

이렇듯 불교계에서 정화운동 내지 비판운동이었던 결사운동이 원나라의 영광을 기원하는 부원적附元的인 원찰願刹로 전락함에 따라 그 운동은 대중적인 성격에서 벗어나 또 다시 왕실과 밀착함으로써 귀족적인 성격으로 변질되고 말았다. 이러한 현상이 13세기 원간섭기, 특히 충렬왕 대에 있어서 고려 불교의 변질 혹은 타락한 모습으로 나타났던 것이다.

그러면 이제부터 결사운동과는 달리 교종教宗은 어떤 모습을 나타냈는지 살펴보기로 하자. 13세기 후반에 이르러, 그런대로 세력을 펼칠 수 있었던 것은 법상종法相宗이었다. 그러나 법상종도 사경寫經의 성행과 그것을 담당할 승려들을 원나라로 파견해 부원세력과 연결함으로써 어느 정도의 세력을 확보하려고 했으나 그 성과는 미미함에 지나지 않았다. 충렬왕 대 이후 간혹 국사國師 내지 왕사王師에 법상종 출신의 승려가 책봉되기도 했지만, 원간섭기에 있어서 교종은 침체에서 벗어나지 못하는 상황이었다.

이제까지 살펴보았듯이 원간섭기 이후 고려의 불교계는 귀족적·보수적인 성향을 강하게 드러냈다. 물론 불교계의 일각에서는 귀족적·보수적인 성향 때문에 빚어지는 폐단과 모순을 극복하려는 노력이 없었던 것은 아니다. 그러나 이러한 노력이 당시 불교계의 흐름을 바꾸어 놓을 수는 없었다. 더구나 승려들의 부패·타락은 더욱 심해졌고, 불교계는 침체의 늪에서 헤어날 수 없었다.

그러면 다음에는 승정의 문란과 승려들의 타락상을 살펴보기로 하자. 13세기 후반의 고려시대, 특히 원의 간섭기라고 할 수 있는 이 시기에 있어서 고려불교의 특성을 한 마디로 요약하면 불교와 정치권력의 유착이라고 할 수 있다. 따지고 보면 고려의 불교는 애초부터 권력과 밀착하였는데, 이러한 유착관계는 원의 간섭기, 특히 충렬왕 시대에 이르러 더욱 심화되었다.

원의 간섭 때문에 불교계의 지도자들과 예술가들은 주체성이나 자주
성을 발휘할 수 없었다. 물론 고려의 불교예술이 중국으로 전파하는 데
는 도움을 받았을지 모르지만, 대개는 예속성에서 벗어날 수 없었다(허흥
식, '승정의 문란과 종파간의 갈등', 『高麗佛敎史硏究』, 일조각, 1983 ; 진성규, 앞의 글, 384쪽
주6 참조).

국사國師나 왕사王師들에게 세속적인 대우를 베풀어 준 것은 무신집권
기 때부터 있었던 일이지만, 원의 간섭기에 이르면 그들에 대한 호칭부
터 바뀌어서 국존國尊 또는 국통國統이라고 일컬었다. 그리고 국존이나
국통에 대해서는 세속적인 우대를 했을 뿐 아니라, 별도의 기관을 설치
해서 승정을 주관하도록 했다.

그런데 국존이나 국통이 주관하는 승정은 언뜻 보면 자율성이 주어져
있는 듯하지만, 실제로는 자율성이 없었고 오히려 문란해질 따름이었다.
승정의 문란도 문제였지만, 승려들의 세속화는 도를 넘어서 승려들이
속인들과 다름없이 처첩을 거느리는 현상을 초래하기도 하였다. 승려들
의 이러한 타락상은 불교계를 휩쓸다시피 해서, 결국 여말에 이르러서
는 배불론排佛論을 불러일으키는 하나의 요인이 되기도 했다.

Ⅲ. 이승휴의 불교신앙

이승휴는 충청·양광의 안렴사로 있을 때 부패관리 7인을 척결하고,
그들의 재산을 몰수했다고 해서 동주부사로 좌천되었음은 앞에서 밝힌
바 있다. 오히려 그때 스스로 '동안거사動安居士'라는 호를 지으면서 이
만한 일로 심약해져서는 안 되겠다는 다짐을 했다는 것이다. 이러한 사

실로 미루어 볼 때, 그 당시만 하더라도 이승휴의 불교 신앙은 깊었던 것 같다.

이승휴가 활동하던 시기만 하더라도, 고려의 귀족사회에서는 불교가 일반화되어 있었다. 당시 고려 귀족사회에 있어서는 문인관층에서부터 유학자에 이르기까지 불교와 연관을 맺지 않은 사람이 없을 정도였다. 따라서 이승휴가 언제부터 불교에 귀의했고, 불교에 대한 신앙이 얼마나 깊었는지 굳이 따질 필요는 없다.

오히려 이승휴가 불교만을 믿고 의지한 순수한 불교신자였는가를 먼저 따져볼 필요가 있다. 왜냐하면 이승휴는 유학의 서적들을 읽었으며, 그 지식을 바탕으로 과거에 급제하여 천신만고 끝에 관직으로 나아간 사람이니 이미 유교와는 떼려야 뗄 수 없는 관계에 있었을 터인데, 어떻게 해서 불교를 믿기에 이르렀는가를 생각해 보지 않을 수 없다.

한 마디로 말해서 이승휴는 불교와 유교는 대립되는 것이 아니라 서로 조화되고 일치되는 것으로 이해하고 있었다. 문외한인 필자가 이승휴의 심오한 불교 교리를 설명하려 들면 오히려 웃음거리가 될 것 같아서 진성규 교수의 글을 인용하는 것으로 대신할까 한다. "마음을 깨치면 법法을 깨칠 수 있고, 자신을 깨치면 남도 깨칠 수 있다. 그러나 그 법도 원래 공호이므로 마음에도 없다는 것이다. 따라서 법은 공이므로 깨침과는 상관없이 상적常寂하다는 불교 본래의 보편적 진리를 설명했다(진성규, 앞의 글, 『李承休研究論叢』, 388쪽)."

요컨대 이승휴는 위에서 밝힌 불교적 이해를 바탕으로 자기 나름의 불교신앙을 분명하게 밝혀주고 있다. 그는 몽산화상蒙山和尙에게 보낸 법어法語에서 "알고 보면 삼교는 한 근원(也知三敎一根源)이라고 주장하고 있고 … 천지인 삼재三才와 유儒·불佛·도道 삼도는 한 근원이다."는 것이다(위의 글, 388쪽).

이승휴는 생활로 다져온 유교와 종교 신앙으로서의 불교를 같은 근원이라는 주장을 통해 조화시켰는가 하면 도교와도 쉽게 일치시킬 수 있었다. 그는 삼척 두타산 밑 구동에 은거한 후 지은 집의 이름을 용안당容安堂이라고 하였고, 연못과 정자는 지락당知樂堂과 보광정保光亭이라 이름 지은 것은 도연명의 「귀거래사歸去來辭」와 장자의 「제물편齊物篇」에서 따온 것이라고 했다. 따라서 이승휴의 사상의 밑바닥에는 유교·불교·도교가 뒤섞여 있었다고 보는 것이 옳겠다. 삼교일치론을 주장함으로써 사상적인 혼란을 정리할 수 있었던 것이다.

이승휴가 유·불·도 삼교일치론을 주장하기 이전에 최치원崔致遠이 쓴 봉암사 鳳岩寺의 지증대사비문智證大師碑文에서 이미 "유교의 어진 마음(仁心)은 곧 불이요, 불자의 눈으로는 어짊을 볼 수 있다(仁心卽佛, 佛目能仁則也)."고 해서 유·불이 동일하다고 주장하였다. 이승휴와 거의 동시대인 13세기 진각국사眞覺國師 혜심도 일찍이 유·불이 서로 다르지 않음을 설파한 바 있다.

그러나 이승휴는 유·불만이 동일한 것이 아니라 유·불·도의 삼교일치론을 주장했으니, 동양의 사상들을 하나로 아우르는 폭넓은 시야를 갖고 있었다고 주장해도 무리는 아닐 성싶다. 그러나 삼교일치론을 체계화시킨 사람은 이승휴보다 약간 뒤에 태어난 오천석吳天錫이었다. 그의 주장에 따르면 '유교는 궁리진성窮理眞性, 불교는 명심견성明心見性, 도교는 수진연성修眞鍊性'으로 요약해서, 세 성인들이 베푸신 가르침은 오로지 본성을 다스리는 데 있는 것으로 이해했다. 다만 이 삼교는 계승자들이 각기 종지宗旨에 의거해서 자신만이 옳고 남은 그르다는 마음으로 서로간 헐뜯고 비방했을 뿐이지, 그 근본적인 가르침은 동일하다는 것이다(조명제, '고려말 사대부의 불교관', 한국중세사학회 편, 『한국중세사회의 제문제』, 2001, 818쪽).

이렇게 볼 때 이승휴는 오천석에 의해서 '삼교일치론'이 체계화되기 이전에 이미 '삼교일이론'을 하나의 생활방식으로 실천했던 사람이라고 할 수 있다. 그는 유교·불교·도교가 지향하는 바는 같은데, 그것을 바로 이해하지 못하고 교단의 이기적인 사고 때문에 서로 비방해서 대립을 빚고 있을 따름이라고 생각했다. 오늘날 종교적인 대립 때문에 수많은 사람들이 희생되고 있는 사실을 지켜보면서 이승휴의 융합적인 종교관을 다시 한 번 되새겨 보게 된다.

다음으로 고찰해 볼 일은 이승휴의 신앙생활이 어떤 형식을 취했는가 하는 문제이다. 이승휴가 언제부터 불교를 믿었는지는 밝혀져 있지 않다. 이승휴가 살아가던 고려시대 사회에 있어서 지배계층에 속한 대다수의 사람들은 불교를 믿는 것이 보편적인 현상이었으니, 과거에 급제해서 관직으로 진출하기로 희망했던 이승휴가 일찍부터 불교를 믿었을 것임은 쉽게 짐작해 볼 수 있다.

고려시대의 불교신앙 생활의 형식은 대체로 세 가지 유형으로 나누어 볼 수 있다. 첫째는 세속에서 벗어나 입적해서 승려가 되는 유형이고, 둘째는 세속적인 생활을 영위하면서 신도로서 때때로 사찰을 찾아가는 세속적인 신앙생활을 하는 유형이며, 셋째는 세속에서 벗어나 출가한 승려는 아니지만 산중에 사찰과 같은 집을 지어놓고 기거하면서 승려처럼 불경을 열심히 읽고 수행하는 유형이 있는데 이러한 사람을 '거사居士'라고 일컬었다. 이러한 거사들은 출가하지 않고 재가在家하면서도 수도생활은 승려 못지않게 성심으로 수행하는 사람들이라고 할 수 있다.

그런데 12세기부터 고려사회에서는 지배계층에 속한 사람들 중에 불교에 심취한 나머지 아예 출가하여 불문에 귀의해 승려생활을 하는 사람들이 적지 않았다. 오히려 문벌귀족 가문에서는 자제들 중 한두 사람은 으레 출가해서 승려생활을 하는 상황이었다. 세속에서 벗어나 출가

하여 승려가 되는 일이 불명예스럽고 가련하게 여겨지는 것이 아니라 오히려 영광스럽고 자랑으로 여겨지던 시대였다.

그런데 결론부터 말한다면 이승휴는 위에서 열거한 불교신앙 생활의 세 가지 유형들 중에서 셋째 유형인 '거사불교居士佛敎'였다고 할 수 있다. 그렇다면 거사불교란 어떤 성격의 불교인가를 살펴볼 필요가 있다. 거사불교는 대체로 12세기 이후에 나타난 불교신앙의 한 유형이라고 할 수 있다. 널리 알려진 이자현李資賢을 비롯해,『삼국사기三國史記』를 저술한 김부식金富軾도 거사로 자칭할 만큼 거사는 유행하고 있었다.

여기서는 거사의 개념, 거사불교의 성격과 대표적인 거사들에 관해서 살펴보기로 한다. 우선 거사의 개념부터 규정해 보기로 하자. 거사라는 개념은 다음과 같은 네 가지로 분류하여 규정해 볼 수 있다. 첫째 출가자가 아닌 재가자在家者이며, 둘째 그 출신성분에 하자가 없어야 하며, 셋째 상당한 재산을 소유하고 있어야 하며, 넷째 재가생활을 하면서도 수도修道에 정진하는 사람이어야 한다. 이 모든 것을 종합적으로 설명하면, 거사란 종교적 의무를 가정에서 이행하는 한편 재가의 수행을 게을리 하지 않아야 한다는 것이다(서경수, '고려의 거사불교',『高麗佛敎思想史硏究』, 586쪽 ; 진성규, 앞의 글, 385쪽).

그러나 거사들의 신앙은 철저하게 개인적·개별적인 것이어서 '거사운동'이라고 불릴 수 있는 종교적인 신앙운동으로 발전해 나갈 수는 없었다. 단지 자기만족과 자기위안을 위한 불교신앙이었을 뿐이다. 바로 이러한 성향 때문에 거사불교의 사회적인 영향력은 별로 없었고, 거사불교에 관한 기록도 거의 남아있지 않다.

거사들은 대개 귀족의 일원으로 막대한 재산을 소유하고 있었으며, 산중에 암자나 절을 짓고 거기서 기거하면서 불경을 공부하고 참선을 하는 등 출가한 승려와 다름없이 불교에 심취해 있는 사람들이었다. 산

속에서 은거생활을 하고 있기 때문에 개인적인 성격이 강해 스스로의 신앙에 몰두하거나 개인적 수행만을 중요시할 뿐이었다. 말하자면 거사들은 승려들과 같이 경전經典에 탐닉하는 경우는 있지만, 승려들처럼 중생의 제도에 관심을 쏟지는 않았다는 것이다. 물론 거사로 행세하다가 불교에 심취해서 출가하는 경우도 없지 않았다.

고려시대 귀족사회에서는 불교가 일반화되어 문인관료들이나 심지어 유학자들까지도 불교와 연관을 맺어 불교신도가 아닌 사람은 없다고 해도 과언이 아닐 정도였다. 귀족층에 속한 사람들 대부분이 불교와 연관을 맺고 지내다 보니 거사생활을 하는 사람들이 많았다. 앞서 지적했다시피 이자현과 김부식도 거사였지만, 이오李顗(1050~1110년)와 윤언이尹彦頤(1090~1149년)도 대표적인 거사였다.

이자현은 고려 중기 거사들 중 대표적인 인물이다. 그는 당대 최고의 문벌 귀족이었던 인주 이씨仁州李氏 출신으로 청평에 있는 문수원文殊院에 기거하면서 청평거사淸平居士라 자칭했고 능엄경楞嚴經에 탐닉했다. 당시 가장 대표적인 유학자였던 김부식도 관란사觀瀾寺라는 개인 사찰을 갖고 있었으며, 말년에는 불교에 심취해 설당거사雪堂居士라 칭했다. 이오李顗 역시 인주 이씨 출신으로 금강경金剛經을 좋아해서 금강거사라 자호했다. 그의 가계는 대대로 불교를 신봉해서 그의 형제들 중 두 사람이나 출가하여 승려가 되었으며, 그의 아들도 출가했다. 윤언이는 파평 윤씨 출신으로, 파평 윤씨 가문 역시 당시 문벌귀족 중의 하나였다(진성규, 앞의 글, 386~387쪽 참조).

이제부터는 이 글의 주제인 동안거사動安居士 이승휴에 대해서 살펴보기로 하자.

이승휴는 당시의 거사들처럼 문벌귀족에 속했던 사람은 아니었다. 단지 그는 외가로부터 물려받은 2경頃(약 4,000평) 가량의 전토를 소유하고 있었으며, 16년간 관직생활을 했지만 올곧은 성격 때문에 청빈한 생활이었으니 축재했을 리 없었다. 아마 파직당하고 난 다음 삼척 두타산 밑 구동으로 내려와 기거할 수 있는 생활터전을 마련할 수 있는 정도의 형편이었을 것으로만 짐작된다.

이승휴가 스스로 '동안거사'라고 자호했던 것은 충청·양광楊廣 두 도의 안렴사安廉使로 나가 있을 때 부정·부패한 관리 7인을 가혹하게 탄핵했기 때문에 원한을 사서 동주(지금의 철원)부사로 좌천되었을 때였음은 앞서 밝힌 바 있다. 당시 그는 "잘못된 정치를 비판하고 관리들의 부정·부패를 막아 백성을 위한 선정을 펴려면, 이만한 일쯤으로 흔들려 소신을 꺾어서는 안 된다."고 스스로에게 다짐하면서 지은 호라는 것이다(김도현, '이승휴의 생애와 유적', 김도현·차장섭 등 공저, 『이승휴와 제왕운기』, 동안이승휴사상선양사업회, 2004, 28쪽).

이승휴는 그 후 전중시사殿中侍史로 있을 때, 10사를 건의하고 상소를 올려 시정의 득실을 논하다가 1280년 파직을 당했다. 그는 더 이상 관직에 대한 미련을 버리고 삼척 두타산 산록에 자리 잡고 있는 구동龜洞으로 낙향했다. 구동으로 내려 온 이승휴는 터를 닦아 용안당容安堂을 짓고, 연못을 판 후 연못가에 정자를 지어 지락당知樂堂과 보광정保光亭이라는 간판을 붙였는데, 그때 붙인 당호들은 도연명의 「귀거래사」와 장자의 「제물편」에서 따온 것임도 앞서 밝힌 바 있다. 진짜 거사다운 풍모를 풍기는 생활이었다.

이렇게 볼 때 이승휴가 스스로 '동안거사'라고 자호한 것은 동주부사로 좌천된 후였지만, 실제로 거사다운 풍모를 갖추고 생활을 시작한 것은 1280년 파직당해 삼척 구동으로 낙향하고 난 다음부터라고 할 수 있다. 특히 용안당에 기거하면서 두타산 동쪽에 있는 삼화사를 왕래하며 1,000여 상자의 불경을 빌려다 모두 읽고 난 다음, 용안당이라는 간판

을 내리고 간장암看藏庵이라고 이름을 붙인 것은 바로 거사다운 처신이
었다고 하겠다.

스스로의 거처를 암자로 바꾸었다는 얘기인데, 그것도 경전들을 읽는
곳이라고 하여 '간장암'이라 이름 지었으니 실로 거사다운 생활이었다
고 하겠다. 그는 간장암으로 개명한 후 소유하고 있던 전토의 일부를 암
자에 기증했으며, 거기에서 1,000상자나 되는 불교경전을 독파했다고
하니 전형적인 거사생활을 실천한 셈이었다. 이승휴는 불교생활에 심취
해서 10년간 은거생활을 했고, 그동안에 불교서적인 『내전록內典錄』과
『제왕운기』를 저술했다.

이승휴가 삼척 구동으로 내려와 10년 동안 은거하면서 불교경전을
읽고 수행하면서 『내전록』과 『제왕운기』를 저술한 것은 '거사'로서의
모범적인 생활이었다고 할 수 있다. 적어도 이 10년간은 세속생활과 인
연을 끊고 홀로 경전을 읽으며 수행해 왔지만, 『제왕운기』를 저술하고
난 다음에도 계속 거사생활을 유지했는가에 대해서는 그렇다고 속단하
기 어려울 듯하다.

이승휴가 『제왕운기』를 찬술해서 충렬왕에게 「제왕운기진정인표」를
올린 것은 1287년(충렬왕 13년) 3월이었는데 그것이 간행된 것은 1295~
1296년이었으니, 원고가 완성되고 나서 출간되기까지 8~9년의 세월이
걸린 셈이다. 이 8~9년간 이승휴는 국왕의 하회만을 기다리며 손 놓고
있었을 리 만무했다. 예나 지금이나 글 쓰는 사람들은 글을 쓰고 나서
책으로 출간되었을 때 비로소 기쁨을 맛보게 되니, 그 글이 책으로 출간
되기까지는 조바심을 갖지 않을 수 없었고, 하루라도 빨리 출간되도록
노력한 것은 자연스러운 일이었다.

『제왕운기』는 원고가 완성되고 8~9년의 세월이 흐른 다음에 출간되
었다. 이렇게 오랫동안 출판되지 못한 이유는 당시의 정치적 상황과 무

관하지 않다. 당시의 정치상황이란 한 마디로 말해서 부왕인 충렬왕과 아들인 세자 사이에 빚어진 갈등을 일컫는다. 당시 충렬왕은 왕권을 강화하는 방편으로 국왕의 측근세력을 길러내려고 노력하고 있었다. 이에 반해 세자는 국왕의 측근세력을 척결해야 한다고 주장하고 있었으니, 이 두 사람들 사이에는 의견의 대립이 빚어질 수밖에 없었다.

그런데 이승휴는 국왕과 그 측근세력의 병폐를 직간하다가 파직당한 사람이었다. 세자로서는 가까이 하고 싶을는지 모르지만 충렬왕으로서는 멀리하고 싶은 인물이었음이 분명했다. 그런데다가 『제왕운기』의 원고를 살펴보면, 국왕의 측근들을 배척해야 한다는 근계적勤戒的인 내용이 담겨 있으니, 세자로서는 서둘러 그 책을 출간할 필요가 있을는지 모르지만, 충렬왕으로서는 그러한 책의 출판을 미루고 싶었을 것이다.

이승휴는 정치적인 이념에서도 세자와 가까웠으니, 『제왕운기』의 조속한 출간을 위해서도 세자 편을 드는 것은 당연한 일이었다. 원의 후원을 등에 업은 세자는 충렬왕 21년(1295년)부터 전민탈점田民奪占을 척결하는 등 폐정을 시정하는 일에 직접 나섰다. 개혁을 내세워 국내에서 꾸준히 지지기반을 넓혀 왔던 세자는 모후(齊國大長公主)의 사망을 계기로 충렬왕의 측근세력을 무력화시키는 조치를 취했다. 마침내 충렬왕으로부터 선위禪位를 받아 왕위에 올랐고, 곧바로 즉위교서即位敎書를 발표하는 등 본격적인 개혁에 들어갔다. 이는 충선왕의 개혁정치가 시작됨을 알리는 신호탄이었다(김광철, '개혁정치의 추진과 신진사대부의 성장', 『한국사』 19, 국사편찬위원회, 17~25쪽 참조 ; 변동명, '이승휴와 불교', 『한국 중세사회의 제문제』, 778쪽).

『제왕운기』의 원고가 완성되고 나서 8~9년간 발간되지 못하다가 1295~1296년에 발간되었다는 사실은 앞의 주장을 뒷받침해 주고 있는 것 같다. 세자가 현실정치에 영향을 미치기 시작한 것이 1295년이었고, 『제왕운기』의 초판 간행이 1295~1296년이었다고 하니, 『제왕운기』를 발간하는 데 세자의 지원이 있었음은 분명한 듯싶다.

한편 이승휴는 『제왕운기』의 원고를 마치고 난 다음부터는 시간의 여유도 있어 현실정치에 관심을 기울이기 시작했다. 홀로 불경을 읽고 수행하는 거사생활보다는 당시 현실정치와 깊은 관련을 맺고 있던 수선 사에 깊숙이 관여하고 있었다.

기록을 보면, 이승휴는 74세가 되던 1297년(충렬왕 23년)에 중국 강남에서 부쳐 온 임제종臨濟宗 선승인 몽산덕이蒙山德異의 법어를 받아들였고, 그 다음 해에는 그것을 사례하는 글에다가 자신이 지은 게송偈頌 두 편을 더하여 답신을 보냈다고 한다(변동명, 앞의 글, 774쪽). 몽산덕이는 중국보다 우리나라에 그 이름이 더 알려져 있었다. 그가 지은 「몽산화상법어약록蒙山和尙法語略錄」은 13세기 말 이래 한국 불교계를 뒷받침해 준 대표적인 선종 서적의 하나로, 조선조 세조 대에는 한글판이 간행될 정도였다. 이를 통해 고려 말부터 조선조에 이르기까지 몽산덕이가 불교계에 끼친 영향이 매우 컸음을 짐작할 수 있다.

몽산덕이는 간화선看話禪을 아주 중요시한 선승이었다. 몽산의 선법은 13세기 말엽 이래 주로 수선사 계열에 의해서 고려에 수용되었다고 한다. 수선사 10세 법주인 혜감국사 만항萬恒(1249~1319년)은 중국 강남 휴휴암休休庵에서 간행한 덕이본 「육조단경六祖壇經」(1290년)을 무역상을 통해 받아 읽어 본(1298년) 다음 그것을 복각하여 우리나라에 널리 유통시켰다.

한편 수선사의 원명국사圓明國師 충감冲鑑(1275~1339년)은 원에서 유명한 승려이자 몽산의 제자인 철산소경鐵山紹瓊을 만나본 후 그를 데리고 고려로 돌아왔다. 철산소경은 고려 궁중에서 선을 강론하는 등 고려 왕실과 귀족으로부터 극진한 예우를 받으면서 3년간 머물렀다. 그는 원으로 돌아갈 때 고려대장경 한 본을 희사 받아 강서의 의춘현宜春縣 대앙산大

仰山에 봉안했다고 한다. 요컨대 13세기 말과 14세기 초 수선사의 대표적인 선승들은 몽산덕이나 그 제자들과 긴밀히 연결되어 있었음을 알수 있다.

고려 수선사修禪社의 승려들이 몽산덕이와 적극적으로 교류했던 것은 몽산의 간화선법看話禪法을 수용함으로써 침체에서 벗어나려는 계산이 있었기 때문이다. 실상 무인정권이 붕괴되고 원의 정치적 간섭이 심해지면서 수선사는 침체에서 벗어나지 못했다. 수선사의 침체는 일연一然의 가지산문迦智山門의 세력 증대와 반비례하였다. 그래서 수선사는 지눌知訥이 대혜종고大慧宗杲의 간화선을 수용한 이래 사상적 경향을 같이 해오던 중국의 임제종臨濟宗과의 새로운 유대를 맺음으로써 돌파구를 마련하고자 했다. 수선사의 만항과 충감 등이 임제종 양기파楊岐派의 법맥을 이은 몽산덕이와의 교류에 나섰고, 그 간화선법을 수용하는 등의 노력에 힘입어 13세기 말과 14세기 초 만항의 대에는 수선사의 사세가 어느 정도 회복될 수 있었다. 이후 고려의 선종禪宗이 오로지 간화선 일변도의 경향을 보이게 된 것도 이때 수용한 몽산의 간화선법으로부터 받은 영향에 의한 것이었다고 한다(조명제, '고려 후기 蒙山法語의 수용과 간화선의 전개', 『普照思想』 12, 1999 ; 변동명, 앞의 글, 776쪽).

위에서 필자는 고려의 수선사 고승들과 몽산덕이와의 교류가 원의 정치적 간섭으로 침체에 빠져 있던 수선사 계열의 사세 회복에 도움이 되었음을 밝혔다. 아울러 수선사 계열의 재가 수행자였던 이승휴가 바로 그 몽산덕이와 긴밀한 관계를 맺고 있었음도 지적했다. 몽산덕이가 특별히 보내 온 법어에 감화를 받은 이승휴가 감사의 뜻과 함께 게송을 지어 보낼 만큼 둘 사이에는 정신적인 유대감이 깊었던 것이다.

그런데 한 가지 짚고 넘어가야 할 사항이 있다. 이승휴가 몽산덕이와 서신으로 교류한 것은 1297년이었다. 홀로 독경을 하며 재가 수행을 하던 이승휴가 언제부터 수선사의 사세 회복에 관심을 쏟고 노력을 기울였는지 밝혀 볼 필요가 있다. 혼자 재가 수행을 하면서 『제왕운기』와 『내전록』을 집필하던 이승휴가 수선사의 사세 회복이라는 정치성을 띤 문제에 관심을 쏟으며 노력을 기울였던 시기는 우선 『제왕운기』의 집필을 끝내고 난 뒤였음은 분명하다. 『제왕운기』의 집필을 마친 것이 1287년 3월이었으니, 그 후의 일이라 할 수 있겠다.

이승휴는 충렬왕에게 자기가 찬술한 「제왕운기진정인표」를 올리고 나서 국왕의 허가로 『제왕운기』가 간행되기를 애타게 기다렸을 것이다. 적어도 국왕의 허락이 떨어지기를 몇 년쯤은 기다렸을 법하다. 몇 년간을 기다렸지만 『제왕운기』가 출간되지 못하자 충렬왕을 믿고 무작정 기다릴 수 없다는 생각을 하기에 이르렀고, 이때부터 수선사의 사세 회복에 관심을 쏟기 시작했을 것이다. 『제왕운기』의 출간을 손꼽아 기다리던 이승휴였는데, 세자의 도움으로 1295~1296년에 『제왕운기』가 출간되었으니, 적어도 그 이전에 수선사의 사세 회복운동에 관여했을 것이고, 세자와의 긴밀한 관계가 맺어졌을 것으로 짐작된다. 대략 이승휴가 수선사의 사세 회복에 관여하면서 세자와 관계를 맺었던 것은 1290년에서 1294년 사이라고 예측할 수 있다.

이제 수선사 계열에 속한 재가 수행자였던 이승휴의 사상적인 경향도 어렴풋이나마 짐작할 수 있을 것 같다. 말하자면 이승휴도 만항이나 충감과 마찬가지로 원의 간섭 하에 정체를 면치 못하던 수선사로 하여금 활기를 되찾을 수 있는 기틀을 마련하는 데 공헌한 인물로 보아도 무방할 것이다.

이승휴는 지눌의 저술물들을 언제나 곁에 두고 조금도 싫증내지 않았던 수선사 계열의 재가 수행자였다. 이러한 이승휴가 몽산덕이와도 관계를 맺고 있었다면, 불교에 대한 그의 생각은 만항이나 충감과 별반 차이가 없었을 것이다. 만항이나 충감과 앞서거니 뒤서거니 하면서 몽산덕이와 교류하던 이승휴의 수행생활은 원간섭기에 위축되고 있던 수선사의 사세 회복과 무관하지 않았다. 따라서 이승휴를 원간섭기에 수선사가 사세를 회복할 수 있는 기틀을 마련하는 데 이바지한 사람으로 평가해도 좋을 듯싶다.

그러면 이승휴가 무엇 때문에 수선사와 손잡고 수선사의 사세 회복을 위해 노력했던가를 살펴볼 필요가 있다. 그래서 이승휴의 불교활동 속에 숨어 있는 정치적인 의도는 무엇인지 살펴보고자 한다.

Ⅳ. 이승휴 불교활동의 정치적인 성격

이제부터는 이승휴의 불교활동이 그 당시의 정치상황과 어떤 관계에 있었던가를 살펴보기로 한다. 이승휴는 시정의 득실을 논하다가 파직을 당해 삼척 구동으로 은거하였고, 은거한 후에는 불교에 깊숙이 빠져 든 사람이었다. 그러니 그의 불교활동은 정치성을 띨 소지가 많았다. 그가 여러 갈래의 불교종파들 가운데 수선사 계열의 불교활동과 연결되어 있다는 데서 정치적 측면을 가늠해 볼 수 있다. 무엇보다 수선사는 불교개혁 내지 사회개혁을 주장해 왔으니, 이승휴가 수선사 계열과 연관을 맺었다는 사실에서 이미 정치적인 성격을 엿볼 수 있다.

이승휴가 수선사 계열과 연결을 맺은 직접적인 동기는 충렬왕과의 정치적인 갈등 때문이었다. 당시의 정치상황을 살펴보면, 세자는 국왕의 측근세력들을 비판하면서 그들의 비리를 척결해야 한다고 주장함으로써, 그들을 비호하고 있던 부왕인 충렬왕과 대립을 빚었다. 이러한 상황에서 세자는 원의 후원을 업고 1295년(충렬왕 21년)부터는 실질적으로 정국을 주도하고 나섰다. 세자는 원의 지원을 배경으로 삼아 개혁을 주장하면서 스스로의 정치적 기반도 넓혀 나갔다.

특히 세자는 모후인 제국대장공주齊國大長公主의 사망을 계기로 충렬왕의 측근세력을 무력화시키더니, 마침내 1298년에는 충렬왕으로부터 선위를 받아 왕위에 올랐고, 즉각 즉위교서卽位敎書를 발표하면서 본격적인 정치개혁에 착수했다. 이른바 충선왕忠宣王의 개혁정치가 시작된 것이었다.

이승휴는 주지하다시피 부정·비리를 간하다가 파직당한 사람이었으니, 시정개혁을 부르짖는 충선왕의 개혁정치에 동조했음은 두말할 나위 없었다. 충선왕은 즉위한 다음 달(2월)에 75세로 연로한 이승휴를 개경으로 불러 올렸다. 이승휴가 연로했음을 이유로 응하지 않자, 충선왕은 관직에 있던 이승휴의 아들(李林宗)을 내려 보내 모셔 오도록 하였다. 이에 이승휴도 어찌할 수 없어 개경으로 올라와 충선왕을 알현할 수밖에 없었다. 이때부터 이승휴는 반년 동안 충선왕의 측근으로 개혁정치에 참여했다.

그러나 그 해 8월에 국내 정치세력들 간의 대립과 원의 간섭으로 개혁정치가 실패로 돌아가자, 이승휴는 사임을 신청하고 삼척 구동으로 되돌아갔으니, 이승휴와 충선왕의 개혁정치와는 밀접한 관계에 있었음을 확인할 수 있다.

앞서 밝힌 바 있지만, 충선왕은 이미 세자 시절에 이승휴의 『제왕운기』가 간행될 수 있도록 도움을 준 바 있다. 『제왕운기』는 이미 1287년에 저술되었고, 곧 바로 충렬왕 근신의 주선으로 「제왕운기진정인표」까지 올렸다. 그러나 그 후 8~9년이 지나도록 아무런 조치가 취해지지 않았는데, 세자가 국정을 주도하기 시작했던 시기인 1295~1296년에 비로소 간행되기에 이르렀던 것이다.

당시 정치현실을 좋지 않게 보면서, 역사의 교훈을 빌어서 자신(국왕)에게 근계하고자 쓰여진 『제왕운기』가 충렬왕으로서는 별로 마음에 들지 않았다. 그리하여 충렬왕은 그 간행에 별로 관심을 두고 있지 않았지만, 세자로서는 충렬왕의 정치행태에 불만을 품고 국왕을 근계하려는 의도로 쓰인 『제왕운기』야말로 즉시 발간할 필요가 있었을 것이다. 그래서 『제왕운기』의 출간에는 세자의 도움이 작용했다는 주장이 성립될 수 있다.

단적으로 말해서 세자로서는 자기의 개혁정치의 구상을 역사적인 측면에서 정당화시켜 주는 논리를 담고 있는 『제왕운기』의 발간에 도움을 아끼지 않았고, 세자가 왕위에 오르고 난 다음에는 이승휴를 즉각 개경으로 불러 올려 개혁정치의 동반자로 삼으려 했던 것이다. 무엇보다 정치이념 면에서 동조자였으니 함께 일하고 싶은 생각은 너무나 당연했다.

위에서 이미 설명한 이승휴와 충선왕과의 관계를 되풀이 하는 면이 없지 않음에도 불구하고 다시 한 번 자세히 언급했다. 그리고 이 두 사람의 관계는 아주 긴밀했음도 확인할 수 있었다. 그런데 둘 사이의 이렇듯 친밀한 관계는 단지 정치적인 관계로만 끝난 것일까? 혹시 이 두 사람들 사이에는 정신적·종교적인 동질성은 없었던 걸까? 다시 생각해 보게 만든다. 훗날 충선왕이 다시 왕위에 오른 뒤 이승휴처럼 불교에 깊이 빠져 들었던 것으로 보면 불교신앙 면에서도 이들 둘 사이에는 동질성이 있었다고 보는 것이 옳겠다.

세자가 처음 왕위에 올라 개혁을 펼쳤던 당시(1298년)에 불교에 대해서 어떤 생각을 갖고 있었는지 확인할 길은 없다. 재위 기간이 워낙 짧았고(약 8개월간), 즉위년 5월에 조비무고사건이 터지면서 줄곧 내부적 갈등과 원의 압력에 시달리느라 차분히 불교계와의 관계를 정리할 겨를이 없었을 것이다. 하지만 다시 왕위에 복위한 후에는 숱한 불교행사를 치르고

승려들을 우대하는 등, 그가 깊은 불심을 지닌 군왕이었음을 보여주는
자료들이 많이 나타났다(『高麗史』 권 33·34, 충선왕 세가 및 충숙왕 세가의 초기 기사
만 보더라도 금방 알 수 있다 ; 변동명, 앞의 글, 781쪽).

　좀 더 구체적으로 살펴보면, 충선왕은 이제현을 총애했고, 천태종의
무외국통無畏國統 정오丁午와 법상종法相宗의 자정국존慈淨國尊 미수彌授, 그
리고 조계종의 보감국사寶鑑國師 혼구混丘 등 고승들을 우대했다. 특히 충
선왕이 고려의 정치를 이끌어가는 기간에는 묘련사妙蓮寺 계통의 천태종
을 비롯해서 법상종 및 조계종 가지산문迦智山門이 충렬왕 대를 이어서
고려의 불교계를 주도하고 있었다(위의 글, 781쪽).

　그런데 충선왕 대 불교계와 관련해서 한 가지 주목할 만한 사실은 그
동안 정체에 빠져 있던 수선사 계통이 다시 중앙으로 진출했다는 점이
다. 수선사 10세 사주인 혜감국사 만항이 충선왕의 초청을 받고 개경의
법회에 참석하여 극진한 예우를 받았던 것이 그 증거이다. 1313년(충숙왕
즉위년) 12월에 충선왕은 반승飯僧과 점등點燈을 하는 법회를 개최하면서
수선사의 승려인 만항을 초빙했다. 그리고는 자기가 타는 초요자를 타
고 귀환하도록 했다든지, 혹은 어가를 함께 탔다든지, 백금 130근을 시
주했다든지 실로 과분한 예우를 했다는 것이다(위의 글, 782쪽).

　만항이 이렇듯 과분한 대우를 받았던 것은 선종과 교종의 고승들을
압도하는 훌륭한 강론을 했기 때문이다. 충선왕은 만항의 문인인 승려
들을 가까이 하면서, 간관諫官의 반대를 무릅쓴 채 그들에게 대선사大禪
師를 제수하는 등 수선사에 대해 각별한 관심을 나타냈다(위의 글, 783쪽).

　세자가 처음 왕위에 올라 개혁을 펼쳤던 당시(1298년)에는 불교에 대해
서 어떤 생각을 갖고 있었는지 알 수 없지만, 다시 왕위에 복위하고 난
다음에는 불교계 여러 종단의 고승들과 두루 접촉했다. 그 중에서도 특
히 수선사 계열의 만항의 문인인 승려들과 유별나게 가까이 접촉했다.

그렇다면 충선왕은 수선사 계열의 승려들과 손잡고 개혁을 추진해보자는 속셈이 있었던 것은 아닐까하는 생각이 든다. 원의 정치적 간섭기에 접어들면서 정체의 늪에서 헤어나지 못하고 있던 수선사가 충선왕의 지원을 받아 다시 활기를 띠고 있음을 확인할 수 있다. 이렇듯 수선사가 세를 회복할 수 있었던 것은 바로 충선왕의 지원이 있었음을 말해 주는 것이다.

그렇다면 충선왕이 수선사에 대해 그토록 관심을 보이고 후원했던 것은 무슨 까닭인지 살펴볼 필요가 있다. 이와 관련해서 충렬왕 말년에 벌어졌던 중국 승려인 철산소경鐵山紹瓊의 활동을 둘러 싼 갈등과 대립을 살펴보는 것이 도움이 될 듯싶다. 철산소경은 몽산덕이蒙山德異의 제자로 중국 강남에 있었는데, 수선사의 원명국사 충감沖鑑이 고려로 모셔 온 고승이었다. 철산소경의 초빙은 수선사의 사세회복과 깊은 관계가 있었기에 한희유韓希愈와 최숭崔崇이 그를 견제하려고 했다.

한희유와 최숭은 충렬왕의 측근으로 권력의 핵심 인물들이었다. 이들은 재추宰樞로서 별청別廳이라는 권력기구에 속해 있던 사람들이었다. 충렬왕이 복위한 후에 충렬왕과 충선왕은 부자지간이었지만, 제각기 추종 세력을 거느리면서 왕위를 놓고 치열한 대립을 빚고 있었다. 이러한 세력다툼 속에서 한희유와 최숭은 충렬왕파에 속해 있었으며, 충선왕에 대해서는 반대적 입장에 있던 인물들이었다.

한희유와 최숭은 수선사와 소원한 관계에 있던 충렬왕파에 속한 사람들이었으니, 수선사와 깊은 관계를 맺고 있는 철산소경을 비판하는 것은 당연한 일이었다. 이렇게 볼 때 충선왕이 수선사를 지원하면서 그 세력을 회복시키려 했던 것은 불교계 안의 문제라기보다는 정치성을 띠는 문제였다고 할 수 있다.

한편 충렬왕파의 인물들과 충선왕파라고 할 수 있는 철산소경 내지

수선사와의 대립 속에서 눈길을 끄는 사람이 있는데, 그가 바로 권단權
旦이다. 그는 충렬왕 24년 충선왕의 개혁정치를 이끌었던 사림원詞林院
학사들 중의 한 사람인 권부權溥의 아버지였는데, 고려로 온 철산소경을
맞이하여 스승으로 모시고 스스로 머리를 깎고 출가했던 인물이다. 권
단은 아주 청렴결백하며 기개 있는 관리로서 시류에 영합하여 아부하지
못했기 때문에 충렬왕 대 10년간이나 승진을 못한 적도 있었다. 그가
지공거(과거 시험관)로서 선발한 문생들 중에 권한공權漢功・최성지崔誠之・
채홍철蔡洪哲・백이정白頤正 등은 모두 훗날 충선왕의 총애를 받는 측근
신하로 활약했다(『高麗史』 권107, 權旦傳 ; 위의 글, 785쪽). 권단의 정치적 성향
은 그 아들이나 문생들의 경우를 보더라도 충선왕 계열에 속한 사람이었
음이 분명하다. 이러한 성향의 인물이 수선사와 연계되어 있는 철산소
경을 극진히 받들고 있었으니, 권단도 수선사와 관련이 있었던 것 같다.

충선왕의 개혁정치를 주도했던 사림원 학사들 가운데 이진李瑱도 수
선사 만항과 매우 친근했음을 유념해야 할 것 같다. 이진의 아들인 이제
현李齊賢에 따르면, 혜감국사 만항은 매년 새로 나온 차를 이진에게 보내
왔으며, 이진은 만항에게 장편의 시로 화답했다고 한다. 이처럼 두 사람
사이에 오고 간 전통은 만항의 제자와 이제현 사이에도 이어지고 있었
다. 이제현은 둘 사이의 그와 같은 교유를 유儒・불佛 사이의 으뜸가는
풍류라며 칭송하는 글을 읊었다. 이렇게 볼 때, 이진 또한 수선사와 긴
밀한 관계가 있었음을 알 수 있다(위의 글, 786쪽).

위에서 살펴보았듯이 한희유를 비롯한 충렬왕파의 인물들은 수선사
를 견제하였고, 이와는 대조적으로 충선왕과 가까운 인물들은 수선사와
긴밀한 관계를 맺고 있었다. 상황이 이러했다면, 충선왕이 수선사를 후
원하고 나선 것은 분명 정치적인 고려에서 이루어진 일로 보아야 할 것
같다. 충선왕은 오래 전부터 정치적 의도 하에 수선사에 관심을 보내고

지원하기에 이르렀던 것이다.

그런가 하면 충선왕파의 인물들과 마찬가지로 이승휴도 수선사에 호감을 갖고 긴밀히 교유했던 데에는 정치적인 고려가 있었음이 분명하다. 다시 말하면 이승휴도 정치개혁을 이룩해 보려는 의도를 갖고 수선사와 관계를 맺었으며, 수선사를 적극적으로 후원해서 그 힘을 활용하려는 생각을 갖고 있었다. 보다 더 구체적으로 말하면 이승휴는 충선왕 등 개혁정치를 주도하고 있던 인물들과의 공감대 속에서, 불교계 안에서도 수선사와 연관을 맺어 그 세력을 회복시키는 데 기여했다고 볼 수 있다.

아닌 게 아니라 1298년 봄에 이승휴는 수선사 계통의 불호사佛護寺 스님인 혜화상惠和尙에게 보낸 서신에서 선시禪詩와 함께 충선왕의 개혁정치를 칭송하는 글을 담은 적이 있었다(변동명, 앞의 글, 788쪽 참조). 아마도 이승휴는 혜화상도 자기와 똑같이 새로 즉위한 충선왕의 개혁정치에 기대를 걸고 있으리라고 믿었기에 그런 글을 보냈으리라고 본다. 적어도 이승휴는 혜화상이 자신과 아주 다른 정치적 성향을 가진 것으로 판단했다면 선담禪談을 주고받는 서신에 굳이 그런 내용(충선왕의 개혁정치를 칭송하는 내용 — 필자 삽입)을 넣었을 까닭은 없지 않았을까 여겨진다(위의 글, 788쪽).

지금까지 필자는 이승휴가 정신적 · 종교적인 면에서 충선왕이나 그 측근세력과 공감대를 이루고 있었고, 그 공감대를 바탕으로 개혁정치를 펴 왔다고 보았다. 이러한 고찰을 통해 이승휴의 불교활동에 내포되고 있는 정치적 성격도 살펴보았다. 이승휴가 수선사와 깊은 연결을 맺고 수선사의 사세 회복에 공헌했던 것이 충선왕의 개혁정치와 관련되어 있음도 확인했다. 요컨대 이승휴와 충선왕과의 사이에는 정치적 연대감만이 아니라 정신적 · 종교적인 공감대도 이루어지고 있었다는 것이다.

V. 맺음말

이승휴가 불교와 관계를 맺은 것은 오래 전의 일이었다. 13세기 고려 후반의 풍조로 볼 때 지배층에 속한 사람들의 대부분은 불교에 귀의하고 있었으니, 이승휴도 오래 전부터 불교와 관계를 맺고 있었음은 쉽게 예상할 수 있는 일이다. 그가 불교와 관련이 있었음을 확인시켜 주는 것은 1274년(원종 15년) 충청·양광도의 안렴사安廉使로 재직할 때, 부정·부패 관리 7인을 척결하고 그들의 가산을 몰수한 일로 원한을 사서 동주(지금의 철원)부사로 좌천되었을 때였다. 당시 이승휴는 "이만한 일로 영향을 받아서는 안 된다."고 다짐하면서 스스로를 '동안거사動安居士'라고 자호했던 데서 찾아볼 수 있다. 거사란 당시 불교계에서 찾아볼 수 있는 불교신앙의 한 형태였던 것이다.

그 후 이승휴와 불교와의 관계에서는 몇 가지 특성들을 발견할 수 있다. 첫째 특성은 '거사불교'였다는 것이고, 둘째 특성은 유교와 불교와 도교를 동일시하고 있었다는 것이며, 셋째 특성은 불교계 안에서도 수선사 계통과 가까웠다는 것이고, 넷째 특성은 이승휴의 불교와 충선왕의 개혁정치와는 긴밀한 연관이 있었다는 것 등이다. 이승휴의 불교신앙은 이 네 가지 특성들을 요약해 봄으로써 마무리지어 볼까 한다.

첫째로, 이승휴의 불교신앙은 거사불교의 생활이었다. 우선 거사는 어떤 형태의 불교신자를 말하는 것인지 살펴보자. 우선 출가하지 않는 재가인在家人이고, 그 출신 성분은 훌륭해야 하며, 상당한 재산을 갖고 있어야 하고, 재가생활을 하면서도 경전공부와 수도에 정진하는 사람이어야 한다. 요컨대 거사란 종교적 의무를 가정에서 이행하면서도 재가의 수행을 게을리하지 않는 사람이라는 것이다.

13세기 고려의 지배층 안에는 거사들이 많았다. 이자현李資賢·윤언이尹彦頤·김부식金富軾 등이 대표적인 거사였다. 이러한 거사들은 대개 귀족의 일원으로서 많은 재산을 갖고 산 속에 절이나 암자를 지어 기거하면서 출가한 승려와 비슷한 생활을 하고 있었다. 그러나 거사들은 중생의 제도와는 무관하게 스스로의 신앙에만 몰두하며 개인적인 수행만을 중시하는 경향을 지니고 있었다.

이렇게 보면 이승휴는 1274년 '동안거사'라고 자호할 때보다는 1280년 파직당하고 난 후부터 거사로서의 생활을 더욱 철저히 했다고 볼 수 있다. 특히 이웃에 있는 삼화사로부터 1,000여 상자의 경전을 빌려다 읽었다든가, 자기가 기거해 오던 용안당容安堂을 간장암看藏庵으로 바꾸고, 간장암에 자기 소유의 전토를 희사해서 암자 운영에 보탬이 되도록 했다는 사실 등을 살펴보면 전형적인 거사생활을 해 왔다고 할 수 있다.

둘째로, 이승휴가 불교신자였음은 두말할 나위 없다. 그렇다고 그가 불교만을 신봉했던 사람인가라고 물었을 때 선뜻 그렇다고 대답하기는 어렵다. 왜냐하면 이승휴는 불교만을 신봉했던 것이 아니라 유교나 도교에도 밝다고 정평 높은 사람이었다. 그는 독실한 불교신자였지만 다른 한편으로는 유교 지식인이었고, 나아가서는 노장사상老莊思想에도 정통했던 것으로 인정받았다.

이승휴가 유교 지식인이었다는 것은 과거에 합격했다는 사실로도 입증된다. 또한 노장사상에도 정통했다고 보는 근거는 삼척 두타산 밑 구동으로 내려와 은거하면서 용안당을 지었다든가, 그 곳에 연못을 파고 정자를 지어 당호를 지락당知樂堂과 보광정保光亭이라고 명명한 것은 도연명陶淵明의 「귀거래사歸去來辭」와 장자莊子의 「제물편齊物篇」에서 따왔다는 사실 등으로 미루어 볼 때 노장사상에도 심취되어 있었음을 확인해 볼 수 있다.

13세기 고려 후반기 지식인들의 보편적인 경향이었지만, 이승휴는 몽산덕이蒙山德異에게 보낸 법어法語에서 '유・불・도 삼교는 한 근원'이라고 했던 것으로 보면, 그는 유・불・도가 동일한 것으로 이해하고 있었음이 분명하다. 우리나라에서 유교와 불교를 동일하다고 본 것은 신라 때의 최치원崔致遠이었다고 한다. 최치원이 썼다는 지증대사비문智證大師碑文을 보면 "유교의 어진 마음(仁心)은 곧 불佛이요, 불자의 눈으로는 어짐을 볼 수 있다(仁心卽佛, 佛目能仁則也)."고 설파했다. 이승휴와 거의 동시대의 인물인 진각국사眞覺國師 혜심慧諶도 일찍이 유・불이 다르지 않다고 주장하고 있는 것으로 보면, 당시 유교 지식인들의 보편적인 현상이었던 것으로 생각된다. 어쨌든 이승휴는 '유・불・도가 같은 근원'이라고 이해하고 있었다.

셋째로, 이승휴는 여러 불교 종파들 가운데 수선사와 가장 긴밀한 관계를 맺었고, 당시(충렬왕 대) 침체되어 있던 수선사의 사세 회복에 관심을 쏟았다. 이승휴가 언제부터 수선사와 연관을 맺었는지 밝히기는 어렵지만, 앞서 말한 것처럼 삼화사에서 경전을 빌려다 읽으면서 관심을 갖게 된 것이 아닐까 짐작해 볼 수 있다. 왜냐하면 이승휴가 경전을 빌려다 읽을 당시 삼화사는 수선사 계통에 속해 있는 사찰이었으니, 경전도 당연히 수선사 계통일 것으로 예측해 볼 수 있다. 수선사 계통의 경전을 탐독했으니 수선사에 관심을 기울인 것은 자연스러운 일이었다.

물론 이승휴가 말년인 1297년(74세 때)에 중국 강남에서 활동하던 임제종臨濟宗 선승禪僧이었던 몽산덕이蒙山德異와 교류하면서, 임제종 양기파楊岐派의 간화선법看話禪法을 받아들였던 수선사에 전적으로 경도된 것이 아닐까 생각된다. 그리고 이승휴는 수선사의 고승 혜감국사 만항萬恒과 원명국사 충감冲鑑과의 교류를 통해서도 수선사와 가까워질 소지가 있었다.

　넷째로, 이승휴의 불교신앙과 충선왕의 개혁정치는 밀접한 관계가 있었다. 따라서 이승휴의 불교신앙은 정치성을 띨 수밖에 없었다. 이승휴는 충선왕의 개혁정치와 긴밀한 관계에 있었음을 누누이 지적한 바 있다. 우선 이승휴가 저술한 『제왕운기』는 간접적이긴 하지만 충선왕의 개혁정치를 칭송한 내용이었다. 따라서 충선왕은 『제왕운기』의 출간을 도와줄 필요가 있었고, 『제왕운기』의 출간에 도움을 준 충선왕과는 긴밀한 관계를 유지할 수밖에 없음은 두말할 나위 없다.

　이승휴와 충선왕은 단지 정치적인 이해관계로만 가까웠던 것일까? 그렇게 간단하게만 볼 수는 없다. 당시 현실정치(충렬왕의 측근정치)를 척결해야 한다는 정치적 이념에서 이들 두 사람은 합의하고 있었지만, 종교면에서도 동질성을 갖고 있었다. 이승휴와 가까이 지내고 있던 고승인 만항을 충선왕이 개경으로 불러 올려 어가를 함께 타고, 130근 백금을 시주했다는 것은 종교 면에서도 가까웠음을 입증해 주고 있다.

　실상 판단하기 어려운 것은 이승휴와 충선왕이 정치적 이념이 같아 불교계 수선사의 사세회복을 위해 함께 노력했는지, 아니면 종교적 신앙이 같아 정치적인 이념의 동질성을 이룰 수 있었는지 명확히 밝힐 수는 없다. 그러나 분명한 사실은 이승휴와 충렬왕의 정치적 이념과 종교적 신앙은 동질화되어 있었기에 두 사람은 공동의 목표를 향해 나아갈 수 있었다는 것이다.

이승휴의 『제왕운기』와 중국의 '동북공정'

Ⅰ. 머리말

이승휴의 『제왕운기』는 서기 1295~1296년에 발간된 책이었으니 지금으로부터 710년 전의 역사책이다. 이에 반해 중국의 '동북공정東北工程'은 2002년에 시작된 국가적인 프로젝트였으니, 이들 양자 사이에는 700여 년의 시차가 있다. 이렇듯 700여 년의 시차를 갖고 있는 두 가지 현상들을 평면에 놓고 검토해 보려니 무언가 어색한 생각이 들고, 고대와 현대를 비교하는 듯해서 주저스럽기도 한다.

그러나 따지고 보면, 중국은 21세기에 들어와서 반만년 전에 벌여졌던 일들을 새삼 들추어내어 이러쿵저러쿵 문제를 일으키고 있으니, 참으로 안타깝고 어처구니없는 일이 아닐 수 없다. 그것도 역사학자가 개인적 차원의 학술연구로서 문제를 제기한다면 별문제될 것이 없을 터인데, 국가기관이 정치적인 의도를 갖고 문제를 일으키고 있으니, 자칫하면 국가적인 손실을 볼 수도 있는 우리들로서는 손을 놓고 불구경하듯 있을 수만은 없다. 그래서 부질없는 역사논쟁에 휘말릴 수밖에 없어서 안타까울 따름이다.

중국은 소위 '동북공정'이라는 프로젝트를 통해 한국의 고대사를 온통 부정하고 나오니, 우리로서는 우리 역사를 지키기 위한 자구책을 강구하기 위해서라도 이미 밝혀져 있는 우리의 주장을 되풀이 제기해 보지 않을 수 없다. 이제 700여 년 전에 우리 고장(삼척) 사람인 이승휴가 저술한 『제왕운기』를 근거로 우리의 주장을 되풀이하여 제시해 보겠고, 기왕 내친 김에 중국의 '동북공정'은 어떻게 제기되었고, 어떤 내용을 담고 있으며, 우리는 어떻게 대응해야 하는지도 살펴보기로 한다. 그리고 『제왕운기』가 오늘을 살아가고 있는 우리들에게 어떤 교훈을 주고 있는지도 알아보기로 한다.

Ⅱ. 이승휴의 『제왕운기』

우선 『제왕운기』를 올바로 이해하려면 그 저자인 이승휴라는 사람은 어떤 사람인가를 살펴보지 않을 수 없다. 원래 이승휴는 경산부京山府 가리현加利縣(경북 고령군 성산면)을 본관으로 하는 가리 이씨加利李氏의 시조로 알려져 있다. 이승휴는 가리현 사람이라고 하지만 가리현과 어떤 연고를 갖고 있는지는 알 수 없고, 그의 행적의 대부분은 삼척에서 발견되고 있다. 당시 고려 사회는 호적등재나 재산상속 등 사회적으로 남녀가 평등한 사회였으며, 친가와 외가가 동등한 위상을 지녔다. 이에 따라 남자가 결혼을 한 후 친가가 아닌 처가에서 생활하는 경우가 허다했다(김도현, '이승휴의 생애와 유적', 김도현·최장섭 등 공저, 『이승휴와 제왕운기』, 동안이승휴사상선양사업회, 2004, 17~18쪽 참조).

이승휴의 본관이 경북 가리현으로 기록되어 있지만 실제로 이승휴가 가리현에서 출생했다는 기록은 찾아볼 수 없고, 그 곳에서 활동했다는 기록이나 유적도 없다. 오히려 이승휴에 관한 기록이나 유적은 삼척에서 많이 발견되고, 관직에서 은퇴하고 난 다음 삼척의 두타산 구동龜洞으로 내려와서 말년을 보낸 것으로 미루어 보면, 이승휴는 삼척의 인물로 보는 것이 옳을 것 같다.

이승휴는 고려 고종 11년(1224년)에 태어나서 충렬왕 26년(1300년)에 세상을 떴음으로, 그가 활동하던 시기는 무신집권기였고 몽골의 침략을 받은 시기였다. 그리고 무신정권이 무너지고 난 후에는 원元의 간섭 밑에서 부원附元세력들이 등장해서 고려를 움직이던 시기였다.

이승휴는 29세 때 과거에 합격하지만 삼척에 계시는 어머니를 뵈러 왔다가 몽고의 5차 침입으로 강도(임시 수도인 강화도)로 올라갈 길이 막혀 삼척에서 12년을 보내다가 41세에 이르러서야 비로소 강도로 가서 관직을 얻었다. 그 후 16년 동안 관직생활을 했으나, 직언이나 상소로 여러 번 파직과 좌천을 거듭하는 힘들고 험난한 생활의 연속이었다. 스스로의 파직을 두려워하지 않고 직언과 상소를 되풀이하여 올렸던 것을 보면 올곧고 강직한 성품의 소유자였던 것 같다.

1280년 자기를 아껴 주던 충렬왕의 실정과 부원세력가附元勢力家들의 횡포를 비판하는 상소를 올렸다가 파직되자, 이승휴는 관직을 버리고 미련 없이 외가이자 고향인 삼척 구동으로 돌아와서 은거했다. 그는 도연명의 「귀거래사」의 한 구절을 인용하여 용안당容安堂을 짓고, 나라 일과 세상사에 함구하면서 유유자적한 삶을 영위했다. 바로 이 시기에 불교 서적인 『내전록內典錄』과 『제왕운기帝王韻紀』를 저술했다(최장섭, '이승휴의 역사의식', 김도현·최장섭 등저, 앞의 책, 63쪽).

이렇게 저술된 『제왕운기』는 당대(1295~1296년)에 발간되어 널리 유포되었으며, 1360년 고려 공민왕 때에 재간되었고, 조선조에 들어와서도 태종 17년(1417년)에 삼간되어 널리 읽혔다. 우리나라 고대사를 체계 있게 정리해 놓은 역사책으로 한국 사람이라면 누구나 소중히 여기는 책이었다.

『제왕운기』는 중국의 역사와 한국의 역사를 시로서 읊고 있다. 이 책에서 '제帝'는 중국의 황제를 의미하는 것으로 중국 혹은 세계를 상징하고, '왕王'은 국왕을 의미하는 것으로 우리나라를 상징한다. 운기韻紀는 그 내용을 시詩의 형태로 읊고 있다는 의미이다. 우리나라 역사뿐만 아니라 중국사를 함께 서술하여 세계사 속에서 한국사를 정리했다고 할 수 있다(최장섭, 앞의 논문, 61쪽 참조).

이승휴는『제왕운기』를 통해서 한국사의 정통성을 확립했다. 한국 역사의 시발을 단군조선까지 끌어올렸을 뿐 아니라, 만주와 한반도에서 성립된 여러 나라들과의 관계를 체계적으로 연결함으로써 명실상부하게 한국사의 정통성을 확립했다. 뿐만 아니라 고구려사를 비롯해서 이전까지 한국사에 포함되지 않았던 발해사渤海史를 우리 국사에 포함시킴으로써 자주적이고 진취적인 민족의 기상을 과시했다(위의 논문, 62쪽 참조).

이승휴가『제왕운기』를 저술했던 동기는 대내적인 면과 대외적인 면, 두 가지 측면에서 고찰해 볼 수 있을 것 같다.

우선 대내적인 측면부터 살펴보기로 하자. 무엇보다 이승휴는 대내적으로 실정을 거듭하는 국왕과 신하들을 근계하고자 하는 의도를 지니고 있었다. 그는 과거에 급제해서 12년을 허송세월하다 뒤늦게 관직생활을 시작했지만, 직간直諫과 파직罷職을 거듭했다. 그는 1270년 삼별초가 봉기했을 때 부정으로 인해 백성들이 괴로움을 당하자, 그 폐해를 꼬집다가 파면당했는가 하면, 1273년에는 조정의 잘못을 지적하는 상소문을 기초하는 데 연루되었다는 누명을 뒤집어쓰기도 했다. 그러나 후일 재조사로 누명이 벗겨졌지만, 조정의 논의에 실수가 있었다는 오점을 남길 수 없다고 해서 스스로 죄를 인정하고 물러난 일도 있었다. 참으로 강직하면서도 조정의 권위도 소중히 여기는 사람이었다.

그리고 충렬왕 때에는 충청도 안렴사로 있으면서 뇌물을 받은 관리 7명을 탄핵하고 그들의 가산을 몰수했다가 원한을 사서, 지금의 철원인 동주부사東州副使로 좌천되기도 했다. 이때부터 스스로 '동안거사動安居士'로 자처했다고 하니, 재미있는 일화가 아닐 수 없다.

그로부터 얼마 후 이승휴는 전중시사殿中侍史로 다시 복직되었으나, 1280년 자기를 그토록 아껴주던 충렬왕의 실정과 부원세력들의 횡포를 비판하는 상소를 또 올렸다가 파직되고 말았다. 또 다시 파면을 당하자, 이승휴는 관직이 스스로의 성품과 조화될 수 없음을 깨닫고 미련 없이 삼척의 두타산 구동으로 돌아와서 은거했다.

이승휴는 향리에 은둔하면서 나라 일과 세상사에 대해서는 함구하면서, 그 대신 역사서를 저술해서 잘못을 시정하는 계기로 삼고, 또 역사의 교훈을 통해 자신이 이상으로 삼고 있는 세상을 실현해 보려고 했던 것 같다(위의 논문, 64~65쪽 참조). 이승휴는 오래 전부터 은거하게 되면, '세상에 교훈이 되는 책을 저술하고 싶다.'는 희망을 밝힌 바 있었다고 하니, 이러한 꿈을 실현하기 위해 『제왕운기』를 저술했다고 볼 수 있다(위의 논문, 28쪽).

다음으로 이승휴가 『제왕운기』를 서술하게 된 대외적인 측면을 살펴보기로 하자. 그가 『제왕운기』를 저술한 대외적인 측면이라고 하면, 한마디로 민족과 국가의 자주성을 고양시키겠다는 생각에서였다고 볼 수 있다. 앞서 지적했듯이 이승휴는 어머니를 뵈러 삼척으로 내려 왔다가 몽골의 침략으로 길이 막혀 향리에 머물면서 몸소 몽고침략의 피해를 입었던 사람이었다. 그런가 하면 이승휴는 관직에 있을 때도 원종의 신임을 받아 서장관書狀官으로 발탁되어 원나라에 갔는데, 그가 지어 올린 '진사선미陳謝宣美'는 원나라 세조를 탄복하게 만들었던 일도 있었다.

그런가 하면 이듬해 고려의 원종이 승하하자 부음을 전하기 위해 재차 서장관이 되어 원나라로 갔다. 당시 원나라에 있던 고려의 세자가 호복胡服을 입고 장례를 치를 것을 염려해서 고려의 상복을 입도록 권하였고, 원나라 황제의 허가를 받아냈다고 한다. 고려의 복식으로 장례를 지내도록 권해서 원나라 황제의 허가를 받아낸 것은 자주의 초석을 다진 일로 평가될 수 있다.

이렇듯 두 번에 걸친 원나라 방문을 통해, 이승휴는 국내의 모순들이 궁극적으로 원나라의 침략과 간섭 때문임을 올바로 간파하고 있었다. 그러나 고려의 국력상 열세 때문에, 원나라에 대한 직접적인 비판은 불가능함을 인식하고 있었다. 따라서 민족과 국가의 자주성을 회복하는 것이 무엇보다 절실한 과제임을 인식하고 이를 위해 『제왕운기』를 저술하기에 이르렀다. 즉 그는 우리나라 역사에 대한 올바른 서술을 통해서 민족사에 대한 자긍심과 주체성을 확보하고자 노력했다. 그리고 이를 통하여 원나라의 간섭으로부터 완전한 독립을 추구하려 했다(위의 논문, 65쪽).

그러면 다음에는 이승휴가 저술한 『제왕운기』에는 어떠한 내용들이 담겨 있는가를 살펴보기로 하자. 무엇보다 소중한 것은 한국사의 기원이 중국사의 기원과는 다르다는 사실을 밝히고 있다는 점이다.

> 요동에 별천지 있으니 　　　　　　　　　　　遼東別有一乾坤
> 중조와는 확연히 구분되는 곳. 　　　　　　　斗與中朝區以分
> 큰 파도 출렁이며 삼면에 둘러 있고 　　　　洪濤萬頃圍三面
> 북녘으로 대륙과 실처럼 이어져 있는 땅 　於北有陸連如線
> 중방천리 여기가 조선이라오. 　　　　　　　中方千里是朝鮮
>
> (朴斗抱, 「帝王韻紀 小攷」, 秦星圭·金慶洙 편, 『李承休研究論叢』, 三陟郡, 1994, 58쪽).

우리 민족은 처음부터 중국과 확연히 구분되는 땅 별천지에서 독자적으로 나라를 세워 왔음을 강조했다.

> 처음에 어느 누가 나라를 세웠던고 　　　初誰開國啓風雲
> 석제의 손자 이름은 단군일세. 　　　　　釋帝之孫名檀君
> 요와 같은 해 무진년에 나라 세워 　　　並與帝高興戊辰
>
> (위의 논문, 59~61쪽).

　단군이 조선의 땅을 차지하여 왕이 되는 과정을 상세히 설명하고 있다. 특히 주목되는 점은 시라尸羅(신라), 고례高禮(고구려), 남북옥저南北沃沮, 동북부여東北扶餘, 예濊와 맥貊 등은 모두 단군의 자손이라는 사실이다.

수시로 합산하고 부침할 때	隨時合散浮沈際
자연히 분계되어 삼한이 이루어졌다	自然分界成三韓

(중략)

각자 칭국하고 서로 침략하니	各自稱國相侵凌
그 수 70여개나 되니 그 이름 증명할 것 있으랴	數餘七十何足徵
그 중에 어느 것이 대국이었던가.	於中何者是大國
먼저 부여와 비류를 일컫고	先以扶餘沸流稱
다음으로는 신라와 고구려가 있으며	次有尸羅與高禮
남북의 옥저와 예맥이 따르더라.	南北沃沮濊貊膺
이들의 군장이 누구의 후예인지 묻지 마라	此諸君長問誰後
모두가 단군을 이었노라	世系亦自檀君承

(위의 논문, 61~62쪽).

　이승휴는 『제왕운기』에서 단군을 우리 민족의 공동 시조로 인식했고, 단군의 후손에 의해 삼한三韓이 성립되었으며, 또 삼한을 계승하여 삼국이 성립되었다고 기술했다. 그리고 신라·고구려·백제 등 삼국을 세운 군왕은 모두가 단군의 세계世系를 이어받았다고 주장했다.

진한·마한·변한이 서로간 대치하더니	辰馬弁人終鼎峙
신라가 일어나니 백제·고구려 잇따라 일어났다	羅與麗濟相次興

(위의 논문, 62쪽).

　특히 고구려는 마한을 계승한 나라로 동명왕東明王에 의해 건국되었음을 확실히 밝히고 있다.

고구려 조상의 성은 고씨 호는 동명이라   麗朝姓高謚東明
활 잘 쏘는 솜씨로 그 이름은 주몽이라네.   善射故以朱蒙名

(위의 논문, 64쪽).

바로 고주몽은 단군의 후예로서 마한 땅을 근거로 삼아 고구려를 건
국했으니 한국사의 원류를 이루고 있다는 것이다. 그런가 하면 이승휴
는 발해도 한국사의 한 갈래라고 주장하고 있다. 발해는 바로 전고구려
의 장수였던 대조영大祚榮이 태백산 남녘에 자리 잡아 주周나라 측천무
후則天武后 그 원년인 갑신년에 개국하여 발해라고 이름지어 일컬었다는
것이다.

전고구려 대장 대조영   前麗舊將大祚榮
태백산 남녘 성에 자리 잡아   得據太白山南城
주나라 측천무후 그 원년인 갑신년에   於周則天元甲申
개국하여 이름지어 발해라고 일컬었다   開國乃以渤海名

(위의 논문, 70쪽).

이승휴의 『제왕운기』가 출간되기 이전까지 발해사는 애매한 위치에
있었다. 『제왕운기』에서 발해는 고구려 장수였던 대조영이 태백산 남녘
을 근거로 해서 건국했다고 주장함으로써 발해사를 한국사에 포함시켰
다. 이승휴의 『제왕운기』가 저술되지 않았더라면 발해사는 중국사의 변
두리에 끼어 있을 가능성이 짙었다. 바로 이승휴의 『제왕운기』는 발해
사를 한국역사 속에 포함시킴으로써 한국사의 영역을 넓혔다고 할 수
있다. 그리고 발해의 지배층이 고려 왕조에 자진 귀부歸附한 사실을 밝
혀 고려 태조 왕건의 통일이 진정한 민족통일이었음을 강조하고 있다.

이승휴는 고려사에 대해서는 「본조군왕세계연대本朝君王世系年代」에서

기록했다. 그는 선대기先代紀에서 고려 왕실의 선대가 바로 당나라 숙종의 혈통을 이어받은 후손으로 존귀한 것임을 과시하고자 했는데, 이러한 점은 자주성만을 강조할 수 없었던 당시 상황으로서는 어찌할 수 없었다고 이해는 가면서도 사대성의 한 단면을 확인하는 것 같아서 씁쓸한 생각이 들지 않을 수 없다.

이승휴가 『제왕운기』를 집필하던 당시의 현실 인식에 있어서 원나라는 막강한 국력으로 보나, 고려 왕실과의 혼인 관계로 보나, 거부할 수 없는 존재였다. 따라서 그는 원나라와 긴밀한 관계를 유지하면서 고려 왕실이 안정되고 강화되기를 바라고 있었다. 이러한 면에서 그가 당대의 왕인 충렬왕에게 걸었던 기대가 컸던 것이 분명했다(차장섭, '이승휴의 제왕운기', 김도현 · 차장섭 등 공저, 『이승휴와 제왕운기』, 96쪽).

특히 원나라에 대한 다음과 같은 기록은 원나라에 대한 지나친 아부였다고 하지 않을 수 없다.

> 오직 우리 상국 대원이 일어나서
> 천하의 백성들은 노래하게 하였으니
> 성덕의 높고 넓음을 어찌 다 이르리오.
> 우리 임금 같은 덕망 널리 널리 미쳐있어
> 세상의 모든 나라 사신을 보내오고
> 중화의 산천이 모두 예물 바친다.
> 토지는 광대하며 인민은 많으니
> 개벽한 이래로 이런 나라 처음이라.
> (이익주, '이승휴의 사상', 위의 책, 2004, 125~126쪽).

이승휴는 『제왕운기』의 다른 부분에서는 몽골족이 세운 원나라를 중국의 정통 왕조로 인정하고 있다. 고려가 몽골의 침략을 받아 극심한 피해를 입었고, 자기 스스로도 직접 피해를 입었던 사람인데 이렇게까지 아부할 수 있을까 의아하게 느끼지 않을 수 없다.

더욱이 고려의 충렬왕이 원나라의 부마가 된 일을 찬양하고 있는 것
은 얼굴 붉어질 일이 아닐 수 없다.

　　　얼마 뒤 부마의 영광 입으니
　　　성대하다 왕가의 빈복賓服한 이익이여
　　　몸소 장남으로 효도를 행하고
　　　왕위에 오르는 복을 받았다.
　　　힘써 풍운風雲을 열고
　　　부지런히 법도를 나타냈네.
　　　천자의 누이 대궐 살림
　　　제帝의 외손 세자世子가 되었다.
　　　조업祖業은 다시 빛이 나고
　　　황은皇恩은 멀리 젖어 온다.
　　　청사靑史는 태평을 구가하고
　　　창생蒼生은 즐거움을 노래한다.
　　　오직 원컨대 억만 년 동안
　　　길이길이 부귀富貴를 지키소서.
　　　(차장섭, 앞의 논문, 77쪽).

III. 중국의 동북공정東北工程

1. 동북공정의 시발

동북공정은 국가의 승인을 받아 중국사회과학원이 주축이 되어 실행
하는 중대 사업으로 2002년 2월 28일에 착수했다. 경비는 5년에 걸쳐
국가재정부에서 1,000만 위안, 중국사회과학원에서 125만 위안, 동북3

성에서 375만 위안을 조달하기로 되어 있다. 이 금액을 우리 돈으로 환산하면 24억 원에 달하는 규모이고, 그것도 중앙정부가 대부분을 지원하고 있는 것으로 보면, 그만큼 국가의 관심이 높다는 것을 뜻한다(송기호, '중국의 한국고대사 빼앗기 공작', 『역사비평』 65, 2003년 겨울호, 167쪽).

2002년도에는 모두 67과제에 286만 2,500위안의 연구비를 지급했는데, 한국 관련 연구비 및 번역 과제로는 「'삼국사기' 상세 주역 및 연구」와 같은 한국사료, 「기자와 기자조선의 연구」, 「조선한국사학계의 고조선·부여 연구논저 선편」, 「호태왕비 1580년」, 「간명 고구려사」 등과 같은 고구려 관련 사항, 「발해국사」, 「발해사론」 등의 발해 관련 사항, 「조선반도 현상 연구」, 「한국과 조선의 경제, 사회상황 비교」 등과 같은 내용들이 포함되어 있다.

이렇게 보면 동북공정을 통해 연구되고 있는 과제들은 중국과 국경을 맞대고 있는 한국과 이와 관련된 역사를 순수하게 학문적으로 연구하고 있는 것으로 판단할 수도 있다. 그러나 다음과 같은 내용을 담고 있는 '동북공정'의 취지문을 검토해 보면 정치적인 의도를 강하게 풍기고 있음을 엿볼 수 있다.

"특별히 근 10여 년 이래로 동북아의 정치와 경제의 지위가 날로 상승함에 따라 세계 이목이 쏠리는 뜨거운 지역으로 되었으니, 아국(중국) 동북의 변강지구는 동북아의 중심에 위치하여 극히 중요한 전략 지위를 가지고 있다. 이런 형세로 일부 국가(한국을 지칭함이 분명함; 인용자)의 연구기구와 학자들이 역사 관계 등의 연구에서 의도적으로 사실을 왜곡하고 있고, 소수 정치인들이 정치적 목적으로 여러 가지 잘못된 주장을 공공연히 펼치면서 혼란을 야기하고 있다. 이리하여 동북변강의 역사와 현상연구가 많은 도전에 직면하는 결과를 낳게 되고, 아울러 이 방면의 학술연구에 새로운 과제를 떠안게 되었다. … 동북변강의 역사와 현상에 대한 연구 분야의 건설 및 발전을 더욱 위축시키고, 동북변강 지역의 안전을 더욱 강화하기 위해서 중앙의 허가를 받아 중국사회과학원과 동북 3성이 연합하여 대형 학술과제인 「동북변강의 역사와 현상계열系列 연구공정」을 2002년 2월에 정식으로 발족했다. 이 공정은 5년 기간으로 하며, 학과와 지역 및 분야를 초월하는 대규모 사업이다. … 이 가운데 중요한 연구 내용은 고대중국강역이론 연구, 동부지방사 연구, 동북민족사 연구, 고조선·고구려·발해사 연구, 중조 관계사 연구, 중국 동북 변강과 러시아 원동지구의 정치·경제 관계사 연구, 동북변강사회·안전전략 연구, 한반도의 경제변화 및 그에 따른 중국 동북변강에 대한 영향 연구 등이다. 상술한 과제 연구를 완성하기 위해 '동북공정' 전문기획위원회에서 5개 의식을 반드시 강화할 필요가 있다고 강조하였으니, 첫째 정치의식이다. 이번 공정은 직접적으로 국가의 장치구안長治久安을 목표로 하는 것으로써 국가통일, 민족단결, 변강안정의 대목표로부터 출발할 필요가 있다(위의 논문, 168~169쪽)."

이렇듯 동북공정은 중국의 동북부 지방을 근거로 해서 살아가고 있는 조선족들이 한국인들(북한인 포함)과 교류를 통해서 그들을 동족으로 의식함으로써 중국 안에서 분파 작용을 일으키지나 않을까 하는 우려에서, 또한 중국 안에서 조선족의 이탈을 막고, 중국 인민으로 안정된 생활을 영위해 나갈 수 있도록 조치를 강구하기 위해 마련한 계획이었다.

2. '동북공정'을 통해 밝혀진 내용

'동북공정'은 중국 정부가 조선족의 민족 정체성을 부정하면서 그들로 하여금 중국 인민임을 의식하도록 만들려는 속셈으로 만들어진 국가적 사업임을 쉽게 간파할 수 있다. 조선사 연구 자료에 따르면, 현재 중국 정부는 한반도의 정세변화로 가장 큰 충격을 받을 수 있는 지역으로 길림성吉林省의 연변조선자치주와 요녕성遼寧省의 단동지구를 지목하고 있는 것 같다.

그리고 "고구려인은 중국 고대민족이기 때문에 중국 동북지역에서 발굴된 고구려 유물과 유적은 왕王씨 고려의 문화가 아니라 중국의 문물·고적"이라는 것이다. 이러한 논리이기 때문에, 북한이 고구려 문화유산을 세계문화유산으로 등록하려는 것을 중국 측이 저지한 행위는 당연한 권리이자 정당한 행위라는 것이다(윤휘탁, '현대 중국의 변강·민족의식과 동북공정', 『역사비평』 65, 2003년 겨울호, 200쪽).

오늘날 중국 정부는 옛날 고구려 영토였던 만주滿洲라는 용어도 사용하지 않는다. 특히 '중화인민공화국' 성립 이후 만주라는 용어는 일본의 괴뢰국이었던 만주국을 환기시키기 때문에, 그 용어를 사용하지 않고 그 대신 '중국동북지구'라고 지칭하고 있다는 것이다(위의 글, 200쪽 참조).

바로 중국 정부의 만주관이 이러한데, 한국인(북한인 포함)들이 만주를 '고구려·발해의 고토'로 인식하고, 그 지역에 대해 애틋한 감정을 드러내는 일은 중국 정부당국의 신경을 건드리는 일일 수밖에 없다. 고구려와 발해 유적지를 찾는 한국인들은 중국인들의 눈으로는 중화민족을 분열시키려는 '반민족적인 범죄 집단'처럼 비쳐지는 것이다. 더욱이 한국의 경제발전으로 중국 조선족에 대한 한국의 흡인력이 점점 강화되고 있는 현상과 한반도 통일 후에 만주와 조선족에 대한 통일한국의 영향력을 고려한다면, 만주에 대한 한국인들의 집착은 중국 당국의 경계심을 증폭시킬 것이 분명하고, 그들이 대응 논리를 더욱 강화시킬 것임은 두말할 나위 없다. '중화민족을 분열시키려는 한민족의 책동을 분쇄하자.'는 중국 정부의 주장을 무조건 비난할 수만은 없을 듯싶다.

'현재의 중국영토 내에서 중화민족의 각 민족이 이루어낸 역사는 모

두 중국사'라는 주장은 지나친 현재적 편의의 사관이고, '현재 중국영
토 내에서 활동했던 모든 민족은 당연히 중국민족'이라는 민족관은 모
두 현재의 영토를 기준으로 그 범주 내에서 활동했던 모든 민족의 귀속
권을 일방적으로 강탈해가는 '영토지상주의사관'이라고 비판받을 수도
있다.

또한 근대 이후에 형성된 '영토 혹은 국경' 개념을 전근대 시기까지
소급해서 본래 나뉘어져 있지도 않던 영역을 자의적으로 분획하거나,
책봉－조공관계를 근거로 해당 민족을 중화민족이라고 주장하는 동북
공정의 논리는 전근대적인 화이 관계에 입각한 '현대판 중화주의'라고
할 수 있다. 또한 역사적 사실이나 논리적 적합성에 근거한 역사관이라
기보다는 관련된 고대 민족의 역사 문화유산(즉 고구려 문화유산)에 대한 배
타적 통괄권을 매개로 국가적 힘의 논리를 앞세운 '중국판 문화패권주
의'라고 할 수 있다는 것이다(위의 논문, 201쪽).

이렇게 볼 때 중국의 '동북공정'의 논리는 고구려사나 발해사가 한국
사의 원류라는 이승휴의 『제왕운기』의 논리와는 정면으로 부딪치는 논
리이며, 『제왕운기』에서 주장하고 있는 논리를 전적으로 부정하고 나
오는 것이라고 하지 않을 수 없다. 700여 년 전에 역사적 사실을 근거
로 해서 체계적으로 정리해 놓은 주장을 현실적이고 정치적·이기적인
목적을 갖고 무작정 거부하고 나오니 '중국판 문화패권주의'로 지탄받
을 수밖에 없을 것 같다.

결론적으로 말해서 중국의 '동북공정'은 만주와 한반도를 분리시켜
양 지역 사이의 역사적 연관성을 차단하는 동시에, 향후 한반도 통일이
중국 동북부 지역(즉 만주)에 야기할 소수민족 문제(통일한국의 조선족에 대한 영
향력 확대와 그로 인한 조선족의 정체성 혼란이나 이탈·분리·독립운동 가능성 등)를 근원
적으로 해결하여 현존의 다민족 통일국가로서 체제안정을 꾀하려는 중

국의 동북아 전략이라고 할 수 있다는 것이다(위의 논문, 201~202쪽).

　분명 '동북공정'의 논리는 중국의 자신감 회복을 반영하는 것이기도 하지만, 동아시아 사회 안에서 맹주 자리를 다시 탈환해 보려는 중국의 대국주의·중화주의의 표현이라고도 하겠다. 그런가 하면 '동북공정'은 중국의 현실적 필요성이나 정치적 목적에서 파생된 것이고, 학문의 자유가 보장되어 있지 않은 사회주의 사회의 속성상 '학문은 정치를 위해 복무해야 한다.'는 중국 공산당의 체질 속에서 탄생한 '학문적 돌연변이'라고 하지 않을 수 없다. 왜냐하면 '동북공정'의 논리는 주변 민족국가들과의 자유로운 학술교류 활동이나 관련 유물에 대한 공동조사 등을 전제로 해서 도출해낸 '역사적 사실'이기보다는, 관련 고대민족의 유산을 배타적으로 독점한 채 정치적 목적달성을 위해 급조해낸 정치사관이기 때문이다(위의 논문, 202쪽).

　따라서 '동북공정'의 논리는 주변의 관련 민족국가들로부터 역사적 당위성을 획득할 가능성은 거의 없고, 동북아 사회 특히 중국과 한반도 사이에 문화적·정치적 갈등만을 조장하고 말 것이다. 이렇게 볼 때 '동북공정'의 논리는 21세기를 맞이하여 바야흐로 세인의 관심을 끌기 시작한 '동아시아 공동체의 실현'이라는 시대적 요구에 찬물을 끼얹는 결과를 초래하고 말 것이다.

3. '동북공정' 실시의 배경

　우리는 어떻게 해서든 중국의 '동북공정'에 대응책을 마련하지 않을 수 없는 처지에 몰려 있다. 그런데 중국의 '동북공정'에 효율적인 대응책을 마련하기 위해서는 중국의 '동북공정'이 어찌해서 실시되기에 이르렀는지 그 배경을 살펴볼 필요가 있다. '동북공정'이 시행된 배경을 알아보는 것은 중국 정부 당국자들의 속내를 알아볼 수 있는 계기가 될 수도 있기 때문이다.

주지하다시피 중국은 56개 민족으로 구성된 다민족국가이다. 2000년의 자료를 살펴보면 중국 인구는 12억 6,000만 명인데, 그 중 한족이 91.9%이며 나머지 55개 소수민족이 8.1%로 한족이 절대 수를 차지하고 있다. 반면에 소수민족이 살고 있는 영토는 63.7%에 달하고 있다. 만약 소수민족들이 모두 떨어져 나간다면 한족은 36.3%의 땅에 91.9%의 인구가 살아야 한다는 산술적 계산이 나온다. 여기에 중국의 고민이 있다. 그리고 분리운동이 활발한 소수민족으로는 서방의 위구르족과 티베트족이 있다. 과거에는 내몽고도 분리운동에 적극적이었지만, 지금은 그 불길이 사그라졌다(송기호, '중국의 한국 고대사 빼앗기 공작', 『역사비평』 65, 2003년 겨울호, 174쪽).

그 밖에 통일 이후 한반도와 연계 가능성이 있는 조선족이 위험시되고 있다는 얘기다. 1990년대 중반 김영삼 대통령이 중국을 방문했을 때, 그는 조선족 대표들과 접견도 못했다고 한다. 중국은 우리나라의 화교를 자기 동포라고 하면서, 조선족은 한국교포가 아니라는 것이다. 조선족은 한국을 가리켜 모국母國 또는 고국故國이라는 말은 쓸 수 있으나, 조국祖國이라는 말을 사용할 수 없다고 한다. 이렇듯 조선족 단속에 골몰하고 있다는 것이다(위의 논문, 174쪽).

그런데 중국의 '동북공정'은 우리가 자초한 면도 없지 않다는 주장도 있다. 처음 중국인들을 긴장시킨 것은 북한의 주체사상이었다고 한다. 중국과 북한은 항미원조抗美援朝로 맺어진 혈맹관계를 유지하면서, 1963년에서 1965년까지 조·중공동 고고학대회를 조직하여 만주지역의 유적을 공동으로 발굴하고, 당시 발굴된 유물을 북한에 할애하여 양국의 우의를 다지기도 했다.

그런데 이것이 문제의 발단이었다. 북한은 그 후 이 고고학자들을 활용하여 만주 땅에서 일어난 고조선, 고구려, 발해사의 체계를 확립했다. 이것이 중국을 자극했다. 양국이 공동으로 보고서를 내기로 협정을 맺어 놓고 중국이 문화혁명(홍위병 난동)으로 혼란을 겪고 있을 때 북한은 자기들 입맛에 맞게 보고서를 작성하여 발표했으며, 이에 중국이 크게 노해서 그때부터는 합작이 불가능해졌다. 그 후 북한은 주체사상主體思想을 강화해 나갔다. 중국이 1980년대에 이르러 발해사, 고구려사 연구에 열을 올린 것은 이에 대한 대응이었다는 것이다.

그런데다가 1992년 한중수교를 계기로 만주지방에 한국인들의 발길이 잦아졌고, 1993년 8월에는 길림성吉林省 집안集安에서 남북학자와 중국·일본학자들이 한 자리에 모여 '고구려 문화 국제회의'를 열었다. 이 회의에서는 '고구려가 어느 나라 역사인가?'라는 문제는 언급하지 않기로 약정했지만, 첫날 토론에서 북한의 박시형이, "과거의 고조선·고구려 땅이 지금은 중국 영토가 되었다고 해서 그 역사를 어떻게 중국사에 갖다 붙여 중국 소수민족 운운하는가? 이해할 수 없다."고 일갈한 뒤, 중국과 당당히 대결했던 고구려의 위세에 관해서 언급했다. 이때 중국의 손진기가 흥분해서 항의하다 졸도까지 했다. 그래서 다음 날의 종합토론이 취소되었다는 것이다(송기호, 앞의 논문, 177~178쪽 참조).

그 후 『조선일보』는 고구려 벽화고분 7기를 촬영해서 1993년 11월부터 235일에 걸쳐 남한 전국을 순회하면서 「아! 고구려 1500년 전 집안 고분벽화」의 전시회를 개최하여 모두 350여 만명이 관람하는 성황을 이루었다. 이 전시회도 중국 당국을 자극하여 고분 개방에 관여했던 중국학자들이 구속되거나 징계를 받는 일도 있었다(위의 논문, 198쪽 참조). 이 사건은 중국 당국으로 하여금 고분 단속을 하게 만든 결정적인 계기였다.

여기에는 남한 안의 국수주의자들의 행태도 한몫 했다. 1980년대 초 재야 사학자들이 단군조선의 영토가 북경北京까지 아우르고, 신라가 만 주까지 통일했다고 주장하면서 군부대 정신교육 강사로 불려 다녔는가 하면, 육군사관학교 교장실에는 '만주 수복'이라는 글씨를 걸어 놓기까 지 했다. 1995년에는 남한의 국수주의 단체의 단원들이 만주에서 검은 옷을 입고 행진했는가 하면, 압록강의 배 위에 태극기를 꽂아 중국 공안 원들과 싸움을 벌여 태극기를 강물에 던져 버리는 사건도 발생했다(위의 논문, 178쪽 참조).

이렇게 되자 연변에서는 한국을 연상시키는 간판을 달지 못하게 하는 조치가 시달되었는가 하면, 「선구자」라는 노래가 금지되고, 윤동주 시 비와 김정숙 기념비 등도 철거되었으며, 백두산 천지의 비디오 촬영도 금지되었다. 그 후 잇따라 일어난 고분벽화의 도굴 사건에는 한국인이 연루된 것으로 밝혀졌다. 이러한 일련의 사건이 중국 당국을 긴장하게 만들었던 것은 분명했고, '동북공정'을 서두르게 만든 계기였음도 분명 했다.

요컨대 중국 정부가 '동북공정'을 추진하게 만든 배경은 우선 동북아 의 정치적·경제적 위상이 높아지면서 중요한 전략적 지위를 갖기에 이르렀다는 점을 들 수 있다. 또한 일부 국가(한반도의 남과 북)의 연구기관 과 학자들이 특별한 의도를 가지고 역사 연구과정에서 사실을 과장하 고, 또 몇몇 정객들이 정치적 목적으로 여러 가지 그릇된 논리를 공개적 으로 펼쳐 혼란을 초래함으로써 동북지역의 역사와 현상관계에 관한 연 구가 많은 도전을 받기에 이르렀다는 것이다. 이렇게 되자 중국 당국은 동북 변강지역의 안정을 유지하고 발전을 촉진하는 것을 '사회과학 연 구의 신성한 사명'으로 받아들이기 시작했다는 것이다.

Ⅳ. ‘동북공정’에 대한 우리의 대응책

중국이 ‘동북공정’을 통해 잠정적으로 내린 결과는 ‘지금의 중국 영토 안에서 일어난 일들은 모두가 중국사에 속한다.’는 시각에서 고조선사는 말할 것도 없고, 고구려사나 발해사도 중국사라는 주장을 펴고 있다. 결국 이러한 주장은 우리가 알고 있는 한국사의 영역을 부정하는 것이고, 한국의 고대사의 체계를 뒤흔들어 놓는 일이라고 하지 않을 수 없다. 그런가 하면 우리가 받들고 있는 이승휴의 『제왕운기』에 실려 있는 역사적인 기록들을 완전히 깔아뭉개고 있는 일이 아닐 수 없다.

따라서 우리는 우리의 고대사나 고구려사 내지 발해사를 고수하기 위해서도 가만히 있을 수 없고, 우리의 주체성과 자존심을 되살리기 위해서도 손을 놓고 있을 수가 없다. 그런가 하면 우리는 지금으로부터 700여 년 전 이승휴가 서술한 『제왕운기』의 권위를 되찾기 위해서라도 잠자코 있을 수가 없으며, 우리의 역사를 빼앗긴 가련한 민족이 되지 않기 위해서도 그냥 넘길 수는 없다.

그러면 우리는 『제왕운기』의 권위를 되찾고 우리의 역사를 되찾기 위해서 어떻게 해야 할 것인가를 골똘히 생각해 보지 않을 수 없다. 인간은 중대한 문제일수록 보다 더 신중하게 대처해야 한다고들 얘기하고 있다. 우리의 역사를 빼앗기는 문제이기에, 우리에게 이보다 더 중대한 문제는 있을 수 없다. 우리로서는 한 치도 양보할 수 없는 문제이고, 이 민족의 운명을 걸고서라도 바로잡지 않으면 아니될 문제라고 주장하는 사람들도 없지 않다.

한국인들 가운데 일부 사람들은 무엇보다 기싸움에서 밀려서는 안 된다는 입장에서 강경 대응을 주장하고 있기도 하다. 그들의 주장은 우리의 역사를 빼앗기는 처지이므로 도덕적으로 흠잡힐 일이 없으니, 강경투쟁도 불사해야 한다는 것이다. 한 걸음 더 나아가서 그들의 주장에 따르면, 우리나라는 중국과 연간 1천억 달러에 달하는 최대 교역국이자 최대 투자국이니 무역규모 조정을 통해 경제적 압력을 가하거나 문화교류를 제한하거나 아니면 타이완 카드를 우회적으로 활용해 볼 수도 있지 않느냐는 것이다(정재호, '역사지우기는 신공조체제의 부활, 패배주의 떨치며 새로운 카드 내밀어야', 『월간중앙』 2004년 9월호 ; 이희옥, 앞의 논문, 131쪽 참조).

이러한 주장은 관심이 쏠릴 법하고 기대해 봄직도 하지만, 과연 중국이 경제적으로 한국에 일방적으로 의존되어 있는가를 살펴볼 때, 그렇다고 결론내리기 어려운 상황이다. 오히려 이렇듯 무리한 정책수단은 부메랑으로 돌아올 경우, 특정 대기업이 중국 지역에서만 250억 달러의 매출을 기록하는 상황을 제약할 가능성이 있다는 것이다(정재호, 앞의 논문).

한편 이러한 강경론과는 대조적으로 '국사해체'란 주장으로 민족주의 사학을 비판하는 사람들도 있다. 2003년 8월 우리 국사가 너무 민족주의적이고 폐쇄적이므로 한·중·일 공동의 역사를 모색해 보자는 사학자들의 모임이 있었다. 이 날의 모임에서 임지현은, "한국이 국사를 해체한다면, 일본의 역사교과서 왜곡이나, 고구려사를 중국사에 포함시키려는 중국의 움직임에 오히려 근원적인 비판의 칼을 들이댈 수 있다."고 주장했다. 그러나 중국의 정책을 보면 이것이 얼마나 낭만적이고 순진무구한 발상인지 금방 알 수 있다. 중국 측의 참여 없는 민족사 해체론은 한갓 공염불에 그칠 수밖에 없다(송기호, '중국의 한국 고대사 빼앗기 공작', 『역사비평』 65, 2003년 겨울호, 179쪽).

큰 나라가 욕심을 버리지 않고 있는 마당에 작은 나라가 옷을 벗어 버리면 일이 잘 될 것이라는 생각은 분명히 현실인식이 잘못된 것이라고 하지 않을 수 없다. 큰 나라가 먼저 옷을 벗고 나서도 작은 나라로서는 신중히 고려해야 할 판인데, 작은 나라가 먼저 무장 해제하고 나서 무장하고 있는 큰 나라와 협상하자는 것과 다름없다. 국제 관계의 본질을 무시한 발상이라고 하지 않을 수 없다.

또한 이종욱은 『역사충돌』이란 책을 써서 발해는 말갈족의 역사이며, 현재 우리가 그 땅을 지배하고 있지도 않은데 우리 역사에 넣는 것은 역사적 침략 행위라는 어이가 없는 주장을 내놓았다(위의 논문, 180쪽). 그는 신라사 중심의 사관에 매몰되어 우리 역사를 올바로 보지 못하고 있는 것이 아닌가 생각되며, 실로 우려되는 일이 아닐 수 없다.

실상 우리의 불행한 운명은 강대한 중국에 매달려 있어서 중국으로부터 끊임없이 영향을 받을 수밖에 없다는 데서 비롯된다. 중국 주변에서 일어선 나라들 가운데, 심지어 중국을 지배까지 했던 이민족조차도 지금까지 살아남은 민족은 없을 정도이다. 중국 주변에서 살아남은 민족은 오로지 우리 민족뿐이다. 우리 민족의 진정한 위대성은 중국에 흡수되지 않고 지금까지 살아남아 있다는 데서 찾아진다. 그런데 중국은 근대화된 뒤에도 중화주의中華主義를 버리지 않고 있다. 거대한 용광로처럼 주변을 지속적으로 용해시키려 하고 있는 것이다. 이러한 중국에 대해서 '국사해체'의 자세로 임하라는 충고는 가당치 않은 어불성설이라고 하지 않을 수 없다.

현실적으로 우리가 취해야 할 자세는 이성을 잃고 애국이라는 감정적인 자세로 임해서는 안 된다는 것이다. 무엇보다 우리는 한·중간의 갈등을 정확히 파악하고 문제점을 올바로 인식하는 이성적이고 합리적인 자세를 취해야 한다.

첫째는, 한국 내 역사연구의 조건이나 분위기를 전반적으로 정비하는 작업을 서둘러야 한다. 실상 중국이 역사문제를 다루고 있는 수준은 한국이 역사문제를 연구하고 있는 수준과 비교해 보면 가히 위협적이라고 해도 과언이 아니다. 더욱이 중요한 역사유적들이 중국에 있고, 단시일 내에 유능한 연구자들을 길러내기도 어렵다는 점을 고려하면 여간 어려운 일이 아니며, 정성을 쏟아야 할 일임을 인식할 필요가 있다.

둘째로, 한·중·일 3국이 공동으로 합의한 '동아시아 독본' 쓰기와 같은 작업을 지속적으로 확대함으로써 각 나라 국민들 속에 내재하고 있는 감정적인 민족주의나 '안으로 굽는 역사관'을 시정해 나가는 노력도 곁들여야 한다.

셋째, 한·중간 역사에 대한 공동연구와 토론회를 지속적으로 추진해서 '학문은 학문을 통해서 구속할 수 있는' 체제를 갖추는 것이 중요하다. 고구려사 문제를 둘러싸고 우리 사학계가 중국사회과학원 변강센터와 학술교류 창구를 개설한 것은 뜻있는 일이고, 가능성을 보여주는 일이라고 하겠다(이희옥, 앞의 논문, 132~133쪽 참조).

더욱이 중국의 '동북공정'은 지금 소란을 피우고 있지만, 2007년까지 실시하기로 한정되어 있으므로 우리는 인내심을 갖고 그 귀추를 주목해 볼 필요가 있을 것 같다. 실상 중국도 '동북공정'으로 빚어진 한·중간의 마찰이나 '역사논쟁'으로 이익을 보고 있다고 판단하는 것 같지도 않다.

그보다는 한·중간의 역사논쟁이 중국 안의 56개 소수민족들에게 자극을 주면 어찌할까 우려하는 측면도 없지 않은 듯싶다. 따라서 중국도 이러한 역사논쟁을 하루 속히 매듭짓고 싶은 생각이 있는 듯하니, 흥분하지 말고 차분히 대응하려는 자세가 바람직스럽다고 본다.

V. 맺음말(『제왕운기』를 통해 얻을 수 있는 교훈)

앞서 필자는 역사논쟁은 역사이론을 통해 해결지어야 한다는 주장을 폈다. 이러한 주장에 따르면 중국의 '동북공정'을 통해 제기된 역사논쟁은 이승휴의 『제왕운기』에 제시된 역사이론으로 마무리지어야 한다는 주장으로 이어질 수밖에 없다. 바로 중국의 '동북공정'은 이승휴의 『제왕운기』를 통해 제기된 역사이론을 전면 부정하고 나왔기 때문에, 무엇보다 『제왕운기』에서 제시되고 있는 역사이론으로 대응할 수밖에 없을 듯싶다.

이승휴는 『제왕운기』에서 "요동에 별천지 있으니, 중조와는 확연히 구분되는 곳 … 중방천리 여기가 조선이라오."라 해서 중국과는 다른 별천지에 독자적으로 나라를 세웠다고 주장했다. 그러나 중국의 '동북공정'에서 주장하는 바는 역사적인 우월주의 내지 패권주의에 몰입해서 중국 이외의 다른 국가의 존립을 일체 인정하지 않고 있다. 그리고 『제왕운기』에서는 고구려와 발해의 설립과정을 상세히 설명해 주고 있는 데도 그러한 설명을 무시한 채, '현재 중국 영토 안에서 벌어진 일들은 모두가 중국역사일 뿐'이라고 진짜 역사를 무시하는 반역사적인 주장만을 되풀이하고 있는 것이다.

중국의 '동북공정'을 통해 주장되는 내용들은 역사적 사실들을 근거로 삼은 것이 아니라, 역사적 사실들과는 무관한 억지 주장에 지나지 않는다. 역사적인 사실들로 뒷받침되지 않는 억지 주장은 그릇된 역사 패권주의 아니면 역사 독존주의로 규정받을 수밖에 없다. 중국은 동북아시아에서 유일한 국가였다고 우기고 있지만, 나중에 확인된 바에 의하면 서양에도 여러 나라들이 존재했던 것처럼 동북아시아에도 중국 이외의 나라가 존재할 수 있는 데도 다른 나라의 존재는 무조건 부인하고 있는 것이다.

더욱이 고구려는 중국의 수·당으로부터 몇 번에 걸친 침략을 받고 사활을 건 전쟁을 벌여서 그들을 물리친 역사적인 사실과, 그것을 뒷받침해 주는 유적들이 있다. 그럼에도 불구하고 중국의 '동북공정'에서는 고구려를 중국에 조공을 바친 '변방 소수민족 국가'에 지나지 않았다고 억지를 부리고 있으니, 차분한 역사논쟁을 벌여 볼 생각은 애당초 없는 것 같다.

그러나 우리는 앞서도 지적했다시피 역사논쟁은 역사이론으로 매듭지어야지 억지 주장으로 매듭지어질 수 없다고 보고 있기 때문에, 우리네 사학자들은 이성을 잃지 말고 차분한 자세로 『제왕운기』에서 제시되고 있는 역사이론을 보완하는 노력에 힘을 쏟아야 할 것이다. 특히 원나라의 침략이나 간섭 속에서도 우리의 주체성을 지켜 나가기 위해 『제왕운기』의 저자인 이승휴가 쏟은 정성이나 슬기를 되새겨 보는 일은 무엇보다 중요할 것 같다.

그렇기 때문에 우리나라에서 진행되고 있는 고구려사 연구나 동북아 연구에 거는 기대는 자못 크다고 하겠다.

장 을 병

삼척 출생(1933)
성균관대학교 정치학과 및 동 대학원 졸업(정치학박사)
성균관대학교 교수(1968~1980)
일본 와세다대학 대학원에서 연구(1973~1974)
정치적 이유로 교수 해직(1980.8~1984.7)
하와이대학 한국학연구소에서 연구(1980.8~1980.10)
성균관대학교 정치외교학과 교수(1984)
성균관대학교 총장(1991~1995)
한국정신문화연구원 원장(2001.9~2004.9)
하와이대학 한국학연구소에서 연구(2004.10~2005.9)

◤ 주요 저서

『한국정치론』,
『정치적 커뮤니케이션론』,
『커뮤니케이션과 정치발전』,
『내가 아는 양김정치』,
『인물로 본 8·15 공간』외 다수의 논저가 있음

이승휴의 삶과 정치활동   값 18,000원

2008년 4월 10일 초판 인쇄
2008년 4월 15일 초판 발행

저   자 : 장 을 병
발 행 인 : 한 정 희
발 행 처 : 경인문화사
편   집 : 한 정 주
　　　　　서울특별시 마포구 마포동 324-3
　　　　　전화 : 718-4831~2, 팩스 : 703-9711
　　　　　이메일 : kyunginp@chol.com
　　　　　홈페이지 : 한국학서적.kr / www.kyunginp.co.kr
등록번호 : 제10-18호(1973. 11. 8)

ISBN : 978-89-499-0555-6 93910
ⓒ 2008, Kyung-in Publishing Co, Printed in Korea